U0589818

快递物流末端网络运营效率评价方法研究

王赫鑫　著

北京航空航天大学出版社

内 容 简 介

全书由5篇14章组成,第一篇简要介绍了快递行业面临的主要挑战以及由此带来的对系统评价的必要性;第二篇应用排队论理论分别建立网点分拣和末端派送的排队论模型,以比较不同资源组合的效率差异;第三篇基于数据包络分析模型,针对快递驿站、快递网点和上市快递物流企业分别进行投入产出分析,以确定效率前沿和改进方法;第四篇梳理了相关评价指标,结合快递业务运营数据的特点,提出综合评价指标体系,分析了共配模式的效果,并从消费者的视角讨论了末端配送模式的选择偏好;第五篇进一步构建了快递业务的预测和仿真模型,以支持区域运营绩效预警和资源优化。

本书注重理论联系实际,既有学术深度,又有明确的实践应用价值,可作为物流与供应链管理专业高年级本科生和研究生的教学参考书,也可供快递物流行业的规划决策和经营管理人员参考。

图书在版编目(CIP)数据

快递物流末端网络运营效率评价方法研究 / 王赫鑫著. -- 北京 : 北京航空航天大学出版社,2024.4
ISBN 978 - 7 - 5124 - 4286 - 3

Ⅰ.①快… Ⅱ.①王… Ⅲ.①快递-物流管理-研究—中国 Ⅳ.①F259.22

中国国家版本馆 CIP 数据核字(2024)第 020506 号

快递物流末端网络运营效率评价方法研究
王赫鑫 著
策划编辑 胡晓柏 责任编辑 宋淑娟
*
北京航空航天大学出版社出版发行
北京市海淀区学院路 37 号(邮编 100191) http://www.buaapress.com.cn
发行部电话:(010)82317024 传真:(010)82328026
读者信箱:emsbook@buaacm.com.cn 邮购电话:(010)82316936
北京富资园科技发展有限公司印装 各地书店经销
*
开本:710×1 000 1/16 印张:16.5 字数:352 千字
2024 年 4 月第 1 版 2024 年 4 月第 1 次印刷
ISBN 978 - 7 - 5124 - 4286 - 3 定价:69.00 元

前　　言

　　从无到有，从慢到快，中国快递业的发展伴随着中国经济的崛起，支撑着电子商务的高速发展，也见证着人民群众消费方式和生活方式的变化。2021年，快递服务业务量完成1 083亿件，快递业务收入达到10 332.3亿元，"千亿万亿"目标胜利实现。快递服务业已成为支持中国经济生活的基础设施。

　　中国正从快递大国向快递强国跃升。快递业发展已连续九年被写入《政府工作报告》。2022年《政府工作报告》明确要求"加强县域商业体系建设，发展农村电商和快递物流配送"。在基层，快递企业和快递网点格外具有活力，从自动化分拣系统到货运无人机等先进设备，从资源共享到数据共享等各种商业模式，快递业的持续创新正在不断推动快递物流效率的提升和成本的降低。但是，我们也必须看到快递物流行业普遍采用加盟制，大量加盟网点主要停留在依靠经验进行管理的阶段。快递的持续发展除了要不断引入新技术外，也一定离不开管理水平的提升。

　　科学评价是管理和优化的基础。只有对企业的现状和新技术新模式的作用作出准确的评价，企业才能作出科学合理的决策。企业界当然应用了大量的评价指标，但是从指标体系构建、指标权重设定到数据汇总评分等过程大都严重依赖于经验和主观判断。学术界也有大量关于评价方法的研究，但是，有的方法对数据质量的要求较高，有的原理复杂、理解困难，因此在实际应用中存在各种局限。由于不同评价方法所关注的目标和侧重点不同，在实际应用中面对同一评价对象也可能会给出大相径庭的评价结果，因此选择合适的评价方法是科学评价的关键问题之一。

　　然而，学术界针对快递物流行业的专门研究还处于起步阶段，适用于快递行业的评价方法也需要不断地积累和梳理。本书聚焦于快递流程的末端，一方面是因为末端连接着消费者，对消费者的服务体验有直接影响;另一方面是因为末端环节是当前快递物流的瓶颈环节,也是各快递企业竞争激烈和模式创新的关键环节。本书应用排队论、数据包络分析、综合评价和仿真优化等理论方法构建快递物流末端网络运营效率评价体系与评价模型,希望可以对促进快递物流行业的科学发展产生积极作用,对行业监管部门和快递企业管理人员的管理与决策提供参考。

本书的研究内容是对国家重点研发计划快件物流资源共享服务应用示范项目中"快件物流资源共享效率评价技术及体系研究"(2018YFB1403103)课题研究成果的系统梳理。在项目的研究过程中得到了圆通速递副总裁英春博士、项目经理孙莎莎、西安研发中心副总经理韩小强等业内专家的大力支持。课题组调查了 200 余家快递网点,收集并处理了超过 8 亿条运营数据,为课题研究奠定了坚实的数据基础。北京航空航天大学的赵秋红教授和王理教授对课题研究不仅在思路上给予了重要的指导,而且在资源上也提供了大量帮助。北京航空航天大学经济管理学院研究生陈秋洁、张琪、郭陆、王锦浩、葛禄璐、孙政一参与了课题研究的核心工作,并协助整理了书稿,在此一并表示感谢!

由于本人经验和能力有限,对于书中存在的不足之处,恳请读者批评指正。

王赫鑫

2024 年 1 月

目　　录

第四篇　综合评价

第五篇　预测与优化

第一篇　绪　论

第1章 绪 论

1.1 研究背景

随着经济和技术的持续快速发展,全球范围内的快递行业都得到了空前发展,在人民生活中占有越来越重要的地位。快递行业是人民生活水平提高的重要保障行业,随着人们生活方式的改变,该行业的作用越发明显,已经成为不可或缺的行业,市场潜力巨大。但是与此同时,快递行业也面临着众多挑战。

1. 包裹数量不断增加

城市化和电子商务这两个全球大趋势是推动最后一公里配送需求不断增长的强大动力。城市化指越来越多的人迁入城市区域和"大城市"的趋势,特别是拥有1 000万或更多居民的"巨型城市"。据估计,到2050年,世界上70%的人口,即约63亿人,将生活在大城市(Bretzke,2013)。此外,电子商务正在稳步增长,越来越多的商品在网上交易。在2021年,电子商务仍然显示出高达16.8%的全球增长率,销售额占零售市场的20%(Statista,2022)。因此,更大的地理集中度和越来越多的网上订单导致需要处理的包裹量稳步增长。例如,在德国,据预测,到2023年,每年需要处理44亿件货物,而2000年时只有16.9亿件(Statista,2022)。在中国,根据国家邮政局的数据,2007年快递业务量为12亿件,而2021年快递业务量已经达到1 083亿件,人均快递年使用量为76.7件。

2. 成本压力

传统的由送货车提供的上门服务成本很高。例如,一项来自芬兰的真实数据的模拟研究表明,传统的面包车送货方式,根据客户的密度,成本在2～6欧元之间(Punakivi等,2001)。高成本(尤其是人员成本)的重要驱动因素是交通堵塞和拥挤街道上的停车位缺失,以及客户不在家不方便接收他们的包裹。Song等人(2009)指出,在世界不同地区,快递服务的首次交付失败率在12%～60%之间。根据前瞻产业研究院的调查,2020年中国快递的平均单价为10.55元。国内的各家快递公司由于激烈的价格战而面临巨大的成本压力。因此,允许无人值守的递送或客户自助服务的替代性递送概念是一种有前途的降低成本的选择。

3．时间压力

不断增加的包裹量主要是由不断增加的电子商务活动引发的。然而,大多数在线零售商已经将次日甚至当日交付作为他们的基本服务承诺之一(Yaman 等, 2012),因此最后一公里的交付面临紧迫的期限和相当大的时间压力。此外,快递在一周内的哪一天交付有所不同,周一通常是工作量的高峰(Poggi 等,2014)。在一年中,由于季节性销售(Boysen 等,2019)等原因,快递物流的工作量也面临着强烈波动。

4．环境和可持续性问题

不断增长的城市包裹需求导致更多的快递车进入城市中心,这增加了现有基础设施的负担,加剧了交通拥堵,并对健康、环境和安全产生了负面影响。因此,不断提高的客户意识和新的政府立法迫使快递服务更加努力,以实现可持续和环境友好的运营(Hu 等,2019)。直接影响最后一公里配送的公共政策的一个例子是:世界上的一些地区允许单人电动车使用高乘用车(HOV)车道,这条车道通常是为多人乘坐的汽车保留的。这样的政策可以激励快递公司将其快递车队电动化,以便通过不拥挤的 HOV 车道更快地进入市区。

5．劳动力问题

许多工业化国家的劳动力老龄化扩大了雇主雇用所需人力的问题(Otto 等, 2017),特别是在像包裹递送这样的体力劳动环境中,媒体经常有对恶劣的职业条件和低工资的报道(Peterson,2018)。一方面,在这样的工作环境中,不那么依赖人力工作而依赖自动化的替代交付概念似乎是未来有希望的选择。另一方面,对于电子商务客户来说,递送人员递送包裹通常是与客户互动的关键环节。因此,可靠、反应迅速且专业的交付体验对在线零售商和快递服务的客户满意度都有影响(Li 等, 2006)。

为了应对这些挑战,快递物流行业引入了自动分拣、无人机送货等先进技术,也发展出如资源共享、众包等不同的管理模式和商业模式。在应用新技术和新模式的过程中,如何科学合理地评价快递物流服务系统的运作效率是决策过程中的一个关键环节。正如管理学中的一句著名谚语所说,"如果你不测量,你就无法管理"。所有的组织都需要采用某种绩效测量方法来评价、管理和优化他们的运作系统,快递物流服务系统当然也不例外。

1.2 物流系统评价的基本方法

评价是根据确定的目标来测量被测对象的属性,并将这种属性变成客观定量的计值或主观效用的行为。通常对于简单的问题,通过比较单一指标就可以给出评价结果。但是在对物流系统的评价中,人们面临的问题更复杂。物流系统往往呈现多目标的特性,这就需要考虑多个维度进行综合评价才能得到科学合理的评价结果。常用的评价方法包括层次分析法、主成分分析法、模糊综合评价法、数据包络分析法,等等。

根据评价目的不同,可以把物流系统评价分为三类,即描述性评价、诊断性评价和预测性评价。描述性评价主要是在收集处理关键数据的基础上,通过与目标值或标准值的比较来确定物流系统的运营结果。诊断性评价更关注过程和影响因素,通过分析不同维度指标之间的关系来帮助组织确定运营中存在的问题和原因。预测性评价更关注数据的动态变化,通过对趋势和模式的判断帮助组织选择最佳方案。

本书是基于国家重点研发计划快件物流资源共享服务应用示范项目中快件物流资源共享效率评价技术及体系研究课题成果形成的,探索了不同评价方法在快件物流系统中的应用,希望对快件物流行业的发展提供参考。

1.3 本书结构

本书应用不同评价方法探讨了快递物流末端网络的运营效率评价问题,共分五篇:绪论、排队论模型、数据包络分析模型、综合评价和预测与优化。

第一篇简要介绍了快递行业面临的主要挑战以及由此带来的对系统评价的必要性。

第二篇将快件的末端配送过程描述为一个排队系统,在介绍排队论的理论和方法(第2章)的基础上,分别针对快递网点的分拣过程(第3章)和末端配送过程(第4章)构建了排队论模型,从而比较不同模式下的快件配送效率。

第三篇应用数据包络分析(DEA)模型,比较了一些快递网点在采用资源共享模式前后的运营效率(第5章),以及我国主要快递企业近年来的运营效率(第6章)。

第四篇聚焦于对快递末端网络的综合评价。第7章介绍了综合评价的基本理论和方法,第8章比较了不同综合评价方法的特点,讨论了通过组合评价的方法来筛选对快递网点进行综合评价的方法。第9章应用熵权法分析了快递网点实施共同配送模式的效果。第 10 章应用结构方程模型讨论了影响消费者末端配送模式选择的关键因素。

第五篇讨论了快递末端配送的预测与仿真问题。第 11 章基于长短期记忆网络(LSTM)对北京某快递网点的业务量进行了预测。第 12 章和第 13 章应用 Flexsim 仿真软件分别构建了快递驿站的出入库流程和快递网点的分拣流程的仿真模型,并针对关键运营指标进行了优化。第 14 章应用着色 Petri 网构建了快递末端网络的仿真模型,在此基础上比较了共配模式和共派模式的效果。

参考文献

[1] Bretzke W-R. Global Urbanization: A Major Challenge for Logistics[J]. Logist Res,2013,6:57-62.

[2] Statista. Annual Retail E-Commerce Sales Growth Worldwide from 2017 to 2027[EB/OL]. (2023-08-29)[2023-12-30]. https://www. statista. com/statistics/288487/forecast-of-global-b2c-e-commerce-growth/.

[3] Hu W, Dong J, Hwang B G, et al. A Scientometrics Review on City Logistics Literature: Research Trends, Advanced Theory and Practice[J]. Sustainability, 2019,11(10):2724.

[4] Punakivi M, Yrjölä H, Holmström J. Solving the Last Mile Issue: Reception Box or Delivery Box? [J]. Int J Phys Distrib Logist Manag, 2001,31(6):427-439.

[5] Song L,Cherrett T J, McLeod F N, et al. Addressing the Last Mile Problem: The Transport Impacts of Collection/Delivery Points[J]. Transp Res Rec. 2009,2097(1):9-18.

[6] Yaman H,Karasan O E, Kara B Y. Release Time Scheduling and Hub Location for Next-Day Delivery[J]. Oper Res. 2012,60(4):906-917.

[7] Poggi N, Carrera D,Gavalda R, et al. A Methodology for the Evaluation of High Response Time on E-Commerce Users and Sales [J]. Inf Syst Front, 2014, 16:867-885.

[8] Boysen N, de Koster M B M, Weidinger F. Warehousing in the E-Commerce Era: A Survey[J]. Eur J Oper Res,2019,277(2):396-411.

[9] Otto A, Boysen N, Scholl A, et al. Ergonomic Workplace Design in the Fast Pick Area[J]. OR Spectr,2017,39:945-975.

[10] Peterson H. Missing Wages, Grueling Shifts, and Bottles of Urine: The Disturbing Accounts of Amazon Delivery Drivers May Reveal the True Human Cost of "Free" Shipping[EB/OL]. (2018-09-12) [2023-12-30]. https://www. businessinsider. nl/amazon-delivery-drivers-reveal-claims-of-disturbing-work-conditions-2018-8/.

[11] Li B, Riley M W, et al. A Comparison Study of Customer Satisfaction Between the UPS and FedEx: An Empirical Study Among University Customers[J]. Ind Manag Data Syst,2006,106(2):182-199.

第二篇　排队论模型

第 2 章　排队论相关理论基础

排队论,或称随机服务系统理论,是通过对服务对象的到来及服务时间的统计研究,得出等待时间、排队长度、忙期长短等数量指标的统计规律,然后根据这些规律改进服务系统的结果或重新组织被服务对象,使服务系统既能满足服务对象的需要,又能使机构的费用最经济或某些指标最优。排队论研究的内容主要有三方面:系统的状态,即与排队相关的数量指标的概率规律性;系统的优化问题,即排队系统的最优设计;统计推断,即根据资料建立相关模型。

2.1　排队论概述

2.1.1　排队系统的一般表示

排队系统中有两个主要概念,即需求和服务。把提出需求的对象称为"顾客",把实现服务的设施称为服务机构,排队系统的一般表示如图 2.1 所示。

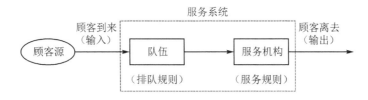

图 2.1　排队系统的图示

2.1.2　排队系统的组成和分类

1. 基本组成

实际中的排队系统各有不同,但都有三个基本组成部分,即输入过程、排队规则和服务机构。

（1）输入过程

输入过程就是描述顾客来源和按怎样的规律到达排队系统。要完全刻画一个输入过程需要以下三方面信息：一是顾客源数，顾客的总体可能是有限的，也可能是无限的；二是顾客到达类型，可以是单个到达，也可以是成批到达；三是顾客到达的时间间隔，可以是确定的，也可以是随机的（服从某种统计规律）。

（2）排队规则

排队规则指到达排队系统的顾客按照什么规则排队。按顾客到达时发现服务设施已被占用后是否离去可分为损失制、等待制和混合制三种。

当顾客到达时，所有的服务台均被占用，顾客就离开，称为损失制。如果选择排队等待，则称为等待制。在等待制中，根据顾客接受服务的先后次序的规则，又可分为先到先服务、后到先服务、有优先权的服务和随机服务等。混合制是损失制和等待制的结合，分下面两种情况：一种是队长有限制，当顾客排队等待服务的人数超过系统规定的容量后，后来的顾客就自动离去；另一种是排队等待时间有限制，如果等待时间过长，顾客就离队而去。

（3）服务机构

服务机构的特征主要包括：①服务台的数量是一个还是多个；②多个服务台是串联、并联还是混联；③对顾客服务是单个进行还是成批进行；④服务时间是确定型还是随机型。

2. 排队系统的分类

Kendall 于 1953 年提出了排队服务系统的分类记号：输入/输出/并联的服务站数。在 1971 年国际排队符号标准大会上，Kendall 将上述分类记号扩充为：输入/输出/并联的服务站数/系统容量（队长）/系统状态（顾客源数）/服务规则。

2.1.3　排队系统的衡量指标

评价一个排队系统的好坏要以顾客和服务机构两方面的利益为标准。对于顾客而言，希望等待时间或逗留时间越短越好，从而希望服务台的个数尽可能多。但是对于服务机构来说，增加服务台数，就意味着增加投资，增加多了便会造成浪费，增加少了又会引起顾客的抱怨甚至失去顾客。因此，顾客和服务机构主要关心的指标有队长、等待时间、忙期等（见表 2.1）。

表 2.1　排队系统的数量指标

指　标	符　号	含　义
服务队长	L_s	正在接受服务的顾客数
等待队长	L_q	系统中排队等待的顾客数
平均队长	L	系统中的顾客数(包括正在接受服务的顾客和排队等待的顾客)
服务时间	W_s	顾客在服务中消耗的时间
等待时间	W_q	顾客在队列中等待的时间
停留时间	W	顾客在系统中的逗留时间(包括服务时间和等待时间)
忙期	T_b	系统连续保持繁忙的时间长度
服务强度	ρ	服务设施用于服务顾客的时间与总服务时间的比值

2.1.4　系统状态的概率

所谓系统状态是指系统中的顾客数量。如果系统中有 n 个顾客,则说系统状态为 n。系统状态的概率是计算排队系统的数量指标的基础和前提,其值一般随时刻 t 变化,在时刻 t,系统状态为 n 的概率用 $P_n(t)$ 表示。$P_n(t)$ 的表达式一般是微分差分方程,方程的解称为瞬态解。瞬态解不易求得,即使求出也难以利用。因此常使用它的极限 $\lim\limits_{t\to\infty} P_n(t) = P_n$,$P_n$ 称为稳态。稳态的物理含义是:在系统运行了无限长时间后,初始状态的概率分布的影响将消失,系统状态概率的分布不再随时间变化。在实际应用中,大多数系统会很快趋于稳态,而无须等到 $t\to\infty$。

2.2　相关概率分布

为了解决排队问题,需要根据原始资料做出顾客相继到达的间隔时间和服务时间的经验分布,一般是按照统计学的方法,采用理论分布去拟合实测数据来确定服从哪种理论分布,并估计其参数值。常用的概率分布有泊松分布、负指数分布和定长分布。

2.2.1　泊松分布

泊松分布是一种离散概率分布,适合于描述单位时间内随机事件发生的次数的概率分布。泊松分布的概率函数为

$$P(X=k) = \frac{\lambda^k}{k!}\mathrm{e}^{-\lambda}, \quad k=0,1,2,\cdots$$

其中,k 表示随机事件 X 发生的次数,参数 λ 是单位时间内随机事件的平均发生次数。

实验结果满足泊松分布的实验即为泊松过程,在排队论中用来描述顾客的到达数量,也称为最简单流。最简单流需要满足三个条件:

① 平稳性。在一定时间间隔内,顾客的到达数量只与这段时间间隔的长短有关,而与这段时间的起始时刻无关。

② 无后效性。在不相交的时间区间内到达的顾客数是相互独立的,即在时间区间 $[a,a+t]$ 内到达的顾客数量与在时间 a 之前到达的顾客数量无关。

③ 普通性。在足够小的时间间隔内至多只能有一个顾客到达。

泊松过程 $\{N(t),t \geqslant 0\}$ 在时间间隔 $[t_0,t_0+t]$ 内,随机事件 X 发生 k 次的概率为

$$P\{[N(t_0+t)-N(t_0)]=k\}=\frac{(\lambda t)^k}{k!}\mathrm{e}^{-\lambda t},\quad k=0,1,2,\cdots$$

2.2.2　负指数分布

负指数分布也称为指数分布,是泊松过程(即事件以恒定的平均速率连续且独立发生的过程)中事件之间的时间的概率分布。指数分布的一个重要特征就是无记忆性,即不管对一个顾客的服务已进行了多久,剩下的时间的概率分布仍为原先一样的指数分布。

若随机变量 T 服从指数分布,则 T 的分布函数为

$$F(t)=P(T \leqslant t)=\begin{cases}1-\mathrm{e}^{-\mu t}, & t \geqslant 0 \\ 0, & t < 0\end{cases}$$

对其求导即可得到概率密度函数为

$$f(t)=\begin{cases}\mu\mathrm{e}^{-\mu t}, & t \geqslant 0 \\ 0, & t < 0\end{cases}$$

在排队论中,μ 表示对每个顾客的平均服务时间,$\frac{1}{\mu}$ 表示平均服务率,即单位时间完成服务的顾客数。

2.2.3　定长分布

定长分布用于研究批量到达的多服务台排队论模型,表示顾客的到达间隔为确定值或每个客户接受服务的时间是一个确定的常数。

第3章 快递网点分拣效率评价

本章针对快递网点的分拣过程构建排队论模型,并在此基础上分析共享模式对分拣效率的影响。

3.1 分拣排队系统模型构建

3.1.1 分拣排队系统描述

1. 快递网点分拣方式

快递网点是快递行业最后一公里的"负责人",影响快递的整体效率和服务质量,在快递物流网络中占据举足轻重的地位。快递网点中主要进行的环节是快件分拣,即将从分拨中心运输到快递网点的所有快件分拣至对应的配送区域。由于存在快递网点场地规模、业务量和快递种类等差异,因此分拣方式也各不相同。常用的分拣方式分为三类:人工分拣、自动化分拣和"半自动化+人工"分拣。

人工分拣的特点是:①灵活性大。人工分拣对环境、设备和技术要求不高,出现问题可以便捷处理。②体力和脑力并重。快递分拣员的分拣工作不但是体力劳动,而且还需要快速识别出对应区域的订单编号,一旦快件量激增,工作强度会较高。③准确率低。在高强度的工作中,人的身体疲劳值会逐渐升高,工作专注度会慢慢下降,在繁复的数据面前,错误的发生更加频繁。④分拣效率低。人工分拣的速率必然是局限的,而且容易出现"暴力作业"的现象。

自动化分拣的特点是:①识别准确率高,节省人工成本。自动化分拣机器可以通过扫描识别快件上的条形码将快件分流至指定区域,不需要大量的分拣员。②效率高。传统的人工需要大约 20 s 识别一个快件,而自动化分拣设备则仅需 0.2~1 s,极大地缩短了作业时间。③长时间工作。自动化分拣设备不受气候、时间的影响,可以长时间、大批量地分拣货物,并能够很好地处理快递"爆仓"现象。

但是限于场地、资金以及技术等制约因素,自动分拣还没有普及,而且自动分拣设备还需要部分人工进行操作,如装卸、打包等。因此,目前在我国快递行业被广泛

使用的一种分拣方式就是以半自动化流水线为辅助,人工分拣为主的分拣模式,其主要操作流程如下:

① 快件到达。从分拨中心运输快件的车辆到达网点之后,按照规定的流程将快件卸车,放到指定的临时存储位置。

② 初步筛选。在初步筛选阶段,分拣人员负责挑出快件中过大、不规则等不能放上传送带的快件,这些异形快件需要专门的分拣人员手动分拣;其他合格快件一次放到传送带上进行下一阶段的处理。

③ 分拣。当快件在传送带上被运送到分拣区域后,分拣员/快递员依据快件面单上的三段码识别快件的区域,放到指定位置。

④ 打包。快件分拣结束后,快递员将快件按更具体的配送位置进行打包处理,准备开始配送。

本章主要研究"半自动化流水线＋人工"的分拣模式,并以上述分拣流程为基础构建后续的排队论模型。

2. 排队论模型描述

根据上述对"半自动化流水线＋人工"分拣流程的分析可知,在该分拣模式下的流程③(分拣)的过程中,如果将随流水线逐个到达的快件(包裹)作为排队系统的输入过程(顾客到达),将负责分拣快件的分拣员看作排队系统的服务员,则该分拣流程构成了经典等待制排队系统。与普通排队系统不同的是,快递分拣过程的排队模型具有其独特的服务规则:每个分拣员只负责分拣发往特定区域的快件。例如,某网点有分拣员 a,b,c,⋯ 分别负责分拣 A,B,C,⋯ 区域的快件,那么对于分拣员 a 来说,只负责分拣(服务)A 区域的快件(顾客),对于其他区域的快件,即使快件到达时分拣员 a 空闲,也不会去分拣;由于在"半自动化流水线＋人工"的分拣流程中,在开始拣选快件过程之前,已经初步拣选剔除了异形件和超大件等对分拣速度有较大影响的特殊快件,所以这里假定每个分拣员分拣一件快件的时间为定值,同一时间参与分拣的业务员有多个。由于快件分拣过程受到上述服务规则的限制,因此不同区域的快件到达数据符合泊松分布的特征。泊松分布的过程也较好地拟合了绝大多数情况下快件到达的状态,其在时段 t 内到达 n 个顾客的概率为

$$P_n(t) = \frac{(\lambda t)^n}{n!} e^{-\lambda t}, \quad n = 0,1,2,3,\cdots; t > 0$$

为了进一步定量验证快件到达的概率分布特性,这里使用某快递公司山东济南市一快递网点的数据来做定量验证。对该网点的快件到达时间数据进行初步整理之后进行频数统计,以获得快件到达在时间上的总体分布情况,结果如图 3.1 所示,其中分组上限和分组下限均为时刻,对应分拣员的工作时间为 5:00—24:00。

通过图 3.1 可以清晰地看到,快递网点的分拣活动存在明显的高峰期,本章选取集中分拣的时间段 6:30—9:00 和 13:30—15:00 的连续分拣过程作为研究对象,该时间段的业务量数据如表 3.1 所列。

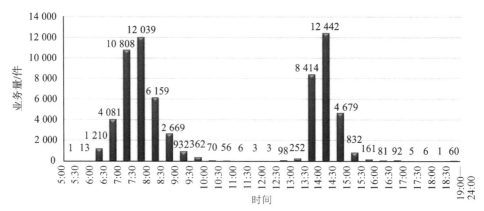

图 3.1　频数分布直方图

表 3.1　业务量数据

时　　间	6:30—7:00	7:00—7:30	7:30—8:00	8:00—8:30	8:30—9:00	13:30—14:00	14:00—14:30	14:30—15:00	总　　计
业务量/件	4 081	10 808	12 039	6 159	2 669	8 414	12 442	4 679	61 291

在该网点连续分拣时间段内,任意挑选该网点划分的某一区域,统计出的该区域的快件到达信息如表 3.2 所列,对该区域的快件到达数据进行单样本 K‐S(柯尔莫戈洛夫‐斯米诺夫)检验,结果如表 3.3 所列。

表 3.2　某区域快件到达信息

时　　间	7:00—7:30	7:30—8:00	8:00—8:30	8:30—9:00	13:30—14:00	14:00—14:30	14:30—15:00	总　　计
业务量/件	171	482	286	104	389	542	101	2 075

表 3.3　单样本 K‐S 检验结果

参　　数			频　　数
个案数			7
泊松参数[①②]	平均值 λ		296.43
	最极端差值	绝对	0.429
		正	0.429
		负	−0.429
K‐S 值 Z			1.134
渐近显著性(双侧)p			0.153

注:①检验分布为泊松分布。

　　②根据数据计算得到。

从 K‐S 检验的结果可以清楚地看到,该区域快件的到达时间服从 $\lambda = 296.43$ 的泊松分布,$p = 0.153 > 0.05$,具有统计学意义,可认为该区域快件依次到达的时间间隔的概率分布服从负指数分布,记为 M。

因此,"半自动化流水线+人工"分拣流程的基本排队论模型可表示为 $M/D/c$,即顾客到达服从泊松分布、服务时间为固定时长、服务窗口数量为 c 的排队系统模型。该模型的主要数量指标及含义如表 3.4 所列。

表 3.4　排队系统模型的主要数量指标及含义

指 标	含 义
L_s	系统中的顾客数,包括排队等候及正在接受服务的所有顾客,也称为平均队长
L_q	系统中排队等候的顾客数,也称为平均队列长
W_s	顾客在系统中的平均逗留时间,包括等待时间和服务时间
W_q	顾客在系统中的平均等待时间,即平均排队等待时间
λ	顾客的平均到达速率,也称为顾客到达速率
μ	一个服务员的平均服务速率,即服务台的平均服务速率
c	系统中服务员的数量
ρ	服务强度,其值为有效的平均到达速率 λ 与系统平均服务速率 $c\mu$ 之比,即 $\rho = \lambda/(c\mu)$

需要说明的是,前四项指标是系统的主要工作指标,它们的值越小,说明该系统排队的顾客数量越少,排队等待的时间越短,因而系统性能越好。对应到快件分拣过程就是,前四项指标的值越小,说明在分拣流水线上逗留的快件数越少,分拣速度越快,因而整个分拣系统的性能越好。显然,对于快递分拣网点来说,希望快件在分拣系统中的分拣速度越快越好;对于业务员来说,服务强度越小,业务员的工作越轻松。

3.1.2　单网点分拣模型

单网点分拣模型是最基础,也是当前我国快递行业使用最广泛的一种运营模式,各个快递公司单独建立自己的物流网络,独立进行快件运输、人员配置和资源调度等工作,不同公司之间各司其政、互不影响。具体到快件的分拣过程就是,每个快件分拣网点只负责分拣本公司的快件,参与分拣活动的分拣员和设备都由该公司统一调度和管理。

$M/D/c$ 模型方法在国内的研究较少,而且介绍得不够详细,本章参考国外关于排队论的著作,简要介绍 $M/D/c$ 排队论模型的公式推导过程。设系统处于稳态时,在 t 时刻有 j 个快件到达的概率为 p_j,则

$$p_j = \mathrm{e}^{-\lambda D} \frac{(\lambda D)^j}{j!} \sum_{k=0}^{c} p_k + \sum_{k=c+1}^{c+j} p_k \mathrm{e}^{-\lambda D} \frac{(\lambda D)^{j-k+c}}{(j-k+c)!}$$

且

$$\sum_{j=0}^{\infty} p_j = 1$$

根据 Little 公式，p_j 满足关系

$$\sum_{j=1}^{c-1} j p_j + c\left(\sum_{j=c}^{\infty} p_j\right) = \lambda D$$

令 $P(z) = \sum_{j=0}^{\infty} p_j z^j, z \leqslant 1$，应用快速傅里叶变换得出衍生方程

$$P(z) = \frac{\sum_{k=0}^{c-1} p_k(z^k - z^c)}{1 - z^c e^{\lambda D(1-z)}}, \quad z \leqslant 1$$

进而得出

$$P(z) = \frac{c(1-\rho)(1-z)}{1 - z^c e^{\lambda D(1-z)}} \prod_{k=1}^{c-1} \frac{z - z_k}{1 - z_k}, \quad |z| \leqslant 1$$

由此可求得当 $(k-1)D \leqslant x < kD, k=1,2,\cdots$ 时的平均排队等待时间为

$$W_q(x) = \sum_{j=0}^{kc-1} Q_{kc-1-j} e^{-\lambda(kD-x)} \frac{[\lambda(kD-x)]^j}{j!}$$

其中，$Q_j = \sum_{i=0}^{c+j} p_i, i = 0,1,\cdots$。

同时可求得平均队列长

$$L_q = \sum_{j=c}^{\infty} (j-c) p_j$$

由解得的 L_q 和 W_q，并根据 Little 公式，其他两个指标的表达式分别为

$$W_s = W_q + \frac{1}{c\mu}$$

$$L_s = L_q + \frac{\lambda}{c\mu}$$

3.1.3 共享模式分拣模型

共享模式指将多个单独开展物流配送的企业汇集到一起，根据各自配送路线、车辆和快递网点重新组合分配的方式进行配送。该模式主要用于解决"最后一公里"问题或应用于物流网络发展较为薄弱的乡镇、郊区等偏远地区。这里主要研究多家快递企业共用一个分拣网点的情况。

共享模式下的快递网点由多家公司共建（或共享），网点有其固定的分拣设备和分拣员，同时该网点需要负责分拣多家公司的快件。这里假设 Y 公司与 Z 公司合作共建一个快递网点，并设每天 Y 公司与 Z 公司的快递车到达该网点的时间分别为 t_1 和 t_2，两家公司一车快递在该网点分拣的持续时间分别为 T_1 和 T_2，那么在共享模式下，Y、Z 两家公司的快件分拣过程会出现以下三种情况：

① 单个分拣：$t_1+T_1 \leqslant t_2$，即 Y 公司的快递车先到，Y 公司的快件分拣完成之后 Z 公司的快递车才到，接着开始分拣 Z 公司的快件，两者互不干扰；反之亦然。此时，两家公司的分拣过程均符合 $M/D/c$ 排队模型，其参数 λ 分别根据两家公司的业务量来确定。

② 混合分拣：$t_1=t_2$，即 Y 公司与 Z 公司的快递车同时到达网点，同时开始在同一条流水线上进行分拣。此时该系统的输入流可视为两股泊松流输入的叠加，总体的平均到达速率为 $\lambda=\lambda_1+\lambda_2$，而每个分拣员分拣一件快件的时间分布保持不变，因此，只需根据实际需要增加分拣员的数量即可。该种情况可使用修正后的 $M/D/c$ 模型来求解，其中输入流的平均到达速率 $\lambda=\lambda_1+\lambda_2$，该系统所需要的分拣员的最小数量由 $c=\dfrac{\lambda_1+\lambda_2}{\mu}$ 来确定，其中 c 向上取整。

③ 先后分拣：$t_1<t_2<t_1+T_1$ 且 $t_1+T_1<t_2+T_2$，即 Y 公司的快递车先到达网点开始分拣，然后 Z 公司的快递车到达网点，开始混合分拣，且最终 Y 公司的快件先分拣结束；反之亦然。这一过程可以分为两个部分：

ⓐ t_1—t_2 时间段和 (t_1+T_1)—(t_2+T_2) 时间段：该部分分别为 Y 公司的快件单独分拣和 Z 公司的快件单独分拣过程。

ⓑ t_2—(t_1+T_1) 时间段：这一时间段为两公司的快件混合分拣过程。

综上所述，先后分拣的情况在划分为上述两部分之后可以分别归于单个分拣和混合分拣两种情况，这里不再赘述。

3.2　分拣排队系统模型求解

3.2.1　单网点分拣模型求解及敏感性分析

1. 模型求解

根据 3.1.2 小节中对各表达式的推导可知，只要知道系统中快件的平均到达速率 λ 和平均服务速率 μ，就可以计算出系统中快件的平均排队等待时间 W_q 和平均队列长 L_q，从而可根据实际情况设置分拣员数量，提高分拣速率，做出相应的决策，使快递网点的分拣系统达到最佳的平衡状态。

选取某快递公司山东省济南市某快递网点为例，统计其连续分拣高峰期（4 h）的业务数据，得到数据样本如表 3.5 所列。

表 3.5 数据样本

指　标	值
连续分拣业务量/件	1 211
分拣员人数/人	14
连续分拣时间/h	4
平均分拣时间/(s·件$^{-1}$)	2.775

由表 3.5 可知平均分拣时间 $D=2.775$ s/件 ≈ 3 s/件，为了方便后续计算，这里取平均分拣时间 D 为 3 s/件，因此得

$$\mu = \frac{1}{D} = 20 \text{ 件}/\min$$

在最基础的多服务台排队模型中，整个系统的顾客平均到达速率 λ 与各个服务员所服务的顾客平均到达速率 λ_i 之间有如下关系：

$$\lambda_i = \frac{\lambda}{N}$$

其中，N 为服务员人数。但是对于快件分拣排队论模型，每个分拣员只负责分拣特定区域的快件，业务员的分拣数量并不是平均分配，而是与该区域的业务量有关，所以上述关系式应为

$$\lambda_i = \frac{m_i}{M}\lambda$$

其中，m_i 为第 i 区域的业务量，M 为网点的总业务量。因此，根据表 3.1～表 3.3 中的数据，该快递网点快件的总平均到达速率 λ 可由 $\lambda = \frac{M}{m_i}\lambda_i$ 求得，即

$$\lambda = \frac{61\ 291}{2\ 075} \times 296.43 \text{ 件}/30 \min = 291.86 \text{ 件}/\min$$

当 $c\mu \geq \lambda$，即 $c \geq 15$ 时，不会形成无限队列，系统平均到达速率等于离去速率，存在平衡状态。这里将 $c=15$ 作为单个分拣模型的初始人数配置，以求解平均排队等待时间和平均队列长等评价指标。当分拣员数量 $c=15$ 时，

$$\rho = \lambda/c\mu = 291.86 \div (15 \times 20) = 0.973$$

对 $M/D/c$ 排队论模型的求解，可借助诸如 MATLAB 等统计软件进行计算。本章的数学计算过程主要使用 MCQueue 软件，该软件由美国耶鲁大学著名运筹学教授 Henk Tijms 于 2003 年开发并在网上发布，供人们学习和研究使用。应用 $M/D/c$ 模型的计算公式，通过 MCQueue 软件计算，得到的各项指标结果如表 3.6 所列（P_{wait} 为当快件到达后需要排队等待的概率，P_{busy} 为当快件到达时分拣员忙的概

率）。为了找出最佳的分拣人数配置,这里分别假设了当 $c=15,16,17,18,19,20$ 时的情形并求解。

表 3.6　单网点分拣模型结果

指　标	值					
$\lambda/(件 \cdot min^{-1})$	291.86					
$c/人$	15	16	17	18	19	20
ρ	0.972 867	0.912 063	0.858 412	0.810 722	0.768 053	0.729 65
P_{wait}	0.870 638	0.608 989	0.416 568	0.280 309	0.183 776	0.117 566
P_{busy}	0.870 638	0.608 989	0.416 568	0.280 309	0.183 776	0.117 566
W_q/min	1.098 2	0.233 1	0.098 091	0.049 221	0.026 206	0.014 311
$L_q/件$	16.028	3.401 4	1.430 8	0.718 28	0.382 43	0.208 84

由表 3.6 可知,当该网点的分拣人数为 15 时,系统有 97.29% 的概率繁忙,快件到达后需要排队等待的概率为 0.87,且每分钟平均有 16.03 件快件在系统中排队等待,平均等待时间为 1.10 min,存在很大的拥挤现象。当分拣员增加到 16 人时,系统中平均每分钟有 3.40 件快件在排队,拥挤现象取得了显著改善;但随着分拣人数的不断增加,拥挤情况改善的幅度逐渐变小;当分拣人数为 20 时,快件在队列中的平均排队等待时间为 0.014 min,相比于 19 名分拣员来说,改善不太明显,相对于增加 1 名分拣员的成本,就没有必要再继续增加分拣员的人数了。

2. 敏感性分析

将快件平均排队等待时间 W_q 与平均队列长 L_q 作为敏感性分析指标,将系统平均到达速率 λ 与分拣员平均服务速率 μ 作为不确定性因素,进行单网点分拣模型($c=16$)的单因素敏感性分析,结果汇总于表 3.7 中,表中的"—"表示:当 λ 或 μ 进行相应程度的变化之后,系统出现了 $\lambda > c\mu$ 的情况,即系统的快件平均到达速率大于系统总的平均服务速率,出现无限排队的情况。

将表 3.7 中的数据进一步整理,画出平均队列长 L_q 和平均排队等待时间 W_q 关于 λ 和 μ 的变化散点图,分别如图 3.2 和图 3.3 所示。

从图 3.2 和图 3.3 可以发现,平均排队等待时间 W_q 和平均队列长 L_q 的变化程度关于 λ 和 μ 有着相似的变化趋势,它们均随着 λ 的减小而减小,且见效的幅度由大逐渐减小;随着 μ 的增大而逐渐减小,减小的幅度也是逐渐减小。这一现象也比较符合人们在日常生活中的认知,即顾客越少,服务人员的数量越多,排队等待的时间和等待的人数也就越少。

表 3.7　单网点模式下单因素敏感性分析

λ 或 μ 的变化程度		−20%		−15%		−10%	
指　标		W_q	L_q	W_q	L_q	W_q	L_q
与 λ 对应	计算值	0.023 0 min	0.268 3 件	0.039 3 min	0.487 4 件	0.067 4 min	0.884 9 件
	变化程度	−90.14%	−92.11%	−83.13%	−85.67%	−71.10%	−73.99%
与 μ 对应	计算值	—	—	—	—	—	—
	变化程度	—	—	—	—	—	—

λ 或 μ 的变化程度		−5%		0		5%	
指　标		W_q	L_q	W_q	L_q	W_q	L_q
与 λ 对应	计算值	0.119 5 min	1.656 7 件	0.233 1 min	3.401 4 件	0.608 59 min	9.325 3 件
	变化程度	−48.73%	−51.29%	0	0	161.09%	174.16%
与 μ 对应	计算值	0.652 56 min	10.024 件	0.233 1 min	3.401 4 件	0.123 0 min	1.709 7 件
	变化程度	170.95%	194.70%	0	0	−47.23%	−49.74%

λ 或 μ 的变化程度		10%		15%		20%	
指　标		W_q	L_q	W_q	L_q	W_q	L_q
与 λ 对应	计算值	—	—	—	—	—	—
	变化程度	—	—	—	—	—	—
与 μ 对应	计算值	0.074 5 min	0.988 2 件	0.048 4 min	0.614 7 件	0.032 9 min	0.400 0 件
	变化程度	−68.04%	−70.95%	−79.22%	−81.93%	−85.89%	−88.24%

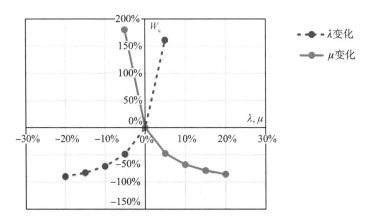

图 3.2　单网点模式下平均排队等待时间的敏感性分析

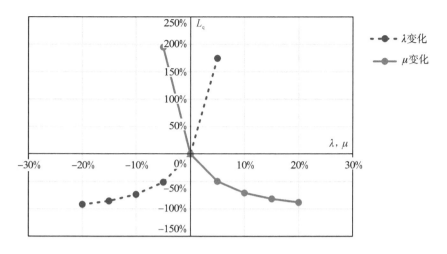

图 3.3　单网点模式下平均队列长的敏感性分析

值得注意的是,当 λ 和 μ 在初始条件下反向变化时(分别对应图中 λ 增加 5% 和 μ 减少 5% 的点),无论是平均排队等待时间 W_q 还是平均队列长 L_q 都出现了大幅度的增大,变化幅度大于其他情况下自变量等幅度变化造成影响的数倍。从排队系统理论的角度来分析这一现象,在本检验的初始条件下,该系统的服务强度 ρ 为 0.912,当 λ 增加 5% 时,ρ 的值变为 0.958;当 μ 减小 5% 时,ρ 的值变为 0.960,两种情况下系统的服务强度都处于很高的水平。因此可以认为,当服务强度处于较高水平时,整个系统对 λ 和 μ 的敏感性会显著增加,即轻微幅度的顾客平均到达速率增加或平均服务速率减小都会对系统产生很大的影响,甚至造成出现长时间排队的情况。

所以,对于快递网点的管理人员来说,一方面,在网点的日常运营过程中,需要持续关注快件到达的数量信息及分拣员的业务水平和人员配置情况,以便随时根据实际业务量的波动情况灵活增减业务员的数量,以免出现分拣人员长时间空闲或者因业务量过大而长时间排队的情况;另一方面,为了提高网点的分拣效率而一味追求高服务强度并不是一个明智的选择,因为在较高的服务强度下,系统对分拣速率和快件到达速率更加敏感,系统的稳定性会显著降低,很可能会因为分拣员长时间工作而导致分拣速率下降,进而导致整个分拣系统出现长时间排队的现象,反而得不偿失。

3.2.2　共享模式分拣模型求解及敏感性分析

1. 模型求解

关于共享模式,在 3.1.3 小节中已经对所有可能出现的情况进行了充分的讨论,由于先后分拣的情况可以按照时间段划分进入单个分拣和混合分拣两种情况,而单个分拣模型与单网点分拣模型具有高度相似性,因此这里不再重复求解,本小节主要进行混合分拣情况下的模型求解。

下面还是以山东济南市某快递网点为例,分析其与另一家公司共享该网点时的快递分拣情况。为了便于后续的计算和分析,这里假定两家公司的业务规模相同,分拣人员业务能力相同,不同区域的快件到达情况服从相同的概率密度分布。因此,在上述条件下,共享网点的分拣模式有如下已知条件:

① 该模式下分拣系统的快件平均到达速率 λ 是单网点分拣模式下的 2 倍。

② 该模式下每位分拣员的平均分拣速率 μ 与单网点模式下的平均分拣速率相等。

③ 该模式下的相关数量指标,如平均排队等待时间 W_q 和平均队列长 L_q 等可以使用单网点模式下的方法计算得出。

④ 该模式下所需的最少分拣人员数量可通过 $c = \dfrac{\lambda}{\mu}$ 确定。

通过计算可以确定,当两家规模相同的快递公司共享网点,且快件的平均到达速率为 583.72 件/min 时,该分拣系统所需的分拣人员数量最少为 30 人。将上述条件整理后,分别计算当分拣人员数量在合理区间内变化时的平均排队等待时间和平均队列长的变化情况,并将各项参数和计算结果汇总于表 3.8 中。

表 3.8 共享模式分拣模型结果

λ/(件·min^{-1})	583.72						
c/人	30	31	32	33	34	35	36
ρ	0.972 866 7	0.941 484	0.912 063	0.884 424	0.858 412	0.833 886	0.810 722
W_q/min	0.517 93	0.186 65	0.095 526	0.055 272	0.033 891	0.021 415	0.013 737
L_q/件	15.116	5.447 5	2.788	1.613 2	0.989 15	0.625 02	0.400 92
W_s/min	0.519 596 7	0.188 263	0.097 089	0.056 787	0.035 362	0.022 844	0.015 126

通过表 3.8 可以清晰地看出,在最少的人员配置下,即当分拣员的数量为 30 人时,该分拣系统有 97.29% 的概率处于繁忙状态,快件到达后的平均排队等待时间为 0.518 min,平均每分钟在系统中排队等待的快件数量为 15.116 件,存在明显的排队情况。当分拣人员增加到 31 人时,平均每分钟在系统中排队的快件数量减少到 5.45 件,相比于 30 人的情况,排队现象取得了显著改善;之后,每增加 1 名分拣员,排队现象均略有改善,且改善的程度逐渐趋小。

将上述计算结果与单网点模型的计算结果相比较,可以发现:

① 当两种模式均安排最少的分拣人员数量,即共享模式下为 30 人,单网点模式下两个公司的网点分别为 15 人时,两种模式之间并无显著差距。然而在现实中,这种人员配置的情况很难出现,因为该配置下的分拣速度根本无法满足快递行业对时效性的要求。

② 当对网点的分拣速度提出要求时,共享模式的优势逐渐会体现出来。比如,

当要求快件在分拣过程中的平均排队等待时间不超过 1 s 时,共享模式下的人员配置数量为 36 人,而要想在单网点模式下达到这一速度,则需要两个网点分别安排 20 人,其分拣人员总数比共享模式下多出 4 人。

③ 与单网点分拣模式相比,共享模式的另一优势体现在:共享模式下不需要不同公司分别建设自己的快递网点,从而大大节约了土地、设备和人员培训等成本。由于此部分内容缺少相关数据支持,因此这里不做定量研究。

2. 敏感性分析

与单网点模型类似,将快件平均排队等待时间 W_q 与平均队列长 L_q 作为敏感性分析指标,将系统平均到达速率 λ 与分拣员平均服务速率 μ 作为不确定性因素,进行共享模式分拣模型($c=31$)的单因素敏感性分析,λ 与 μ 的变化范围为 $\pm 10\%$、$\pm 20\%$、$\pm 30\%$、$\pm 40\%$,将最终的结果汇总于表 3.9 中,表中的"—"表示:当 λ 或 μ 进行相应程度的变化之后,系统出现了 $\lambda > c\mu$ 的情况,即系统的快件平均到达速率大于系统总的平均服务速率,出现无限排队的情况。

表 3.9　共享模式下单因素敏感性分析

λ 或 μ 的变化程度		-40%		-30%		-20%	
	指　标	W_q	L_q	W_q	L_q	W_q	L_q
与 λ 对应	计算值	0.000 1 min	0.002 4 件	0.001 3 min	0.026 3 件	0.007 3 min	0.170 9 件
	变化程度	-99.93%	-99.96%	-99.31%	-99.52%	-96.08%	-96.86%
与 μ 对应	计算值	—	—	—	—	—	—
	变化程度	—	—	—	—	—	—

λ 或 μ 的变化程度		-10%		0		10%	
	指　标	W_q	L_q	W_q	L_q	W_q	L_q
与 λ 对应	计算值	0.033 1 min	0.868 3 件	0.186 7 min	5.447 5 件	—	—
	变化程度	-82.29%	-84.06%	0	0	—	—
与 μ 对应	计算值	—	—	0.186 65 min	5.447 5 件	0.037 903 min	1.005 7 件
	变化程度	—	—	0	0	-79.69%	-81.54%

λ 或 μ 的变化程度		20%		30%		40%	
	指　标	W_q	L_q	W_q	L_q	W_q	L_q
与 λ 对应	计算值	—	—	—	—	—	—
	变化程度	—	—	—	—	—	—
与 μ 对应	计算值	0.012 2 min	0.297 6 件	0.004 5 min	0.099 8 件	0.001 7 min	0.035 3 件
	变化程度	-93.44%	-94.54%	-97.61%	-98.17%	-99.09%	-99.35%

从表3.9中的数据可以清楚地看到,快件在分拣系统中的平均排队等待时间 W_q 与平均队列长 L_q 有相同的变化趋势,这里对表3.9中的数据进一步整理,绘制出平均排队等待时间分别关于 λ 和 μ 的变化趋势,如图3.4所示。

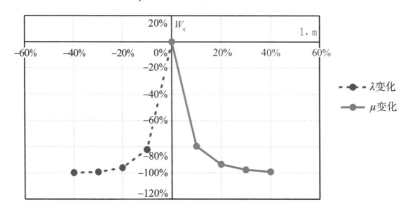

图3.4 共享模式下平均排队等待时间的敏感性分析

通过图3.4中 W_q 随 λ 和 μ 的变化可以发现:

① 在共享模式下,平均排队等待时间关于 λ 和 μ 的敏感性与单网点模式下的敏感性有一定的相似性,即在服务强度 ρ 处于较高水平时,该系统关于 λ 和 μ 的敏感性会显著提高;随着 λ 和 μ 的变化,当服务强度逐渐变低时,该敏感性逐渐降低,平均排队等待时间的变化程度也逐渐降低。

② 与单网点敏感性分析的结果相比,相同程度的 λ 或 μ 的变化,在共享模式下所引起的 W_q 的变化程度更大,说明在共享模式下,敏感性指标 W_q 和 L_q 关于不确定性因素 λ 和 μ 的敏感性更高。

3.2.3 分拣效率评价

1. 效率及分拣效率

目前,学界关于各种效率的定义大多是从经济学中的效率一词衍生而来的。在《经济学辞书》中对于效率的定义是:在有限的资源和技术条件下,使既定投入实现产出的最大化。经济学家帕累托把效率比作帕累托最优,即在某种确定的资源配置下,且所有人的状况不会变得更坏的情况下,作出的所有配置改变都无法使任何一个人的状况向着更好的方向发展。管理学中对于效率的定义是:在规定的时间内,各项产出与投入的比值。综上所述,此处对分拣效率的定义是:快递网点的总产出与总投入的比值。这里,快递网点的产出可以用一定时间内分拣出的快件数量来衡量,而投入则包含快递网点的场地、设备和人员等成本。

2. 时间效率与经济效率

在上面对分拣效率探讨的基础上,现在从时间和经济两个不同的角度对分拣效率作进一步的定义。时间效率指在连续分拣时间内,分拣出的快件数量与分拣时间的比值,即单位时间内分拣的快件数量;经济效率指在连续分拣时间内,分拣出的快件数量与人力成本的比值,即单位人力成本下分拣出的快件数量。在实际计算过程中,时间效率等于快件在系统中的平均逗留时间 W_s 的倒数;经济效率等于分拣出的快件数 N 除以分拣员的数量 c 与分拣员的日工资的乘积,分拣出的快件数 N 由快件平均到达速率 λ 乘以连续分拣时间 4 h 来确定,这里假定分拣员的日工资为 120 元/天。据此,分别计算出在不同人员配置下,单网点模式和共享模式下的分拣效率,分别如表 3.10 和表 3.11 所列。

表 3.10　单网点模式分拣效率

c/人	15	16	17	18	19	20
经济效率	38.91	36.48	34.34	32.43	30.72	29.19
时间效率	0.91	4.23	9.90	19.23	34.68	59.48

表 3.11　共享模式分拣效率

c/人	30	31	32	33	34	35	36
经济效率	38.91	37.66	36.48	35.38	34.34	33.36	32.43
时间效率	1.92	5.31	10.30	17.61	28.28	43.78	66.11

基于表 3.10 和表 3.11 中关于分拣效率的数据,绘制两种模式下时间效率和经济效率的散点图,以便比较两种不同模式下的时间效率和经济效率之间的差异性。绘制出的散点图如图 3.5 所示。

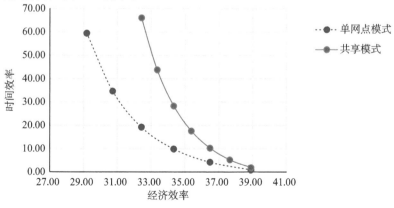

图 3.5　分拣效率对比

　　从图 3.5 中可以看到：①无论是单网点模式还是共享模式的分拣方式，其经济效率和时间效率均呈现出相同的变化趋势，随着时间效率的提升，经济效率逐渐减小；随着时间效率的减小，经济效率逐渐提升。②在确定时间效率的前提下，共享模式的经济效率大于单网点模式的经济效率，而且所要求的时间效率越大，两者之间的差值也越大。③在同等经济效率前提下，共享模式的时间效率大于单网点模式的时间效率，说明此时共享模式的分拣速度比单网点模式的分拣速度快。

第4章　末端配送效率评价

本章针对末端配送的三种模式(即送货上门、智能快递柜自提和驿站自提)分别构建了排队论模型,分析了不同模式组合对效率的影响。

4.1　末端配送排队论模型构建

4.1.1　末端配送模式说明

1. 配送模式分析

从国内外物流末端配送现状来看,传统的末端配送模式主要有三种:共同配送模式、与便利店合作配送模式、自设终端物流中心模式。共同配送模式指针对某一特定区域,由若干快递企业合作成立共配网点,集中负责该区域内所有客户的末端配送服务,这是当前国内快递企业主要采用的末端配送模式,典型代表是城市100共同配送,其通过标准门店、快递柜网点等形式提供末端配送服务;与便利店合作配送模式指快递企业与便利店合作,通过在便利店设置储物柜等形式形成末端物流配送服务模式,如顺丰早期与7-11便利店的战略合作、天猫社区服务站等都属于这种配送模式;自设终端物流中心模式指快递企业不依赖其他任何机构,依靠自有资源建立终端物流配送中心,负责本企业在一定区域内的末端配送业务,在国外,采用这种配送模式的典型代表是亚马逊公司,而国内则是京东物流,京东物流依靠其所建造的大量仓库和多个智能化大型物流中心"亚洲一号"实现90%以上的订单24 h内送达。

随着零售业从线下时代步入电商时代,末端配送新模式也逐渐崭露头角。智能快递柜凭借其成本低、取件时间自由、私密性好等优点备受快递企业和消费者的青睐,目前,国内提供智能快递柜服务的企业有菜鸟网络、丰巢、速递易和苏宁易购等。在新经济环境下,众包模式(指由第三方公司组织,大众申请并审核培训后为收件人提供派件服务)也应运而生,如点我达、蜂鸟对外承接末端派件及揽件业务。此外,先进技术的应用将无人机、机器人等引入末端配送中,目前,京东、顺丰、菜鸟等企业纷纷研发用无人机提供末端配送服务,菜鸟的配送机器人、唯品会的智能快递无人车等将助力于末端配送环节,缓解末端配送压力。

鉴于共同配送、与便利店合作、自设终端物流中心等传统配送模式,以及初具规模的智能快递柜和众包等配送模式最终都是通过快递员送货上门、顾客前往末端网点自提或顾客前往快递柜自提这三种方式来完成快件的配送服务,而无人机、机器人等先进的末端配送模式尚未大规模投入,因此暂不考虑最后一种先进的配送模式;再者,出于对简化研究对象、便于建模等因素的考虑,本章将末端配送模式分为三种,即送货上门、智能快递柜自提和驿站自提。

2. 末端配送模式界定

下面对不同配送模式的参与主体、作业流程、优缺点和适用性等特征进行分析,为后续研究奠定基础。

(1)送货上门模式

1)模式简介

送货上门指快递员根据顾客要求或货物本身特点使用配送车辆在一定时间内将快件送达顾客指定地点,并通过电话或短信方式通知顾客前来取件。其中,快递员根据相关证件或取件号来确认顾客身份,通过对快件进行扫描、登记、收取回执单等系列操作之后将快件交付给顾客,完成快件的配送服务。当遇到顾客不在家等情况时,与顾客沟通协商,将快件放置于附近的快递代收点由顾客自行前往取件,或者与顾客约定时间进行二次配送。送货上门配送服务流程如图 4.1 所示。

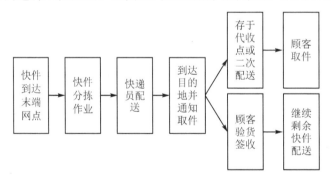

图 4.1　送货上门配送服务流程图

送货上门配送服务作为当前发展较为成熟和占据主流地位的配送模式,深受消费者的喜爱。在网上购物兴起阶段,网购交易量小,快件配送量较少,各个快递或电商企业普遍采用送货上门方式进行快件配送服务。但是,近年来,网购的快速发展导致快件配送量激增,企业现有的配送人员难以满足激增的快件配送需求,送货上门配送服务的压力激增。

2)模式优缺点

优点:①方便、快捷,无需顾客花费时间去自提点取件;②提供面对面服务,企业可以通过把控服务质量来提升品牌影响力；③可以满足顾客的及时需求；④退换货方便，可以代收货款。

缺点：①提供上门服务，配送效率较低，配送成本较高；②快递员送货时间与顾客接收时间不匹配易导致二次配送；③配送车辆的行程较多易造成交通堵塞；④快递员素质参差不齐，流动性大，与顾客直接接触可能会威胁到顾客的人身安全；⑤一些高档社区、写字楼等禁止快递员进入会导致配送不到位，或者由于交通拥堵等不可控因素导致配送延时，配送时效性低，降低顾客满意度。

（2）智能快递柜自提模式

1）模式简介

智能快递柜又称自助提货柜、智能快件箱，它是一种可供快递员派件及顾客自助取件和寄件的物流终端配送智能设备。智能快递柜配送指由快递员采用配送车辆将快件送达指定地点附近的快递柜，进行投柜和录入基本信息后，由快递柜的后台信息系统发送短信通知顾客前来取件。顾客根据收到的取件码在自己方便的时间前往快递柜取件，若快件在快递柜中滞留时间过长则可能需支付 $1\sim2$ 元的滞留费用才能完成取件工作。智能快递柜配送服务流程如图 4.2 所示。

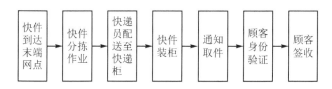

图 4.2　智能快递柜配送服务流程图

智能快递柜实现了快递配送终端无人交付模式，极大地提高了配送效率和顾客满意度，其设置地点可以选择在人流量较大的大学、地铁和便利店等地。目前智能快递柜配送方式已初具规模，《2018 年中国智能快件箱行业发展概况及未来发展趋势分析》显示，全国投入的智能快递柜超过 17 万套，日均派件量接近 1 000 万件，占全行业派件量的 7%。智能快递柜的置办企业一般为电商巨头、主流快递企业或第三方快递柜企业，典型的快递柜企业有丰巢科技、速递易等，电商企业有京东商城、苏宁易购等。

2）模式优缺点

优点：①时间不受限，可以提供 7×24 小时的不间断服务，快递员和消费者可根据自身需要选择投递和取件时间，比较方便；②相比送货上门方式，可大幅节约人力和物力成本；③降低快递员和配送车辆出入小区的频率，降低物业管理难度和消费者隐私泄漏风险，净化社区环境；④快递员放货即走，无需重复配送，配送成功率高；⑤受人为因素干扰较小，服务质量取决于快递柜操作方法的难易程度。

缺点：①智能快递柜前期置办和后期维护成本较高，且需要提供技术支持；②服务能力有限，无法满足大批量快件配送服务，配送对象不具备普遍性，一些体积偏大、形状不规范、具有时效性的物品不宜采用该配送方式；③安装规模较小，尚处于初期试验阶段，主要集中在高档小区、写字楼和高等院校附近；④出现快件丢失、损坏等情况时难以追究责任；⑤未按时取件影响周转率，对部分顾客来说，操作流程复杂，取件有一定难度。

（3）驿站自提模式

1）模式简介

根据网点投资主体的不同可将有人值守的营业网点分为电商企业自提点（如京东）、企业联盟自提点（如菜鸟驿站）、快递企业自提点（如圆通、申通、韵达等快递企业自建的服务网点）和第三方企业自提点（如小麦公社、城市 100 等）四种类型。根据网点资源是否公用可分为公用自提点和自用自提点。公用自提点一般是由加油站、便利店、住宅区物业机构、地铁站和报刊亭等社会性机构与多个快递企业合作，利用剩余空间存放来自附近区域的快件，供顾客在方便时前去自提；此外，公用自提点还包括以城市 100、菜鸟驿站为代表的联盟自提点。自用自提点指电商或快递企业设置末端配送网点服务于自家快件配送业务，不为其他企业提供配送服务，如京东、顺丰等快递企业直营的网点。

这里为了简化研究对象，避免无关因素的干扰，将所有需要顾客自行前往末端网点取件的形式归纳为驿站自提，并将驿站自提定义为：快递或电商企业将快件送达驿站，驿站工作人员对快件进行分拣并按照一定规则摆放于驿站的柜台或置物架上，录入基本信息后以电话或短信形式通知顾客在一定时间内前往驿站取件。顾客到达后，工作人员通过查看身份证件、取件号等方式验证身份，当面进行快件的扫描、签收、交接等工作，完成快件的配送服务。此外，驿站自提点可为快递或电商企业解决部分快件的退换货工作，降低企业运营成本。驿站配送服务流程如图 4.3 所示。

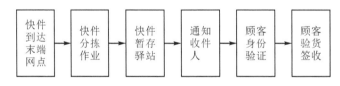

图 4.3 驿站配送服务流程图

2）模式优缺点

优点：①可为收货不便的顾客提供快件代收和暂存服务；②可依托已有便利店或超市等开设驿站，无需单独支付店面租金，无需雇用专业配送人员，降低了网点建设成本和运营成本；③可办理退换货和提供代收货款服务；④当遇到"爆仓"问题（如"双 11""双 12"等购物促销活动）时，其存储功能可有效缓解快件量激增所带来的配送压力；⑤可通过整合顾客的零散快件来降低揽件成本，同时优化发货时间；⑥可为写字楼、学校、社区等限制车辆和外来人员出入的区域提供末端配送方案，如菜鸟校园驿站有效解决了"摩托车限行""校园门口快递摆地摊"等快件配送问题。

缺点：①当驿站是依托便利店、超市等开设时，快件与原实体店商品混合管理易出现混乱情况；②快件配送存在二次委托权责问题；③自建驿站的建设成本及人力成本较高；④营业时间固定，顾客取件时间受限；⑤部分驿站的服务半径较大，顾客自提时间较长，降低了顾客满意度。

4.1.2 基本假设

本小节主要对三种末端配送模式的排队论模型所涉及的符号含义进行说明，并提出相关基本研究假设。

1. 符号含义

Λ：单位时间末端配送网点覆盖区域总的快件到达数量；

α_1：有送货上门服务需求的快件数量占区域总派件数量的比例；

β_1：送货上门模式所覆盖的子配送区域个数；

λ_1：送货上门模式中单位时间每个子配送区域的快件到达数量；

N：送货上门模式中的系统容量限制，也指配送车辆的最大装载能力；

μ_1：送货上门模式中单位时间可以服务的快件数量；

$S\lambda_e$：送货上门模式的快件有效到达率；

$S\rho_e$：送货上门模式的有效服务强度；

ρ_1：送货上门模式的服务强度；

SP_n：送货上门模式的每个子配送区域系统中快件数量为 n 的概率；

SP_0：送货上门模式的每个子配送区域系统中快件数量为 0 的概率；

SL_s：送货上门模式的每个子配送区域服务队长的期望值；

SL_q：送货上门模式的每个子配送区域排队长的期望值；

SL：送货上门模式的每个子配送区域总队长的期望值；

SW_s：送货上门模式的每个子配送区域顾客接受服务时间的期望值；

SW_q：送货上门模式的每个子配送区域顾客等待服务时间的期望值；

SW：送货上门模式的每个子配送区域单个快件在系统中逗留时间的期望值；

β_2：末端配送网点覆盖区域所配套的智能快递柜组数；

k：每组智能快递柜所含有的同一规格的格口数量；

α_2：采用智能快递柜自提模式配送的快件数量占总快件配送数量的比例；

λ_2：智能快递柜自提模式中单位时间到达每组智能快递柜的快件数量；

μ_2：智能快递柜自提模式中每个格口单位时间可以服务的快件数量；

ρ_2：智能快递柜自提模式中快递柜每个格口的服务强度；

$Z\lambda_e$：智能快递柜自提模式的快件有效到达率；

$Z\rho_e$：智能快递柜自提模式的有效服务强度；

ZP_n：智能快递柜自提模式的每组快递柜中快件数量为 n 的概率；

ZP_0：智能快递柜自提模式的每组快递柜中快件数量为 0 的概率；

ZL_s：智能快递柜自提模式的每组快递柜服务队长的期望值；

ZL_q：智能快递柜自提模式的每组快递柜排队长的期望值；

ZL：智能快递柜自提模式的每组快递柜总队长的期望值；

ZW_s：智能快递柜自提模式的每组快递柜的快件接受服务时间的期望值；

ZW：智能快递柜自提模式的每组快递柜的单个快件在系统中逗留时间的期望值；

c：驿站自提模式中负责快件取件服务的工作人员数量，即服务台数量；

α_3：采用驿站自提模式配送的快件数量占总快件配送数量的比例；

λ_3：驿站自提模式中单位时间的快件到达数量；

μ_3：驿站自提模式中每个取件服务台单位时间可以服务的快件数量；

ρ_3：驿站自提模式中每个取件服务台的服务强度；

YP_n：驿站自提模式中快件数量为 n 的概率；

YP_0：驿站自提模式中快件数量为 0 的概率；

YL_s：驿站自提模式中顾客服务队长的期望值；

YL_q：驿站自提模式中顾客排队长的期望值；

YL：驿站自提模式中顾客总队长的期望值；

YW_s：驿站自提模式中顾客接受服务时间的期望值；

YW_q：驿站自提模式中顾客等待服务时间的期望值；

YW：驿站自提模式中单个快件在系统中逗留时间的期望值；

SC：单位时间送货上门模式的运营成本；

SC_1：单位时间送货上门模式的配置建设成本；

SC_2：单位时间送货上门模式的配送作业成本；

ZC：单位时间智能快递柜自提模式的运营成本；

ZC_1：单位时间智能快递柜自提模式的配置建设成本；

ZC_2：单位时间智能快递柜自提模式的配送作业成本；

YC：单位时间驿站自提模式的运营成本；

YC_1：单位时间驿站自提模式的配置建设成本；

YC_2：单位时间驿站自提模式的配送作业成本；

F_1：单位时间每辆配送车辆与运载量无关的固定成本；

V_1：单位时间每辆配送车辆与运载量有关的变动成本；

V_2：单位时间每辆配送车辆每执行一次快件配送任务的变动成本；

SF：送货上门模式中单位时间服务顾客的固定成本；

SV：送货上门模式中单位时间每服务一位顾客的变动成本；

ZF:智能快递柜自提模式中单位时间服务顾客的固定成本;

ZV:智能快递柜自提模式中单位时间每服务一位顾客的变动成本;

YF:驿站自提模式中单位时间服务顾客的固定成本;

YV:驿站自提模式中单位时间每服务一位顾客的变动成本;

$S\eta_1$:送货上门模式的快件配送生产率;

$Z\eta_1$:智能快递柜自提模式的快件配送生产率;

$Y\eta_1$:驿站自提模式的快件配送生产率;

$S\eta_2$:送货上门模式的快件配送绩效;

$Z\eta_2$:智能快递柜自提模式的快件配送绩效;

$Y\eta_2$:驿站自提模式的快件配送绩效。

2. 基本假设

在研究末端配送模式的特点和排队论模型的基础上,作出如下基本研究假设:

① 研究由一个驿站、若干组智能快递柜、若干个送货上门配送服务覆盖的某个确定区域,该区域现有的末端配送资源完全满足区域的配送需求,不存在供不应求的情况。

② 快件的配送服务均服从先到先服务规则,暂不考虑紧急配送、优先配送及多次配送等特殊情况。

③ 末端配送模式由送货上门、智能快递柜自提和驿站自提模式构成,暂不考虑其他配送模式。

④ 主要考虑快件在系统中的逗留时间,其中,送货上门模式中为从快件到达子配送区域开始至到达客户手中为止的间隔时间,智能快递柜自提模式中为从快件装柜完成开始至到达客户手中为止的间隔时间,驿站自提模式中为从快件分拣完成开始至到达客户手中为止的间隔时间。

⑤ 在一定时间内,三种模式中的快件均是单个到达且相互独立,到达数服从泊松分布,到达过程平稳。

⑥ 在同一种模式中,各个快件的服务时间相互独立并服从相同的负指数分布,到达间隔时间和服务时间相互独立。

⑦ 送货上门模式和智能快递柜自提模式所使用的配送车辆为同一型号,最大运载能力和最大容积相同,均为 N。

⑧ 送货上门模式中,每个子配送区域各配备一名快递员和一辆配送车完成全部快件配送作业,且一次配送只负责一个子配送区域。每次配送车辆的装载量均由实际情况决定,但不超过配送车辆的最大承载能力 N。

⑨ 智能快递柜自提模式中,每组快递柜配备一名快递员和一辆配送车,一次配送只负责一组快递柜的快件投柜工作。每次配送车辆的装载量均由实际情况决定,但不超过配送车辆的最大承载能力 N。

⑩ 驿站设置多个取件服务台,一个取件服务台由一名工作人员和其他配套设施

设备构成,一个取件服务台一次只服务一位顾客,各个服务台之间相互独立。

⑪ 智能快递柜自提模式中,快件运送至目标快递柜的运输时间、到达目的地后快件的装柜时间均忽略不计;送货上门模式中,快件运送至各个子配送区域的运输时间忽略不计。

⑫ 一次配送任务中一位顾客的一次取件量为一件,即每服务一位顾客即完成一个快件的配送服务,暂不考虑一位顾客一次取多个快件的情形。

⑬ 配送车辆的最大承载能力 N 等于智能快递柜的格口数量 k,即 $N=k$。

⑭ 智能快递柜每个格口的快件配送服务工作是相互独立的,平均服务率相同,均为 μ_2;每组智能快递柜的平均服务率为 $k\mu_2$,排队系统的服务强度 $\frac{\rho_2}{k}<1$,排队系统不会出现无限排队的情况。

⑮ 驿站自提模式中,各个取件服务台的取件服务工作是相互独立的,平均服务率相同,均为 μ_3;整个驿站的平均服务率为 $c\mu_3$,排队系统的服务强度 $\frac{\rho_3}{c}<1$,排队系统不会出现无限排队的情况。

⑯ 送货上门模式的子配送区域有 β_1 个,每个子配送区域的快件配送需求量分布均匀且相同;末端配送网点覆盖区域有 β_2 组智能快递柜供配送服务使用,覆盖 β_2 个子配送区域,每个子配送区域的快件配送需求量分布均匀且相同。

4.1.3 不同配送模式的模型构建

快件到达末端配送网点经分拣后进入快件配送服务,将接受配送服务的快件作为"顾客",将进行配送服务的快递员和配套设施设备组合称为"服务人员"或"服务台"。假设末端配送系统中到达的顾客数服从参数为 Λ 的泊松分布,根据排队论性质,当系统达到稳态时,系统的输入和输出一致。当"顾客"到达时若系统处于空闲状态,则立即接受服务;若系统处于繁忙状态,则需要排队等待服务。

1. 送货上门模式

在送货上门模式中,"顾客"指每一件有送货上门需求的待配送快件,"服务人员"由进行配送作业的快递员、配送车辆及其他配套设施设备构成。假设采取送货上门配送服务的快件数量占总快件数量的比例为 α_1,因此,送货上门模式的快件到达数量服从参数为 $\alpha_1\Lambda$ 的泊松分布,每个子配送区域内的快件到达数量服从参数为 $\lambda_1=\dfrac{\alpha_1\Lambda}{\beta_1}$ 的泊松分布。快件分拣完毕之后,通过配送车辆运送至各个子配送区域,并依次为每位客户提供配送服务,直至最后一个快件配送完成。其中,每个子配送区域的排队系统结构模型如图4.4所示。

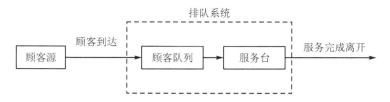

图 4.4　送货上门模式排队系统结构模型

送货上门模式中,每个子配送区域待派送的快件、配送作业人员、配送车辆及配套设施设备组合构成一个处于平稳状态且系统容量有限的 $M/M/1/N$ 排队系统,单位时间服务的快件数量服从参数为 μ_1 的负指数分布,在一定时间内,当快件的到达数量超过配送车辆的最大承载能力 N(系统的最大容量)时,将被拒绝进入该子配送区域系统中,因此,有效到达率为

$$S\lambda_e = \lambda_1(1 - SP_N)$$

进而得到有效服务强度为

$$S\rho_e = \frac{S\lambda_e}{\mu_1} = \frac{\lambda_1(1 - SP_N)}{\mu_1}$$

每个子配送区域中快件数量为 n 的概率为

$$SP_n = \frac{\rho_1^n(1 - \rho_1)}{1 - \rho_1^{N+1}}, \quad n \in (0, N)$$

其中当 $n = 0$ 时的概率为

$$SP_0 = \frac{1 - \rho_1}{1 - \rho_1^{N+1}}$$

每个子配送区域系统的服务队长为

$$SL_s = S\rho_e = \frac{\lambda_1(1 - SP_N)}{\mu_1}$$

每个子配送区域系统的排队长为

$$SL_q = \frac{\rho_1^2[1 - N\rho_1^{N-1} + (N-1)\rho_1^N]}{(1 - \rho_1)(1 - \rho_1^{N+1})}$$

每个子配送区域系统的总队长为

$$SL = SL_s + SL_q = \frac{\lambda_1(1 - SP_N)}{\mu_1} + \frac{\rho_1^2[1 - N\rho_1^{N-1} + (N-1)\rho_1^N]}{(1 - \rho_1)(1 - \rho_1^{N+1})}$$

每个子配送区域系统中顾客接受服务的时间为

$$SW_s = \frac{SL_s}{S\lambda_e} = \frac{1}{\mu_1}$$

每个子配送区域系统中顾客等待服务的时间为

$$SW_q = \frac{SL_q}{S\lambda_e} = \frac{\rho_1^2[1 - N\rho_1^{N-1} + (N-1)\rho_1^N]}{\lambda_1(1 - SP_N)(1 - \rho_1)(1 - \rho_1^{N+1})}$$

每个子配送区域内单个快件在系统中的逗留时间为

$$SW = SW_s + SW_q = \frac{SL}{S\lambda_e} = \frac{1}{\mu_1} + \frac{\rho_1^2 [1 - N\rho_1^{N-1} + (N-1)\rho_1^N]}{\lambda_1 (1 - SP_N)(1 - \rho_1)(1 - \rho_1^{N+1})}$$

2. 智能快递柜自提模式

假设采用智能快递柜自提模式配送的快件数量占总快件数量的比例为 α_2，因此，在该模式中，快件到达数量服从参数为 $\alpha_2\Lambda$ 的负指数分布，单位时间到达每组智能快递柜的快件数量服从参数为 $\lambda_2 = \dfrac{\alpha_2\Lambda}{\beta_2}$ 的负指数分布。假设智能快递柜每个格口单位时间可以服务的快件数量服从参数为 μ_2 的负指数分布，其中接受服务的"顾客"指需采用智能快递柜自提模式配送的快件，"服务人员"指智能快递柜的各个格口，即每组智能快递柜有 k 个"服务人员"，相应地，该系统的容量有限且最大值为 k。快件分拣完毕后经配送车辆运送至目标快递柜处，进行装柜作业后等待顾客前来取件。智能快递柜自提模式排队系统的结构模型如图 4.5 所示。

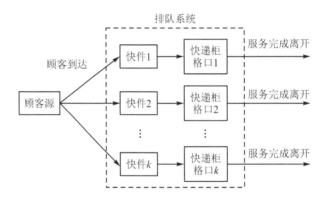

图 4.5　智能快递柜自提模式排队系统结构模型

在智能快递柜自提模式中，每组快递柜的各个格口、待派送快件及配套设施设备组合构成一个处于平稳状态且系统容量有限的 $M/M/k/k$ 排队系统，每个格口的服务强度为 $\rho_2 = \dfrac{\lambda_2}{\mu_2}$。在一定时间内，当快件的到达数量超过每组快递柜的最大承载能力 k（系统容量上限）时，超过部分的快件将被拒绝进入系统，因此，可得有效到达率为

$$Z\lambda_e = \lambda_2 (1 - ZP_k)$$

进而得到有效服务强度为

$$Z\rho_e = \frac{Z\lambda_e}{\mu_2} = \frac{\lambda_2 (1 - ZP_k)}{\mu_2}$$

每组快递柜配送系统中快件数量为 n 的概率为

$$\mathrm{ZP}_n = \frac{\rho_2^n}{n!} \cdot \frac{1}{\displaystyle\sum_{i=0}^{k} \frac{\rho_2^i}{i!}}, \quad n \in (0, k)$$

其中,当 $n=0$ 时的概率为

$$\mathrm{ZP}_0 = \frac{1}{\displaystyle\sum_{i=0}^{k} \frac{\rho_2^i}{i!}}$$

每组快递柜配送系统的服务队长为

$$\mathrm{ZL}_s = \mathrm{Z}\rho_e = \frac{\mathrm{Z}\lambda_e}{\mu_2} = \frac{\lambda_2(1-\mathrm{ZP}_k)}{\mu_2}$$

每组快递柜配送系统的排队长为 $\mathrm{ZL}_q = 0$。

每组快递柜配送系统的总队长为

$$\mathrm{ZL} = \mathrm{ZL}_s = \mathrm{Z}\rho_e = \frac{\mathrm{Z}\lambda_e}{\mu_2} = \frac{\lambda_2(1-\mathrm{ZP}_k)}{\mu_2}$$

每组快递柜配送系统中快件接受服务的时间为

$$\mathrm{ZW}_s = \frac{\mathrm{ZL}_s}{\mathrm{Z}\lambda_e} = \frac{1}{\mu_2}$$

每组快递柜配送系统中快件等待服务的时间为 $\mathrm{ZW}_q = 0$。

每组快递柜配送系统中单个快件在系统中的逗留时间为

$$\mathrm{ZW} = \mathrm{ZW}_s + \mathrm{ZW}_q = \frac{\mathrm{ZL}}{\mathrm{Z}\lambda_e} = \frac{1}{\mu_2}$$

3. 驿站自提模式

在驿站自提模式中,"顾客"指采用驿站自提模式配送的快件,"服务台"由负责取件服务的快递员及配套设施设备构成。假设驿站有 c 个快递员负责快件取件服务工作,即有 c 个服务台。当顾客到达时,若系统处于空闲状态,则立即接受取件服务;否则需排队等待取件服务。假设采用驿站自提模式配送的快件数量占总快件数量的比例为 α_3,则单位时间到达的快件数量服从参数为 $\lambda_3 = \alpha_3 \Lambda$ 的负指数分布。假设单位时间每个取件服务台可以服务的快件数量服从参数为 μ_3 的负指数分布。由于驿站通常容量较大,且实践中工作人员经常通过占用户外场地来临时扩大容量,因此这里假设驿站自提模式排队系统的容量无限制。快件经分拣完毕后进入配送作业,顾客取件结束即完成配送服务。驿站自提模式排队系统的结构模型如图 4.6 所示。

采用驿站自提模式配送的快件、取件服务工作人员和配套设施设备组合构成一个处于平稳状态且系统容量无限制的 $M/M/c/\infty$ 排队系统,系统达到平稳状态,系统中快件数量为 n 的概率为

$$\mathrm{YP}_n = \begin{cases} \dfrac{\rho_3^n}{n!} \mathrm{YP}_0, & n \in [0, c-1] \\[3mm] \dfrac{\rho_3^n}{c! \, c^{n-c}} \mathrm{YP}_0, & n \in [c, \infty) \end{cases}$$

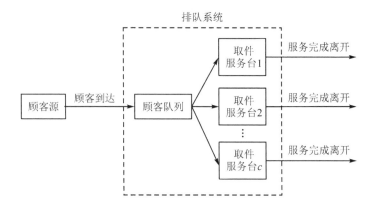

图 4.6　驿站自提模式排队系统结构模型

其中,当 $n=0$ 时的概率为

$$YP_0 = \cfrac{1}{\sum\limits_{n=0}^{c-1} \cfrac{\rho_3^n}{n!} + \cfrac{\rho_3^c}{(c-1)!(c-\rho_3)}}$$

驿站配送系统的顾客服务队长为

$$YL_s = \rho_3$$

驿站配送系统的顾客排队长为

$$YL_q = \frac{YP_0 \rho_3^{c+1}}{(c-1)!(c-\rho_3)^2}$$

驿站配送系统的顾客总队长为

$$YL = YL_s + YL_q = \rho_3 + \frac{YP_0 \rho_3^{c+1}}{(c-1)!(c-\rho_3)^2}$$

驿站配送系统中顾客接受服务的时间为

$$YW_s = \frac{YL_s}{\lambda_3} = \frac{1}{\mu_3}$$

驿站配送系统中顾客等待服务的时间为

$$YW_q = \frac{YL_q}{\lambda_3} = \frac{YP_0 \rho_3^{c+1}}{\lambda_3(c-1)!(c-\rho_3)^2}$$

驿站配送系统中单个快件在系统中的逗留时间为

$$YW = \frac{1}{\mu_3} + \frac{YP_0 \rho_3^{c+1}}{\lambda_3(c-1)!(c-\rho_3)^2}$$

4.2　不同模式的末端配送效率评价

4.2.1　末端配送效率的界定

效率评价方法包括前沿法和非前沿法,其中前沿法可分为参数方法(如随机前沿法 SFA)和非参数方法(如数据包络分析法 DEA),非前沿法包括比率分析法、非参数统计分析法等。DEA 方法适用于存在多项投入与多项产出的相对效率评估,其可有效衡量生产率的提高潜力,但存在计算结果稳定性差且易受异常值影响的缺陷。随机前沿法 SFA 的模型假设较复杂,需要考虑生产函数的具体形式,对投入产出的数据要求过高,当投入产出数据不符合要求时会导致计算失败。而本章考虑的是末端配送中的成本投入与快件配送产出问题,并非多投入-多产出情况,因此须采取比率分析法对末端配送效率进行评价,该方法不需要作复杂的模型假设,对投入产出的数据要求不高,易于操作。

本节从两个方面来衡量末端配送效率,一是快件配送生产率,通过比较产出与投入的比值来衡量快件配送效率的高低,其中,产出指单位时间投递成功的快件数量,投入指单位时间末端配置资源的运营成本,两者的比值越大则效率越高,反之则越低;二是快件配送绩效,通过比较单位时间服务的快件数量与单位时间到达系统的快件数量的比值来衡量快件配送效率的高低,两者的比值越大则效率越高,反之则越低。

假设单位时间末端配置资源的运营成本包括配置建设成本和配送作业成本,其中配送作业成本由固定成本和变动成本构成。

对于送货上门模式,假设单位时间的运营成本为 SC,单位时间的配置建设成本为 SC_1,单位时间的配送作业成本为 SC_2,单位时间的快件配送生产率为 $S\eta_1$,单位时间的快件配送绩效为 $S\eta_2$。

对于智能快递柜自提模式,假设单位时间的运营成本为 ZC,单位时间的配置建设成本为 ZC_1,单位时间的配送作业成本为 ZC_2,单位时间的快件配送生产率为 $Z\eta_1$,单位时间的快件配送绩效为 $Z\eta_2$。

对于驿站自提模式,假设单位时间的运营成本为 YC,单位时间的配置建设成本为 YC_1,单位时间的配送作业成本为 YC_2,单位时间的快件配送生产率为 $Y\eta_1$,单位时间的快件配送绩效为 $Y\eta_2$。

因此,单位时间三种模式的运营成本分别为

$$SC = SC_1 + SC_2 = SC_1 + SF + F_1 + \beta_1(SV + V_1)/SW + V_2\beta_1$$
$$ZC = ZC_1 + ZC_2 = ZC_1 + ZF + F_1 + \beta_2(ZV + V_1)/ZW + V_2\beta_2$$
$$YC = YC_1 + YC_2 = YC_1 + YF + YV/YW$$

单位时间三种模式的配送生产率分别为

$$S\eta_1 = \frac{\beta_1}{SC \cdot SW} = \frac{\beta_1}{[SC_1 + SF + F_1 + \beta_1(SV + V_1)/SW + V_2\beta_1] \cdot SW}$$

$$Z\eta_1 = \frac{\beta_2}{ZC \cdot ZW} = \frac{\mu_2\beta_2}{ZC_1 + ZF + F_1 + \mu_2\beta_2(ZV + V_1) + V_2\beta_2}$$

$$Y\eta_1 = \frac{1}{YC \cdot YW} = \frac{1}{(YC_1 + YF + F_1 + YV/YW) \cdot YW}$$

单位时间三种模式的配送绩效分别为

$$S\eta_2 = \frac{1}{SW \cdot \sum_{n=0}^{N} n \cdot SP_n}$$

$$Z\eta_2 = \frac{\mu_2}{\sum_{n=0}^{k} n \cdot ZP_n}$$

$$Y\eta_2 = \frac{1}{YW \cdot \sum_{n=0}^{\infty} n \cdot YP_n}$$

4.2.2 单一配送模式的效率评价

针对单一配送模式的配送生产率和配送绩效进行评价,探究单位时间服务的快件数量、配送区域细分程度及驿站取件服务台的设置对相应模式下的配送生产率和配送绩效的影响。

1. 配送生产率评价

(1) 送货上门

单位时间服务的快件数量 μ_1 和末端配送网点覆盖区域的细分程度 β_1 对配送生产率的影响情况如图 4.7 所示(其中各个参数的取值为:$\Lambda = 500, \alpha_1 = 0.4, N = 100$,$SC_1 = 100, F_1 = 26, V_1 = 1/25, V_2 = 12.5, SF = 15, SV = 1/15$),可以看出,不同程度区域细分下的快件配送生产率均为单位时间服务快件数量的增函数。

由图 4.7 可知,当配送区域细分程度较为粗略(即 $\beta_1 = 7$,每个快递员负责一片较大区域的快件配送服务)且 μ_1 取值小于 30 时,快件配送生产率随着 μ_1 的增加几乎未发生变化,这是由于当 μ_1 取值较小时,不满足 $\frac{\alpha_1\Lambda}{\beta_1\mu_1} < 1$ 这一基本假设条件,导致系统无限排队,快件配送生产率近乎为零;当 μ_1 取值大于 30(满足上述基本假设条件)时,快件配送生产率明显大于零并快速增加。同时可以看出,不同程度的配送区域细分也会影响快件配送生产率,区域细分程度越大,快件配送生产率越高,这意

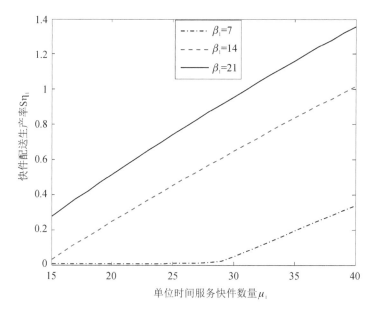

图 4.7　不同程度区域细分下的送货上门配送生产率与单位时间服务快件数量的关系

味着,每一个快递员负责的区域越小,需完成的快件配送量越少,越能及时完成快件配送任务,因此提高了快件配送生产率。

此外,$\beta_1=7$ 与 $\beta_1=14$ 函数图像之间的间隔明显大于 $\beta_1=14$ 与 $\beta_1=21$ 函数图像之间的间隔,反映了区域细分程度对配送生产率的影响效应随着区域细分程度的增大而减小,即配送服务能力随着区域细分程度的增大越来越逼近快件配送需求水平,因此当 β_1 增大到配送服务供给与需求均衡点处的取值时,不宜再通过增加快递员来分摊网点所覆盖区域配送任务的方式来实现末端配送网点利益最大化。

(2) 智能快递柜自提

在该模式的不同程度区域细分下,快件配送生产率仍然是单位时间服务快件数量的增函数(见图 4.8,其中各个参数的取值为 $\Lambda=500$,$N=100$,$k=100$,$\alpha_2=0.3$,$ZC_1=100$,$F_1=26$,$V_1=1/25$,$V_2=12.5$,$ZV=1/15$)。

图 4.8 的模拟结果表明,智能快递柜的配送生产率关于 μ_2 的函数图像斜率随着配送区域细分程度的增大而增大(即函数图像变得更陡),这是由于对配送区域的细分也就是对快件配送量的细分,使得每组智能快递柜所承担的快件配送量减少,从而避免了所分配的快件配送量超过快递柜格口数等情况而造成派件单量损失,提高了快件配送生产率。

结合图 4.7 和图 4.8 中配送生产率的标度可以看出,送货上门的快件配送生产率高于智能快递柜的配送生产率,因为相对于送货上门配送,智能快递柜配送的取件时间跨度较大,导致单位时间完成的配送数量较少,配送生产率相对较低。

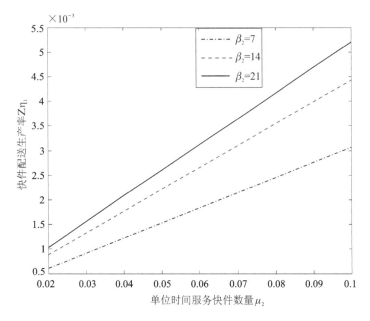

图 4.8   不同程度区域细分下的快递柜配送生产率与单位时间服务快件数量的关系

（3）驿站自提

图 4.9 所示为驿站自提模式的模拟结果。该图表明,不同取件服务台设置下的

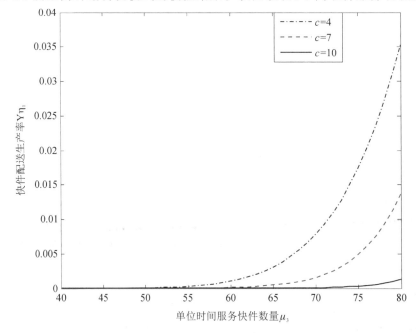

图 4.9   不同取件服务台设置下的驿站配送生产率与单位时间服务快件数量的关系

配送生产率均随着 μ_3 的增加而增加(其中各个参数的取值为 $\Lambda=500,c=4,\alpha_3=$ $0.3,YC_1=100,YF=15,YV=1/15$),即与前两种模式类似。但在其他条件不变的情况下,配送生产率随着所设置取件服务台数量的增加反而减小,这是一个值得思考的问题。

综上所述,三种模式的快件配送生产率均与单位时间服务的快件数量呈正相关,即单位时间内服务的快件数量越多,配送生产率越高,这也比较符合实际情况。其中,对配送区域进行适度的细分,即每个快递员或每组快递柜负责适度大小的配送区域有利于提高配送生产率。驿站自提模式的配送生产率是取件服务台设置的减函数。

2. 配送绩效评价

下面研究在单一配送模式中,单位时间服务的快件数量、配送区域的细分程度及驿站取件服务台的设置对相应模式配送绩效的影响。

(1) 送货上门和智能快递柜自提

结合图 4.10(其中各个参数的取值为 $\Lambda=500,\alpha_1=0.4,N=100,\mu_1=30$)及图 4.11(各个参数的取值为 $\Lambda=500,k=100,\alpha_2=0.3,N=100$)可知,在送货上门和智能快递柜自提模式中,配送绩效均为单位时间服务快件数量和区域细分程度的

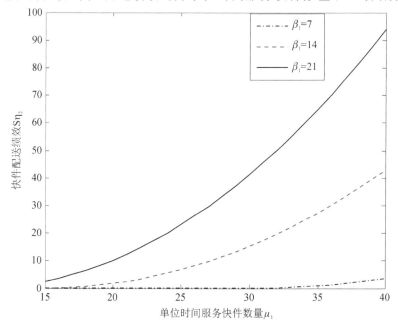

图 4.10　不同程度区域细分下的送货上门配送绩效与单位时间服务快件数量的关系

增函数;随着单位时间服务快件数量的增加,三条曲线之间的间隔增大,说明单位时间服务快件数量越大,区域细分程度对配送绩效的影响程度越大,配送绩效也越大。

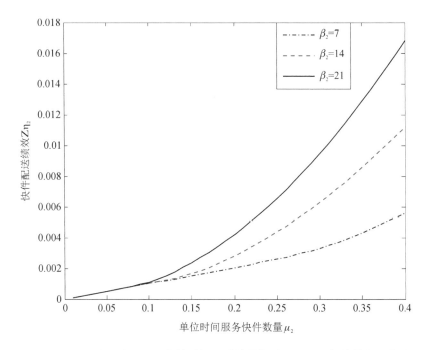

图 4.11　不同程度区域细分下的快递柜配送绩效与单位时间服务快件数量的关系

从图 4.11 中还可以了解到,当 μ_2 取值较小时,不同程度区域细分下的快件配送绩效几乎一样,因为此时的快件配送服务能力远远小于快件配送服务需求,即使是最大限度地细分配送区域($\beta_2=21$),系统仍处于配送服务供不应求的状态,因此 β_2 对配送绩效的影响微乎其微。

(2) 驿站自提

取件服务台的设置及单位时间服务的快件数量对驿站配送绩效的影响效应如图 4.12 所示(其中各个参数的取值为 $\Lambda=500,\alpha_3=0.3$),即在其他条件不变的前提下,配送绩效与 μ_3、c 均呈现正相关关系。

综上,三种模式的配送绩效与单位时间服务的快件数量呈正相关,送货上门和智能快递柜自提模式的配送绩效与配送区域细分程度呈正相关,单位时间服务的快件数量越多,区域细分程度对配送绩效的影响越明显,驿站自提模式的配送绩效与取件服务台设置呈正相关关系。

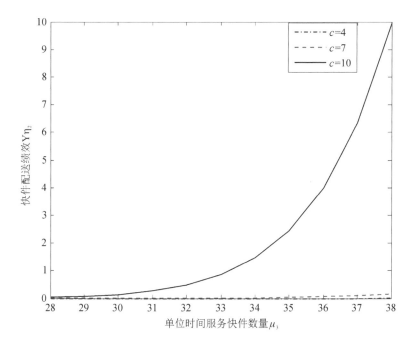

图 4.12　不同取件服务台设置下的驿站配送绩效与单位时间服务快件数量的关系

4.2.3　混合配送模式的效率评价

下面探究基于三种配送模式下,单位时间快件到达数量对相应模式配送生产率和配送绩效的影响,并结合实际情况,在提高配送效率方面为企业快件配送工作提供参考建议。

1. 配送生产率评价

研究在三种配送模式下的快件配送生产率,在其他条件不变的前提下,通过改变单位时间快件到达的数量,得出三种模式配送生产率函数的变化情况,如图 4.13 所示(其中各个参数的取值为 $\Lambda=500,\alpha_1=0.4,\beta_1=7,N=100,\mu_1=30,\beta_2=7,k=100,$ $\alpha_2=0.3,\mu_2=0.25,c=4,\alpha_3=0.3,\mu_3=40,\mathrm{SC}_1=100,\mathrm{ZC}_1=100,\mathrm{YC}_1=100,F_1=26,$ $V_1=1/25,V_2=12.5,\mathrm{SF}=15,\mathrm{SV}=1/15,\mathrm{ZV}=1/15,\mathrm{YF}=15,\mathrm{YV}=1/15)$。

图 4.13 的模拟结果表明,送货上门和驿站自提的配送生产率随着 Λ 的增加而减小,这是由于在保持其他条件不变的前提下,随着单位时间快件到达数量的增加,快件配送的变动成本增大,而单位时间配送快件的数量是有限的;智能快递柜的配送生产率 $\mathrm{Z}\eta_1$ 与 Λ 无关,因此在图 4.13 中显示为一条平行于横坐标轴且纵坐标不为 0 的直线,从 4.2.1 小节的公式中也可以得出此结论。

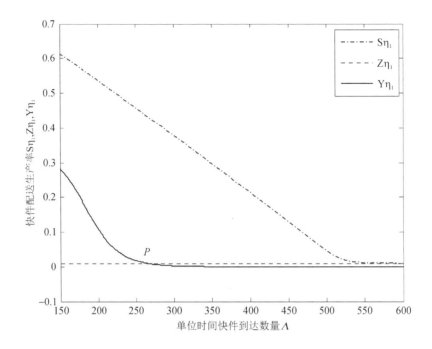

图 4.13　不同模式下快件配送生产率与单位时间快件到达数量的关系

在 $Y\eta_1$ 和 $Z\eta_1$ 函数图像的交点 P 之前，三种模式的配送生产率从高到低依次为送货上门、驿站自提、智能快递柜自提；在 P 点之后，送货上门的配送生产率依然最高，其后依次为智能快递柜自提、驿站自提；单位时间快件到达数量激增后，三种模式的配送生产率均处于低水平状态，而智能快递柜自提模式的配送生产率则高于驿站自提模式。

据此，给电商企业和快递企业提出如下配送建议：当单位时间快件到达数量较少时，宜优先采用送货上门模式，以获得较高的配送生产率，其次是采用驿站自提模式；当快件配送量激增（如"双十一""双十二"等电商促销节日），即为图 4.13 中 Λ 取值较大的情形时，应考虑三种模式配合使用，以提高总的配送生产率。这与快递行业的发展轨迹相吻合。在初期阶段快件配送单量较少，仅送货上门模式就能满足市场需求；但是伴随网购的快速发展，快件配送量激增，送货上门模式难以满足配送需求且配送效率也不断降低，需结合其他模式共同完成配送任务，提高快件配送生产率。

由于在 Λ 取值较大时，智能快递柜自提模式的配送生产率高于驿站自提模式，因此在快递行业快速发展的今天，智能快递柜的使用规模也在不断扩大，具有良好的发展前景。

2. 配送绩效评价

研究三种模式并存条件下的快件配送绩效,在其他条件不变的前提下,通过改变单位时间快件到达的数量,得出三种模式配送绩效函数的变化情况,如图 4.14 所示(其中各个参数的取值为 $\Lambda = 500$,$\alpha_1 = 0.4$,$\beta_1 = 7$,$N = 100$,$\mu_1 = 30$,$\beta_2 = 7$,$k = 100$,$\alpha_2 = 0.3$,$\mu_2 = 0.25$,$c = 4$,$\alpha_3 = 0.3$,$\mu_3 = 40$)。

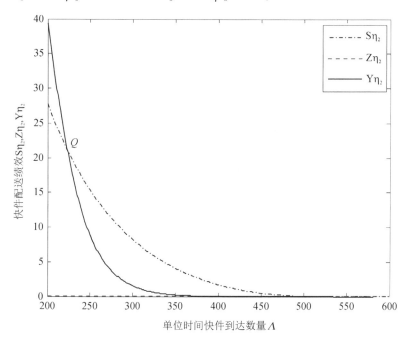

图 4.14　不同模式下快件配送绩效与单位时间快件到达数量的关系

图 4.14 的结果表明,送货上门和驿站自提模式的配送绩效为单位时间快件到达数量的减函数,这是由于两种模式的快件配送服务能力是固定的,单位时间快件到达数量越多,两者的比值越小,配送绩效越低;而智能快递柜自提模式则始终保持较低水平的配送绩效。在图 4.14 中的交点 Q 之前,三种模式的配送绩效从高到低依次为驿站自提、送货上门、智能快递柜自提;在 Q 点之后则是送货上门的配送绩效最高,其次为驿站自提;当 Λ 较大时,三种模式的配送绩效均保持较低水平。

因此,在末端配送中,当单位时间快件到达数量较多时,任何单一配送模式都会造成快件积压,配送效率较低,企业应考虑三种模式配合使用,以便在降低单一模式配送压力的同时提高快件配送绩效。

参考文献

［1］Sundarapandian V. Probability，Statistics and Queueing Theory［M］. New Delhi：PHI Learning Private Limaited，2009：686-687.

［2］陆传赉. 排队论［M］. 2 版. 北京：北京邮电大学出版社，2009：1-2.

［3］牛映武. 运筹学［M］. 西安：西安交通大学出版社，2006：223-225.

［4］Kendall D G. Stochastic Processes Occurring in the Theory of Queues and Their Analysis by the Method of the Imbedded Markov Chain［J］. The Annals of Mathematical Statistics，1953，24(3)：338-354.

［5］Haight Frank A. Handbook of the Poisson Distribution［M］. New York：John Wiley & Sons，1967.

［6］Ross Sheldon M. Introduction to Probability and Statistics for Engineers and Scientists［M］. 4th ed. Chicago：Associated Press，2009：267-268.

［7］李爽. 校园快递服务系统统计分析及优化［D］. 秦皇岛：燕山大学，2017.

［8］王樱红. 基于排队论的校园快递超市分析与优化——以江南大学快递超市为例［J］. 中国市场，2015(11)：96-97.

［9］冯斌. 智能快件箱布局规划与运营模式研究［D］. 北京：北京交通大学，2015.

［10］王锐侠. 基于排队论的长途客运站小件快运服务系统优化研究［D］. 北京：北京交通大学，2015.

第三篇　数据包络分析模型

第5章 基于 DEA 模型的末端 快件箱与驿站效率评价

5.1 概 述

最早的智能快件箱出现在德国,随后美国、英国、加拿大等逐渐开始使用快件箱,并取得一定成效。我国的末端配送模式有两种:一是送货到家;二是自提。自提又分为到人工驿站自提和智能快件箱自提。国内智能快件箱主要分为三种运营模式,分别是电商自建自用,例如京东快件箱、1号柜,这一类快件箱数量极少;快递物流企业自建自用,例如顺丰、申通、中通、韵达、普洛斯等物流企业联合出资成立的丰巢科技有限公司;第三方平台共用型,例如速递易、菜鸟驿站,以及主打高校市场的近邻宝和永嘉易站等。国内人工驿站模式主要有菜鸟驿站、妈妈驿站、京东派,以及近邻宝和永嘉易站这类校园场景的末端物流服务中心。因为中国的末端配送正处于发展的特殊阶段,因此目前很多末端配送服务企业都是以两种兼具的模式在运营,以便达到降本增效的目的。

虽然现在的末端配送基础建设和商业模式已有一批企业得到了初步的尝试验证,但实际上,我国的快递业末端服务体系仍然有待完善,经营效率还有待提高。较为明显的困难有:因为以前末端配送服务并不在城市规划和社区学校建设规划之中,所以存在末端配送企业选址不合理、占用公共区域的问题;因为快件箱的设计不能根据每个区域的实际快递情况来灵活调整柜子的大小,所以有因快件箱大小不合理而导致的快件积压和周转能力不能满足用户需求的问题;此外,还存在营收模式不可持续、员工超负荷工作离职率较高等问题。就连收件量第一的丰巢也未能实现盈利,可见经营压力仍然很大。

最近几年,快递"最后一公里"服务也发生了很大变化,多种末端服务运营模式不断创新。末端网点备案取得了制度性的突破,数量众多的末端网点获得了更大生存空间;32万组智能快件箱,实现箱递率11%;"快递下乡"工程稳步推进,农村快递网点覆盖率已达95.22%;快递车辆通行越来越便捷,225个城市出台了方便快递车辆通行的相关政策;新能源车辆的使用更加广泛,保有量已达2万辆;全国实现了快递进校园的全覆盖;多种形式的快递末端投递站达到 8.66 万个,为末端投递提供了更加多元的途径;交邮合作、交快合作、邮快合作模式纷纷涌现,市场主体抱团下乡成为企业合作的又一种创新。

末端配送的研究成果主要集中在以下六个方面:一是对更加精细的客户需求的研究;二是对末端配送的瓶颈原因和对应解决方案的研究;三是对末端配送形式的研究;四是对运营模式的研究;五是探索共同配送的可能性;六是其他方面。

在智能快件箱模式需求分析方面的研究成果主要有:杜荣雪等(2015)分析了自提模式的现状和智能快件箱在城市社区场景下的可行性,顾客满意度调查结果表明顾客倾向于个性化配送,智能快件箱这种自提模式不仅适合城市,也适合农村。李昕(2014)的论题虽然与末端配送无关,但文中涉及了自提需求产生的原因,并从商家、客户、快递企业三方面进行了论述,提出上班族的自提需求量是影响快递行业发展的重要因素。郑棣(2015)分析了快递员送货上门、便利店合作点自提、人工驿站自提、智能快件箱自提四种末端配送模式,根据研究结果建立了一一对应的成本模型。杨聚平等(2014)认为智能快件箱属于间接配送方式,其突出的优点主要有两个:第一个是对快递员而言,只要快件箱的供给足够,快递员的日均投递快件量可以大幅提升,有利于提高快递员的收入;第二个是智能快件箱除了具有寄件和取件的基础功能外,未来还有分众广告价值、精准营销价值、O2O 购物价值,甚至还可接入金融服务、生鲜业务等,具有很大的市场想象力。王鹏远(2015)基于市场细分理论、差异化服务、物流集成场理论并结合问卷调查,提出了我国 B2C 电子商务末端配送需要重构利益共同体,由政府主导、行业牵头建设共同配送中心,根据消费者的细分特征提供精细化、差异化的收件模式,搭建新型信息化平台,规范社区、办公区物业代收的解决方案。金正阳(2017)通过问卷调查和实地访问等方式确定了末端配送优化中的成本内容、影响因素,提出了优化理论,并在此基础上提出以成本最小化为目标的取送分离快递末端配送模型,并验证了模型的有效性。

总的来看,末端配送服务的研究结果主要聚焦在智能快件箱格口设计、末端配送物流优化、末端配送模式和发展方向三个方面,而通过实证对比各种末端配送服务形式的研究极少,这也是本论题开展的创新性之一。本章介绍两种常见的 DEA 模型,并将其应用于智能快件箱与人工驿站效率分析中。在实证分析阶段,首先对不同指标的合理组合进行了效率值检测;然后在找到最为合适的指标体系后,进行了综合技术效率(TE)、纯技术效率(PTE)和规模效率(SE)的分析;最后利用分类 DEA 模型计算出两种末端配送形式的效率,并给出改进的建议。常见的 DEA 模型包括 CCR 模型和 BCC 模型等。

5.2 DEA 模型

5.2.1 CCR 模型理论

假定存在 n 个相同类型的决策单元,每个决策单元都有 m 种输入和 s 种输出,x_{ij} 表示第 j 个决策单元 DMU_j 的第 i 种输入($i=1,2,\cdots,m$;$j=1,2,\cdots,n$),y_{rj} 表示 DMU_j 的第 r 种输出($r=1,2,\cdots,s$;$j=1,2,\cdots,n$)。决策单元 DMU_j 的输入向量为 $\boldsymbol{X}_j=(x_{1j},x_{2j},\cdots,x_{mj})^{\mathrm{T}}$,$j=1,2,\cdots,n$,权系数为 $\boldsymbol{v}=(v_1,v_2,\cdots,v_m)^{\mathrm{T}}$;决策单元 DMU_j 的输出向量为 $\boldsymbol{Y}_j=(y_1,y_2,\cdots,y_{sj})^{\mathrm{T}}$,$j=1,2,\cdots,n$,权系数为 $\boldsymbol{u}=(u_1,u_2,\cdots,u_s)^{\mathrm{T}}$。

为了方便,将被评价决策单元记为 DMU_{j_0},其输入、输出在目标函数中记为 $\boldsymbol{X}_0$,$\boldsymbol{Y}_0$,则决策单元 DMU_{j_0} 的效率评价指数为

$$
\left.
\begin{aligned}
e_0 = &\max \frac{\boldsymbol{u}^{\mathrm{T}}\boldsymbol{Y}_0}{\boldsymbol{v}^{\mathrm{T}}\boldsymbol{X}_0} \\
\mathrm{s.\,t.} \quad &\frac{\boldsymbol{u}^{\mathrm{T}}\boldsymbol{Y}_j}{\boldsymbol{v}^{\mathrm{T}}\boldsymbol{X}_j} \leqslant 1, \quad j=1,2,\cdots,n \\
&\boldsymbol{u} \geqslant \boldsymbol{\varepsilon}, \boldsymbol{v} \geqslant \boldsymbol{\varepsilon}
\end{aligned}
\right\}
\tag{5.1}
$$

其中,$\boldsymbol{\varepsilon}$ 为阿基米德无穷小数(一般取 10^{-6})。式(5.1)即为 CCR 模型的分式规划问题。经 Charnes-Copper 变换,令 $t=\dfrac{1}{\boldsymbol{v}^{\mathrm{T}}\boldsymbol{X}_0}$,$\boldsymbol{\omega}=t\boldsymbol{v}$,$\boldsymbol{\mu}=t\boldsymbol{u}$,则上述分式规划问题可化为线性规划问题,即

$$
\left.
\begin{aligned}
e_0 = &\max \boldsymbol{\mu}^{\mathrm{T}}\boldsymbol{Y}_0 \\
\mathrm{s.\,t.} \quad &\boldsymbol{\omega}^{\mathrm{T}}\boldsymbol{X}_j - \boldsymbol{\mu}^{\mathrm{T}}\boldsymbol{Y}_j \geqslant 0, \quad j=1,2,\cdots,n \\
&\boldsymbol{\omega}^{\mathrm{T}}\boldsymbol{X}_0 = 1 \\
&\boldsymbol{\omega} \geqslant \boldsymbol{\varepsilon}, \boldsymbol{\mu} \geqslant \boldsymbol{\varepsilon}
\end{aligned}
\right\}
\tag{5.2}
$$

其对偶模型为

$$
\left.
\begin{aligned}
e_0 = &\min \theta \\
\mathrm{s.\,t} \quad &\sum_{j=1}^{n} \boldsymbol{X}_j \lambda_j \leqslant \theta \boldsymbol{X}_0 \\
&\sum_{j=1}^{n} \boldsymbol{Y}_j \lambda_j \geqslant \boldsymbol{Y}_0 \\
&\lambda_j \geqslant 0, \quad j=1,2,\cdots,n
\end{aligned}
\right\}
\tag{5.3}
$$

当 $e_0=1$ 时,认为被评价的决策单元 DMU_{j_0} 是相对有效的;当 $e_0<1$ 时,认为被评价的决策单元 DMU_{j_0} 是相对无效的。需要注意的是,DEA 是一种相对有效的评价方法,因此总会存在至少一个决策单元是相对有效的。

5.2.2　BCC 模型理论

CCR 模型假定所有决策单元都是规模收益不变的(即当按一定比例增加或缩减投入时,产出会有同样大小比例的增加或减少)。但在实际生产和经济活动中,规模收益往往是可变的,有可能递增,也有可能递减。Banker 等人在 Charnes 等人工作的基础上,将 CCR 模型扩展到规模收益可变的情景中,即 BCC 模型。BCC 模型是在 CCR 模型中添加了一个新的变量 μ_0,其分式规划为

$$
\left.
\begin{aligned}
e_0 &= \max \frac{\boldsymbol{u}^\mathrm{T}\boldsymbol{Y}_0 - \mu_0}{\boldsymbol{v}^\mathrm{T}\boldsymbol{X}_0} \\
\text{s.t} \quad & \frac{\boldsymbol{u}^\mathrm{T}\boldsymbol{Y}_j}{\boldsymbol{v}^\mathrm{T}\boldsymbol{X}_j} \leqslant 1, \quad j=1,2,\cdots,n \\
& \boldsymbol{u} \geqslant \boldsymbol{\varepsilon}, \boldsymbol{v} \geqslant \boldsymbol{\varepsilon}
\end{aligned}
\right\}
\tag{5.4}
$$

其线性规划为

$$
\left.
\begin{aligned}
e_0 &= \max \boldsymbol{\mu}^\mathrm{T}\boldsymbol{Y}_0 - \mu_0 \\
\text{s.t.} \quad & \boldsymbol{\omega}^\mathrm{T}\boldsymbol{X}_j - \boldsymbol{\mu}^\mathrm{T}\boldsymbol{Y}_j + \mu_0 \geqslant 0, \quad j=1,2,\cdots,n \\
& \boldsymbol{\omega}^\mathrm{T}\boldsymbol{X}_0 = 1 \\
& \boldsymbol{\omega} \geqslant \boldsymbol{\varepsilon}, \boldsymbol{\mu} \geqslant \boldsymbol{\varepsilon}
\end{aligned}
\right\}
\tag{5.5}
$$

其对偶规划为

$$
\left.
\begin{aligned}
e_0 &= \min \theta \\
\text{s.t.} \quad & \sum_{j=1}^n \boldsymbol{X}_j \lambda_j \leqslant \theta \boldsymbol{X}_0 \\
& \sum_{j=1}^n \boldsymbol{Y}_j \lambda_j \geqslant \boldsymbol{Y}_0 \\
& \sum_{j=1}^n \lambda_j = 1 \\
& \lambda_j \geqslant 0, \quad j=1,2,\cdots,n
\end{aligned}
\right\}
\tag{5.6}
$$

BCC 模型中的对偶模型相较于 CCR 模型,多了一个新的约束

$$
\sum_{j=1}^n \lambda_j = 1
$$

5.2.3 FG 模型与 ST 模型

除了 CCR 模型和 BCC 模型外,还有假定规模收益非递增的 FG 模型和假定规模收益非递减的 ST 模型,具体形式如下。

FG 模型的线性规划与对偶规划分别为

$$
\left.
\begin{aligned}
& e_0 = \max \boldsymbol{\mu}^{\mathrm{T}} \boldsymbol{Y}_0 - \mu_0 \\
& \text{s. t.} \quad \boldsymbol{\omega}^{\mathrm{T}} \boldsymbol{X}_j - \boldsymbol{\mu}^{\mathrm{T}} \boldsymbol{Y}_j + \mu_0 \geqslant 0, \quad j = 1, 2, \cdots, n \\
& \qquad \boldsymbol{\omega}^{\mathrm{T}} \boldsymbol{X}_0 = 1 \\
& \qquad \boldsymbol{\omega} \geqslant \boldsymbol{\varepsilon}, \boldsymbol{\mu} \geqslant \boldsymbol{\varepsilon}, \mu_0 \geqslant 0
\end{aligned}
\right\}
\tag{5.7}
$$

$$
\left.
\begin{aligned}
& e_0 = \min \theta \\
& \text{s. t.} \quad \sum_{j=1}^{n} \boldsymbol{X}_j \lambda_j \leqslant \theta \boldsymbol{X}_0 \\
& \qquad \sum_{j=1}^{n} \boldsymbol{Y}_j \lambda_j \geqslant \boldsymbol{Y}_0 \\
& \qquad \sum_{j=1}^{n} \lambda_j \leqslant 1 \\
& \qquad \lambda_j \geqslant 0, \quad j = 1, 2, \cdots, n
\end{aligned}
\right\}
\tag{5.8}
$$

ST 模型的线性规划与对偶规划分别为

$$
\left.
\begin{aligned}
& e_0 = \max \boldsymbol{\mu}^{\mathrm{T}} \boldsymbol{Y}_0 - \mu_0 \\
& \text{s. t.} \quad \boldsymbol{\omega}^{\mathrm{T}} \boldsymbol{X}_j - \boldsymbol{\mu}^{\mathrm{T}} \boldsymbol{Y}_j + \mu_0 \geqslant 0, \quad j = 1, 2, \cdots, n \\
& \qquad \boldsymbol{\omega}^{\mathrm{T}} \boldsymbol{X}_0 = 1 \\
& \qquad \boldsymbol{\omega} \geqslant \boldsymbol{\varepsilon}, \boldsymbol{\mu} \geqslant \boldsymbol{\varepsilon}, \mu_0 \leqslant 0
\end{aligned}
\right\}
\tag{5.9}
$$

$$
\left.
\begin{aligned}
& e_0 = \min \theta \\
& \text{s. t.} \quad \sum_{j=1}^{n} \boldsymbol{X}_j \lambda_j \leqslant \theta \boldsymbol{X}_0 \\
& \qquad \sum_{j=1}^{n} \boldsymbol{Y}_j \lambda_j \geqslant \boldsymbol{Y}_0 \\
& \qquad \sum_{j=1}^{n} \lambda_j \geqslant 1 \\
& \qquad \lambda_j \geqslant 0, \quad j = 1, 2, \cdots, n
\end{aligned}
\right\}
\tag{5.10}
$$

5.2.4 模型比较

通常,将 CCR 模型得到的结果称为技术效率(Technical Efficiency,TE),有时也称为综合效率,将 BCC 模型得到的结果称为纯技术效率(Pure Technical Efficiency,PTE),二者的比值称为规模效率(Scale Efficiency,SE),即

$$SE = \frac{TE}{PTE} \tag{5.11}$$

由式(5.11)可以看出,通过计算 CCR 模型下的效率值,即技术效率值,以及 BCC 模型下的效率值,即纯技术效率值,可以得到规模效率值。当技术效率与纯技术效率相等时,规模效率为 1,此时,决策单元的规模收益(Return To Scale,RTS)不变;当技术效率低于纯技术效率时,规模效率小于 1,此时,决策单元不处于最优规模,规模收益既可能递增,也可能递减。通过将 BCC 模型的计算结果与 FG 模型或 ST 模型的结果进行比较,可以进一步确定决策单元的规模情况。

假定 BCC 模型决策单元的规模收益可变,是规模收益不变、规模收益递增或规模收益递减中的一种;假设 FG 模型决策单元的规模收益非递增,即规模收益不变或规模收益递减;假设 ST 模型决策单元的规模收益非递减,即规模收益不变或规模收益递增。当 $e_0^{(BCC)} = e_0^{(FG)} = e_0^{(ST)}$ 时,决策单元规模收益不变;当 $e_0^{(BCC)} = e_0^{(FG)} \neq e_0^{(ST)}$ 时,决策单元规模收益递减;当 $e_0^{(BCC)} = e_0^{(ST)} \neq e_0^{(FG)}$ 时,决策单元规模收益递增。

通过 BCC 模型中新引入的变量 μ_0 可以进一步理解四种模型之间的关系。比较四种模型的线性规划问题可以发现,在 BCC 模型中对 μ_0 的取值不存在约束,FG 模型中存在约束 $\mu_0 \geqslant 0$,ST 模型中存在约束 $\mu_0 \leqslant 0$,在 CCR 模型中 $\mu_0 = 0$ 恒成立。当决策单元 CCR 有效,即 $e_0^{(CCR)} = 1$ 时,$\mu_0 = 0$,满足 BCC、FG、ST 模型对 μ_0 的约束,因此有 $e_0^{(BCC)} = e_0^{(FG)} = e_0^{(ST)} = e_0^{(CCR)} = 1$,SE = 1。当决策单元 FG 有效且 CCR 无效,即 $e_0^{(FG)} = 1$ 且 $e_0^{(CCR)} \neq 1$ 时,$\mu_0 > 0$,可以确定 $e_0^{(BCC)} = e_0^{(FG)} = 1$,即决策单元 BCC 有效。同理可知,决策单元 ST 有效可以确定决策单元 BCC 有效。综上,决策单元 CCR 有效是决策单元 FG、ST、BCC 有效的充分条件,决策单元 BCC 有效是决策单元 CCR、FG、ST 有效的必要条件。

CCR 模型、BCC 模型、FG 模型、ST 模型皆为径向模型,即以投入为导向或以产出为导向。在以投入为导向的情况下,非有效决策单元可通过减少各项投入而使产出不变来提高效率;同理,在以产出为导向的情况下,非有效决策单元可通过不改变投入而使产出增加来提高效率。除上述几种径向模型外,还有可同时调整投入与产出的非径向模型,例如加法模型、基于松弛变量的 SBM 模型、RAM(距离调整测量)模型,等等。

在进行效率分析时,数据包络分析(DEA)方法具有以下几点优势:

① 与统计回归方法不同,数据包络分析方法是一种非参数方法,不需要建立假定的生产函数模型。数据包络分析方法对所有决策单元分别进行评估和优化,测量每个决策单元与生产前沿面的距离,而不是像统计回归方法那样针对决策单元整体的平均进行优化。

② 数据包络分析方法的实质是将投入/产出指标的权重作为变量,在满足约束

条件的情况下使被评价决策单元的效率值最高,而不受管理者主观意志的影响,因而是一种客观的评价方法。

③ 数据包络分析方法具有单元不变性和转换不变性的特点,因而不受量纲的影响。

数据包络分析方法在进行多投入多产出决策单元效率评价时虽然具有天然的优势,但仍有需要注意的地方:在使用数据包络分析方法时,决策单元的数量应不小于投入产出指标数量之和的两倍,且理想情况下应满足决策单元数量大于投入产出指标数量之和的三倍,以满足自由度的要求,否则易出现大部分决策单元均有效的结果。

5.3 实证分析

5.3.1 DMU 的选取

本小节选取的决策单元(DMU)包括学校和社区两种场景,共计 15 个 DMU,决策单元的快件周转情况及其指标定义如表 5.1 所列。

表 5.1 决策单元快件周转情况及指标定义

DMU	DMU 详情	可承载快件量	每日来货量	当日取件量	当日快件周转率/%
A1	北航近邻宝智能快件箱	1 800	2 520	2 520	140
A2	北航永嘉易站智能快件箱	2 076	2 500	1 600	77
A3	首体永嘉易站智能快件箱	824	800	742	90
A4	北大近邻宝智能快件箱	7 980	10 000	9 576	120
A5	北林近邻宝智能快件箱	5 000	7 350	7 350	147
A6	蓟门里菜鸟驿站智能快件箱	100	114	114	114
A7	大钟寺速递易智能快件箱	266	295	295	111
A8	蓟门里丰巢智能快件箱	299	332	332	111
B1	北航近邻宝人工取件	50	50	40	80
B2	北航永嘉易站人工取件	2 100	2 500	1 302	62
B3	北航京东派人工派件	1 000	1 000	850	85
B4	北大京东派人工派件	1 500	1 500	1 305	87
B5	北林京东派人工派件	1 000	1 000	950	95
B6	菜鸟驿站人工取件	1 500	1 500	1 320	88
B7	妈妈驿站人工取件	1 500	1 600	1 470	98

表 5.1 中各指标的含义如下：

- 可承载快件量：智能快件箱可用的格口数，人工驿站满载时可容纳的快件数量；
- 每日来货量：该末端配送站点每日送达的快件数量，这些快件都已通知收件人取件详情；
- 当日取件量：已经通知收件人取件详情的快件数量在当日晚 12 点前被取走的数量；
- 当日快件周转率：其值等于当日取件量/可承载快件量。

1. 学校场景的末端配送决策单元详情

近邻宝和永嘉易站都是主要覆盖校园场景的末端配送服务企业。以智能快件箱为主，除了极个别大件和滞留件会放置在人工取件处外，一般不专门设员工在人工取件处提供取件服务。

近邻宝北航、北大、北林站点都属于规模很大的站点，一般采用加盟制。加盟商需要支付智能快件箱使用费用、员工工资、水电费和箱体维修更换费等。每个站点的运营模式会灵活有差异，比如是否给加班费、与每个快递公司有不同的合作价格、是否招收临时工等，实地考察发现员工普遍都有加班费。每个站点与快递公司合作的深度不同，到店货量也有一定差异。北航近邻宝是直营的北京高校旗舰店，聘请店长管理下属普通员工。

A1（北航近邻宝智能快件箱）：位于北航教学区外的大运村学生公寓旁，是学生下课返回宿舍的必经之地，快件箱容量大。员工之前有 2 名，后来增加到 4 名。近邻宝北航大运村店快件箱格口 1 800 个，每天来货约 2 520 件。每天接驳快件的时间上午在 9 点至 10 点，下午 3 点会有第二次来货。因为建站位置紧邻大运村学生公寓，属于教学区回宿舍的必经之地，所以这得天独厚的地理位置优势使得该站点的当日快件周转率高达 140%。

B1（北航近邻宝人工取件）：该站点日常每天会有约 50 件大件，每天会被取走 40 件左右，24 h 快件释放量在 80% 左右。人工服务处被安置在 A1 边上的人工取件处，没有固定的员工负责人工取件。

A2（北航永嘉易站智能快件箱）：北航永嘉易站智能快件箱格口共计 2 076 个，每天来货量在 2 500 件左右。因为建站位置不顺路、延迟收货不收费等原因，导致整体快件箱的快递流通效率低，平日早 9 点至下午 4 点的快件释放率是 1/3，到次日员工再次装柜前的当日快件周转率才 77%。周末因为师生放假不经过教学办公区，使得流通率更低。该站格口内未取出的快件一般会继续放在柜子里，如果延期未取出，则快件会被取出放站点内的延期库房中，供人工服务取件。该站点员工的工资基本固定在 6 000 元一个月，没有加班费。因为所选地址旁边有实验室，所以服务网点没有安装 WiFi，员工使用手机热点链接扫描机，因此会存在扫描机不好使用的情况。快件分拣和入柜一般由 3 名专门负责站点分拣服务的员工进行,但由于该站点与韵达、中通的合作深度比其他快递公司更深,所以当来货量大时,一般快递员也会帮忙分拣。

B2(北航永嘉易站人工取件):该人工服务站点设在 A2 边上的大棚区,可容纳的快件数量与 A2 差不多,大约 2 100 件,日常每天会来货约 2 500 件,当天的来货在晚上下班 7 点前会被取走 1 300 件左右,24 h 快件释放量在 62% 左右。该服务站点有 2 名固定员工负责,主要的快件以中通为主,因为学生取件一般集中在中午和晚上下课的吃饭时间,造成人工取件处常常拥堵不堪,所以中通快递员一般也会帮忙负责取件服务以提高单位时间取件率。

A3(首体永嘉易站智能快件箱):该站点规模很小,总共 4 组柜子,每组柜子有格口 206 个,总共 824 个格口,一般每日来货量 800 件,当日快件周转率 90%,这是学校场景下为数不多的、在一般情况下格口不能满载的智能快件箱。因为首体人数少、学校面积小,所以相对其他学校,学校内所有位置到达该站点的路程都很短,位于大门口,也意味着取件较为顺路。该站加盟商与韵达合作很密切,来货主要是韵达,如果是其他快递公司,则选择在该站点的门口外面用快递小车自行配送。

A4(北大近邻宝智能快件箱):位于北大校内,占地 760 m²,于 2019 年 3 月 6 日开始试营业。目前合作的快递公司有顺丰、韵达、中通、申通、京东、DHL、邮政、EMS、宅急送、优速快递和天猫超市,可用快递格口 7 980 个,日均业务量近 1 万件,当日快件周转率 120%。

A5(北林近邻宝智能快件箱):位于北京林业大学校内,智能快件箱格口总共 5 000 多个,分为东区和西区两部分。合作的快递公司有圆通、中通、申通、韵达、百世快递、EMS、邮政、天天快递和承诺达。东区柜子存在少量箱体老化问题,约有 50 个格口的锁不好用。该站点每天流转快件约 7 350 件(一般在 7 000 件以上,购物节时会上万)。每天接驳快件的时间从上午 8:30 开始,下午 3 点有第二次来货。快件以圆通、韵达、中通最多,每个公司每天来件数多于 1 200 件。该站点的入柜流程由近邻宝的员工操作。正式员工共 9 名,基本工资 6 000 元,有加班工资,一般月薪为 7 000~7 500 元,该店员工成本是 6.3 万元。水电费不超过 1.3 万元/年。2 人负责前台,其余 7 人负责分拆。忙时会找学生自愿过来当兼职,0.1 元/件,手快的话 6 h 可以处理 1 400 件。北林近邻宝已跟拼多多的系统对接,拼多多的订单扫描后不需要输入用户手机号,因而系统出错率仅为 3%~5%,大大降低了人工劳动强度。

京东派是京东末端配送服务的外包服务提供商,主要负责校园内的京东快递配送。

B3(北航京东派人工派件):该站点位于北航校内的永嘉易站内,共有 2 名员工。每日来货 1 000 件左右,当日快件取件数约 850 件,当日快件周转率约 85%,因为学生取件时间较为集中,所以一般会存在排队取件问题。

B4(北大京东派人工派件):该站点位于北大校内的近邻宝内,共有 5 名员工。每日来货 1 500 件左右,当日快件取件数约 1 305 件,当日快件周转率约 87%,虽然学生取件时间较为集中,但因人员配备比 B3 充足,所以一般不会出现排队取件问题。

B5(北林京东派人工派件):该站点位于北林校内的近邻宝内,共有 2 名员工。每日来货 1 000 件左右,当日快件取件数约 950 件,当日快件周转率约 95%,因为学生取件时间较为集中,所以一般会出现排队取件问题。

2. 社区场景的末端配送决策单元详情

A6(蓟门里菜鸟驿站智能快件箱):菜鸟驿站主要在社区场景提供末端配送服务,以智能快件箱为主。本次调查的决策单元是位于蓟门里小区内的菜鸟驿站智能快件箱,一般都是 1 组柜子,每个柜体共 8 列,每列 12 个格口,满载时 96 个格口。据实地观察和访谈,平日该站点的当日快件周转率为 114%,快递员一般需要抢柜子。菜鸟驿站的柜体很新,并支持人脸识别取包裹,用户不用手机、取件码,刷脸就能秒级开柜,无感取件,整个交互体验很棒。据了解,目前使用刷脸取件服务最多的城市分别是上海、深圳、杭州、北京和广州。当然,除了刷脸取件外,还可以刷脸寄件。

A7(大钟寺速递易智能快件箱):速递易是主要覆盖社区场景的智能快件箱企业。本决策单元是位于大钟寺小区内的智能快件箱,共 3 组柜子,一个柜体有 88 个格口,总共有 264 个可用格口。据实地观察和访谈,平日该站点的当日快件周转率为 111%,快递员一般需要抢柜子。该箱体表面和用户取件屏幕上都有大量广告。

A8(蓟门里丰巢智能快件箱):丰巢是主要覆盖社区场景的智能快件箱企业。本决策单元位于蓟门里小区,共有两种柜体,柜体相邻不到 10 m。第一种柜体共有 90 个格口,该柜体中,不同大小格口的高度相较于其他品牌格口的高度都增加了,收费也略微上调,分别是小柜子 0.4 元/个,中柜子 0.45 元/个,大柜子 0.5 元/个。第二种柜体共有 139 个格口,格口更窄,适合中小件。这两种柜子共有 229 个可用格口。据实地观察和访谈,平日该站点的当日快件周转率为 111%,快递员一般需要抢柜子。

B6(菜鸟驿站人工取件):菜鸟驿站是主要覆盖社区场景的智能快件箱企业。本决策单元是社区场景下的人工取件处,从与快递员的访谈中了解到,一般当日快件周转率是 88%。

B7(妈妈驿站人工取件):妈妈驿站是主要覆盖社区场景的智能快件箱企业。本决策单元是社区和学校两种场景下的人工取件处,从与圆通快递员的访谈中了解到,一般当日快件周转率是 98%。

5.3.2　指标的选取

运用 DEA 方法进行效率评价的最重要工作就是要选择合适的投入指标和产出指标,因为只有选择了合适的指标才能有效反映企业实际的运营效率。但是选择指标需要全面了解行业,克服因主观因素而影响了客观指标的选择,因为指标选不对会使评价结果差别巨大,最终导致的后果就是不能根据分析结果对实际的运营提出有参考性的改进意见。选取指标的过程经历了以下几个步骤:

第一步,通过网络了解全国智能快件箱/人工取件驿站的基本发展现状和快递业末端配送服务的国家标准,据此初步选取一些指标,包括定性指标和定量指标两类。针对投入指标,其中的定性指标包括企业形象、取货地址便捷性、取货时间便捷性、配送准确性、商品完好度、取货操作体验、服务期待;定量指标主要包括平均快件经营费用和企业经营费用等。产出指标包括顾客满意度和平均每件快件利润等。

第二步,首先通过实地走访来了解北京市末端配送企业的发展现状和市场格局,并做一定的数据记录。通过实地观察体验发现,智能快件箱主要有 24 h 自助服务的特点,人工取件驿站则有取件时间受限制且会与服务人员产生语言交流的特点。然后,根据以上调研发现很难获得无论是末端配送企业还是具体经营站点的财务数据,所以指标体系中去掉了所有的财务指标。此外,因为智能快件箱与人工驿站最大的区别在于是否需要人工服务,所以在取货时间便捷性及取货接触到快件箱或服务人员的具体体验需要重点纳入指标体系中。最后,根据初步设计的问卷进行小规模发放并回收处理数据后发现,两种形式的配送准确性和商品完好度没有明显差异,于是这两类指标不纳入模型计算中。

第三步,根据实地走访观察初步得到影响用户体验的关键方向,并结合 SERVQUAL 服务质量评价模型和 LSQ 物流服务质量评价模型来确定最终版的问卷维度和具体模型中运行的指标。

第四步,根据 DEA 模型选取指标的目的性原则、可行性和真实性原则,并注意到决策单元至少是 2 倍指标数的问题,最后确定以下 4 个指标及其定义:

① 地点和时间便捷性:指服务站点的地点便捷性和取货时间灵活性,综合考量了取货距离近、位置便利,可以灵活安排取件时间,以及取货无需排队等待三个方面的因素。

② 取货操作体验:综合考量了柜体是否好用/服务人员态度是否良好,以及能反馈问题并得到帮助两个方面的因素。

③ 当日快件周转率:在顾客被告知取件详情后,在通知取件当日晚 12 点前取走的快件数量占站点满载快件数的比例。

④ 顾客满意度:综合考量了地点便捷性、时间灵活性、配送准确性、取件操作体验、是否满足期待多个因素后给出的综合满意度。

将以上 4 个指标及其定义总结于表 5.2 中。

表 5.2　投入/产出指标及其定义

指　标	指标类型	指标定义
地点和时间便捷性	投入指标	综合考量了站点位置便捷性、取货时间灵活性、取货无需排队等待三个方面的因素
取货操作体验	投入指标	综合考量了快件箱好用程度/人工驿站服务人员态度、能反馈问题并得到及时帮助两个方面的因素
当日快件周转率	产出指标	顾客在当日晚 12 点前取走的快件数量占站点最大可承载快件数量的比例
顾客满意度	产出指标	综合考量了地点便捷性、时间灵活性、配送准确性、取件操作体验、是否满足期待多个因素

相关数据通过调查问卷(共回收 821 份,通过信度和效度检验)和实地访谈(27 人)收集,经处理得到的每个 DMU 的 4 个指标平均值如表 5.3 所列。

表 5.3　DMU 的指标平均值

DMU	投入指标		产出指标	
	地点和时间便捷性	取货操作体验	当日快件周转率	顾客满意度
A1	4.34	4.21	1.40	4.28
A2	3.85	3.89	0.77	3.97
A3	4.40	4.30	0.90	4.27
A4	3.84	4.11	1.20	4.25
A5	3.90	4.05	1.47	4.18
A6	4.06	4.07	1.14	4.00
A7	3.69	3.98	1.11	3.67
A8	4.18	4.03	1.11	4.14
B1	3.33	3.64	0.80	3.71
B2	3.55	4.03	0.62	4.00
B3	3.54	3.89	0.85	3.83
B4	3.67	3.86	0.87	4.03
B5	3.80	3.81	0.95	3.78
B6	3.63	3.80	0.88	3.77
B7	3.52	4.18	0.98	4.03

根据所选的投入/产出指标,构建 3 个不同的技术效率模型,如表 5.4 所列。从

指标总数看,模型一的指标总数是 4 个,模型二和模型三的指标总数都是 3 个。本研究的效率评价对象是 15 个末端配送服务站点,涉及校园和社区两种场景,符合决策单元数量至少是 3 倍指标总数的要求。因为投入指标少一些更好,所以为了选取适当的效率评价模型,以便使评价模型的结果能更加有效地区分决策单元是否有效,更好反映末端配送站点经营的实际情况。将 4 个指标分为了 3 种模型来帮助选择最合适的那一个。

表 5.4　不同投入/产出指标组合下的效率评价模型

模　型	投入指标	产出指标
模型一	地点便捷性、时间灵活性、配送准确性、取件操作体验	当日快件周转率、顾客满意度
模型二	地点和时间便捷性	当日快件周转率、顾客满意度
模型三	取货操作体验	当日快件周转率、顾客满意度

运行以产出为导向的 CCR 模型后得到每个决策单元的效率值,如表 5.5 所列。

表 5.5　不同投入/产出指标组合下的 DMU 效率值

DMU	模型一	模型二	模型三
A1	1	0.907	0.984
A2	0.976	0.900	0.975
A3	0.998	0.848	0.951
A4	1	0.990	0.996
A5	1	1	1
A6	0.951	0.882	0.948
A7	0.910	0.900	0.889
A8	0.989	0.876	0.987
B1	1	0.973	0.976
B2	0.998	0.983	0.950
B3	0.968	0.943	0.943
B4	1	0.959	1
B5	0.963	0.873	0.953
B6	0.959	0.907	0.950
B7	1	1	0.925
TE 均值	0.981	0.929	0.962
DMU 有效个数	6	2	2

表 5.5 的结果显示,模型一的 DMU 有效个数为 6,TE 均值约 0.981,TE 最低值约 0.910;模型二的 DMU 有效个数为 2,TE 均值约 0.929,TE 最低值约 0.848;模型三的 DMU 有效个数为 2,TE 均值约 0.962,TE 最低值约 0.889。通过上述数据可以得知,模型一得到的有效 DMU 数量过多,模型一和模型三的 TE 均值都超过 0.96,说明这样得出的绝大多数末端配送站点的效率值都很接近且值都较高,显然效率的高低没有得到很好的区分。

综合考量了以上有效单元个数和效率均值后看出,模型二的区分度最高,能很好地达到评价分析的目标。此外,模型二也比模型一更加精简,因此后续将采用模型二来对效率进行深入分析。

综上所述,本节将 DEA 方法应用于末端配送服务企业的实际运营效率评价中,构建了包含 1 个投入指标和 2 个产出指标的指标体系,并以每个具体实证的决策单元为基础建立了 DEA 模型的评价体系。

5.3.3　效率分析

对于现阶段的末端配送服务经营站点而言,一方面,短时间很难大幅提升设备和系统,也难以在现有投入的基础上大量减少已投入的资源,从而使经营投入处于一个相对比较稳定且不可控的状态;另一方面,现在末端配送服务普遍长期处于供不应求的状态。因此,使效率评价结果更好地应用于具体的末端配送经营站点的效率改进指导实践,引导经营者利用好现有资源来扩大产出,才更符合当下行业的发展阶段,而且也更容易实现。因此,本小节将对选出的 15 个 DMU 运用产出导向的 DEA 模型来计算效率值及其需要提升的幅度,得到的分析结果如表 5.6 所列。

表 5.6　DEA 模型下的效率值

DMU	DMU 详情	技术效率（TE）	纯技术效率（PTE）	规模效率（SE）	规模收益（RTS）
A1	北航近邻宝智能快件箱	0.907	1	0.907	规模递减
A2	北航永嘉易站智能快件箱	0.900	0.934	0.964	规模递减
A3	首体永嘉易站智能快件箱	0.848	0.998	0.849	规模递减
A4	北大近邻宝智能快件箱	0.990	1	0.990	规模递减
A5	北林近邻宝智能快件箱	1	1	1.000	规模不变
A6	蓟门里菜鸟驿站智能快件箱	0.882	0.938	0.940	规模递减
A7	大钟寺速递易智能快件箱	0.900	0.910	0.989	规模递增
A8	蓟门里丰巢智能快件箱	0.876	0.968	0.905	规模递减
B1	北航近邻宝人工取件	0.973	1	0.973	规模递增

DMU	DMU 详情	技术效率 （TE）	纯技术效率 （PTE）	规模效率 （SE）	规模收益 （RTS）
B2	北航永嘉易站人工取件	0.983	0.987	0.996	规模递减
B3	北航京东派人工派件	0.943	0.945	0.997	规模递减
B4	北大京东派人工派件	0.959	0.975	0.983	规模递减
B5	北林京东派人工派件	0.873	0.896	0.974	规模递减
B6	菜鸟驿站人工取件	0.907	0.918	0.987	规模递减
B7	妈妈驿站人工取件	1	1	1.000	规模不变

1. 综合技术效率(TE)分析

CCR 模型产出角度下的综合技术效率(TE)分析如下。

（1）整体情况

综合技术效率值约为 0.929,方差约为 0.050,最大值为 1,最小值约为 0.848。

（2）综合技术效率有效的 DMU 及其原因

A5、B7 的综合技术效率值为 1,是有效的 DMU,说明这些末端配送服务提供方不仅管理水平相对较高,而且具有适当的规模。

（3）综合技术效率无效的 DMU 及其改进方法

各决策单元的 TE 指标分析如表 5.7 所列。

表 5.7　各决策单元的 TE 指标分析

DMU 投入/产出指标	1/TE 值	投影值	差　值	差值百分数/%
A1	1.102 99	—	—	—
地点和时间便捷性	4.340 28	4.340 28	0	0
24 h 货物释放率	1.4	1.544 19	0.144 192	10.3
顾客满意度	4.281 25	4.722 19	0.440 944	10.3
A2	1.111 51	—	—	—
地点和时间便捷性	3.848 15	3.848 15	0	0
24 h 货物释放率	0.77	1.072 75	0.302 752	39.32
顾客满意度	3.966 67	4.408 98	0.442 318	11.15
A3	1.179 38	—	—	—
地点和时间便捷性	4.4	4.4	0	0

DMU 投入/产出指标	1/TE 值	投影值	差　值	差值百分数/%
24 h 货物释放率	0.9	1.226 59	0.326 592	36.29
顾客满意度	4.274 51	5.041 26	0.766 754	17.94
A4	1.010 23	—	—	—
地点和时间便捷性	3.838 28	3.838 28	0	0
24 h 货物释放率	1.2	1.212 28	0.012 3	1.02
顾客满意度	4.247 52	4.290 99	0.043 5	1.02
A5	1	—	—	—
地点和时间便捷性	3.897 69	3.897 69	0	0
24 h 货物释放率	1.47	1.47	0	0
顾客满意度	4.178 22	4.178 22	0	0
A6	1.133 28	—	—	—
地点和时间便捷性	4.061 11	4.061 11	0	0
24 h 货物释放率	1.14	1.291 94	0.151 944	13.33
顾客满意度	4	4.533 14	0.533 137	13.33
A7	1.111 57	—	—	—
地点和时间便捷性	3.691 36	3.691 36	0	0
24 h 货物释放率	1.11	1.233 85	0.123 846	11.16
顾客满意度	3.666 67	4.075 77	0.409 101	11.16
A8	1.141 29	—	—	—
地点和时间便捷性	4.184 68	4.184 68	0	0
24 h 货物释放率	1.11	1.266 83	0.156 831	14.13
顾客满意度	4.135 14	4.719 38	0.584 249	14.13
B1	1.028 23	—	—	—
地点和时间便捷性	3.333 33	3.333 33	0	0
24 h 货物释放率	0.8	0.929 24	0.129 236	16.15
顾客满意度	3.714 29	3.819 14	0.104 854	2.82
B2	1.017 44	—	—	—
地点和时间便捷性	3.552 08	3.552 08	0	0
24 h 货物释放率	0.62	0.990 22	0.370 217	59.71
顾客满意度	4	4.069 77	0.069 8	1.74

DMU 投入/产出指标	1/TE 值	投影值	差 值	差值百分数/%
B3	1.060 96	—	—	—
地点和时间便捷性	3.542 33	3.542 33	0	0
24 h 货物释放率	0.85	0.987 5	0.137 498	16.18
顾客满意度	3.825 4	4.058 59	0.233 197	6.1
B4	1.042 74	—	—	—
地点和时间便捷性	3.666 67	3.666 67	0	0
24 h 货物释放率	0.87	1.022 16	0.152 16	17.49
顾客满意度	4.028 85	4.201 05	0.172 207	4.27
B5	1.146 02	—	—	—
地点和时间便捷性	3.801 98	3.801 98	0	0
24 h 货物释放率	0.95	1.088 72	0.138 721	14.60
顾客满意度	3.782 18	4.334 46	0.552 283	14.60
B6	1.103 12	—	—	—
地点和时间便捷性	3.630 24	3.630 24	0	0
24 h 货物释放率	0.88	1.012	0.132 004	15.00
顾客满意度	3.770 49	4.159 31	0.388 823	10.31
B7	1	—	—	—
地点和时间便捷性	3.515 43	3.515 43	0	0
24 h 货物释放率	0.98	0.98	0	0
顾客满意度	4.027 78	4.027 78	0	0

结合表 5.6 和表 5.7 中的数据得出以下结论：

- $TE_{A1}=0.907$，应努力提高当日快件周转率和顾客满意度各 10.3%。
- $TE_{A2}=0.900$，应努力提高当日快件周转率 39.32%、顾客满意度 11.15%。
- $TE_{A3}=0.848$，应努力提高当日快件周转率 36.29%、顾客满意度 17.94%。
- $TE_{A4}=0.990$，应努力提高当日快件周转率和顾客满意度各 1.02%。
- $TE_{A6}=0.882$，应努力提高当日快件周转率和顾客满意度各 13.33%。
- $TE_{A7}=0.900$，应努力提高当日快件周转率和顾客满意度各 11.16%。
- $TE_{A8}=0.876$，应努力提高当日快件周转率和顾客满意度各 14.13%。
- $TE_{B1}=0.973$，应努力提高当日快件周转率 16.15%、顾客满意度 2.82%。
- $TE_{B2}=0.983$，应努力提高当日快件周转率 59.71%、顾客满意度 1.74%。
- $TE_{B3}=0.943$，应努力提高当日快件周转率 16.18%、顾客满意度 6.1%。

- $TE_{B4}=0.959$,应努力提高当日快件周转率 17.49%、顾客满意度 4.27%。
- $TE_{B5}=0.873$,应努力提高当日快件周转率和顾客满意度各 14.60%。
- $TE_{B6}=0.907$,应努力提高当日快件周转率 15%、顾客满意度 10.31%。

总体而言,为了提高(综合)技术效率,首先需要考虑的是努力提高当日快件周转率,其中需要特别注意的是 B2 和 A2,可分别提升空间高达 59.71% 和 39.32%,这说明了北航永嘉易站不论是智能快件箱还是人工取件在当日快件释放率这个指标上都需要给予高度重视。

在顾客满意度上表现最差的前三名分别是 A3、B5、A8,需要分别提升 17.94%、14.6%、14.13%,这说明了首体永嘉易站智能快件箱、北林京东派人工派件、蓟门里丰巢智能快件箱需要注意提升顾客满意度。为了探究这三个需要重点提升顾客满意度的决策单元具体是哪些服务质量欠佳,可以通过分析用户对每个 DMU 的问卷题项量表平均分,并对比(综合)技术效率无效的 A3、A8、B5 和(综合)技术效率有效的 A5、B7 的差异,得到如下导致用户满意度欠佳的具体原因:

- A3:在"地点便捷性""快件无错放、无遗漏""能提高告知准确取件详情""快件内外包装完好""取货若遇到问题,能反馈并得到帮助"这 5 个方面的服务质量欠佳。根据实地调研结果发现,因为师生去永嘉易站取件不太顺路,这就导致用户对取件地点便捷性这个维度的服务体验度较差。有些用户因为不方便而推迟取件时间,但是快件在源源不断送到该服务站点,所以容易出现货物被堆积在站点旁的现象,服务人员又因拣货入柜速度的压力较大,从而容易导致放错格口、快件内外包装不是很完好的事件。此外,当用户在电商网站或物流信息平台上已经看到快件在配送,但并没有收到取件信息时,有些用户会直接来站点要求取货,但此时快件并未入柜,所以只能由人工查找或被服务人员要求等待收到取件信息后再来取件,以致用户感觉该站点并没有提前告知准确的取件详情。
- A8:在"地点便捷性""快件箱操作方便,很少故障"这 2 个方面的服务质量欠佳。
- B5:在"可以灵活安排取货时间""服务人员态度良好,取货顺畅""取货若遇到问题,能反馈并得到帮助"这 3 个方面的服务质量欠佳。

2. 纯技术效率(PTE)分析

BCC 模型产出角度下的纯技术效率(PTE)分析如下。

(1)整体情况

纯技术效率约 0.965,方差约 0.036,最大值为 1,最小值约 0.896。这说明末端配送的运营效率已基本达到全体有效,个别有 3.5% 的改善空间。通过对照这些 DMU 的相对有效生产前沿面,也可找到与其投影面的偏离大小。

（2）纯技术效率有效的 DMU 及其原因

A1、A4、A5、B1、B7 的纯技术效率值为 1,是纯技术效率有效的 DMU,说明这些末端配送服务提供方在最优规模投入下,企业获得最大产出的能力很高,即运营管理水平很高。这也说明了在目前的技术水平上,其投入资源（人力、物力、财力等）的使用是有效率的。其中,A1、A4、B1 的纯技术效率有效,但是没达到（综合）技术效率有效的原因在于这些 DMU 规模无效,所以其改进的重点在于如何更好地发挥其规模收益。

在纯技术效率有效的 DMU 中,智能快件箱服务提供商只有近邻宝。这三家近邻宝均是北京高校场景,都配备了足够的服务人员,规范的操作流程,有激励的员工绩效考核,管理者精干高效,前台人员流动支持后台接驳、入柜等操作。提供给用户的服务均是"快件尽可能均入柜,超大件才放置在前台货架进行人工取件"的策略。

人工取件纯技术效率有效的 DMU 则是近邻宝和妈妈驿站,近邻宝是校园场景,妈妈驿站则在学校和社区都有。

（3）纯技术效率无效的 DMU 及其改进方法

各决策单元的 PTE 指标分析如表 5.8 所列。

表 5.8　各决策单元的 PTE 指标分析

DMU 投入/产出指标	1/PTE 值	投影值	差　值	差值百分数/%
A1	1	—	—	—
地点和时间便捷性	4.340 278	4.340 278	0	0
24 h 货物释放率	1.4	1.4	0	0
顾客满意度	4.281 25	4.281 25	0	0
A2	1.070 972	—	—	—
地点和时间便捷性	3.848 148	3.848 148	0	0
24 h 货物释放率	0.77	1.203 93	0.433 930 1	56.35
顾客满意度	3.966 67	4.248 187	0.281 520 8	7.10
A3	1.001 577	—	—	—
地点和时间便捷性	4.4	4.340 278	0.059 7	−1.36
24 h 货物释放率	0.9	1.4	0.5	55.56
顾客满意度	4.274 51	4.281 25	0.006 74	0.16
A4	1	—	—	—
地点和时间便捷性	3.838 28	3.838 28	0	0
24 h 货物释放率	1.2	1.2	0	0

DMU 投入/产出指标	1/PTE 值	投影值	差　值	差值百分数/%
顾客满意度	4.247 52	4.247 52	0	0
A5	1	—	—	—
地点和时间便捷性	3.897 69	3.897 69	0	0
24 h 货物释放率	1.47	1.47	0	0
顾客满意度	4.178 22	4.178 22	0	0
A6	1.065 624	—	—	—
地点和时间便捷性	4.061 11	4.061 11	0	0
24 h 货物释放率	1.14	1.288 777	0.148 776 9	13.05
顾客满意度	4	4.262 495	0.262 494 9	6.56
A7	1.099 276	—	—	—
地点和时间便捷性	3.691 358	3.691 358	0	0
24 h 货物释放率	1.11	1.220 196	0.110 196 5	9.93
顾客满意度	3.666 67	4.030 679	0.364 012 3	9.93
A8	1.032 807	—	—	—
地点和时间便捷性	4.184 685	4.184 685	0	0
24 h 货物释放率	1.11	1.338 01	0.228 01	20.54
顾客满意度	4.135 135	4.270 797	0.135 661 7	3.28
B1	1	—	—	—
地点和时间便捷性	3.333 333	3.333 333	0	0
24 h 货物释放率	0.8	0.8	0	0
顾客满意度	3.714 286	3.714 286	0	0
B2	1.013 181	—	—	—
地点和时间便捷性	3.552 083	3.552 083	0	0
24 h 货物释放率	0.62	1.004 975	0.384 975 2	62.09
顾客满意度	4	4.052 724	0.052 724	1.32
B3	1.057 69	—	—	—
地点和时间便捷性	3.542 328	3.542 328	0	0
24 h 货物释放率	0.85	0.998 328	0.148 328	17.45
顾客满意度	3.825 379	4.046 084	0.220 687 5	5.77
B4	1.025 285	—	—	—

DMU 投入/产出指标	1/PTE 值	投影值	差 值	差值百分数/%
地点和时间便捷性	3.666 67	3.666 67	0	0
24 h 货物释放率	0.87	1.083 055	0.213 055 4	24.49
顾客满意度	4.028 846	4.130 715	0.101 868 5	2.53
B5	1.116 503	—	—	—
地点和时间便捷性	3.801 98	3.801 98	0	0
24 h 货物释放率	0.95	1.175 262	0.225 262	23.71
顾客满意度	3.782 178	4.222 815	0.440 636 7	11.65
B6	1.088 961	—	—	—
地点和时间便捷性	3.630 237	3.630 237	0	0
24 h 货物释放率	0.88	1.058 231	0.178 231	20.25
顾客满意度	3.770 492	4.105 919	0.335 427 1	8.90
B7	1	—	—	—
地点和时间便捷性	3.515 43	3.515 43	0	0
24 h 货物释放率	0.98	0.98	0	0
顾客满意度	4.027 78	4.027 78	0	0

结合表 5.6 和表 5.8 中的数据,得出以下结论:

- $PTE_{A2} = 0.934$,应努力提高当日快件周转率 56.35%、顾客满意度 7.1%。
- $PTE_{A3} = 0.998$,应努力提高当日快件周转率 55.56%、顾客满意度 0.16%。
- $PTE_{A6} = 0.938$,应努力提高当日快件周转率 13.05%、顾客满意度 6.56%。
- $PTE_{A7} = 0.910$,应努力提高当日快件周转率和顾客满意度各 9.93%。
- $PTE_{A8} = 0.876$,应努力提高当日快件周转率 20.54%、顾客满意度 3.28%。
- $PTE_{B2} = 0.987$,应努力提高当日快件周转率 62.09%、顾客满意度 1.32%。
- $PTE_{B3} = 0.945$,应努力提高当日快件周转率 17.45%、顾客满意度 5.77%。
- $PTE_{B4} = 0.975$,应努力提高当日快件周转率 24.49%、顾客满意度 2.53%。
- $PTE_{B5} = 0.896$,应努力提高当日快件周转率 23.71%、顾客满意度 11.65%。
- $PTE_{B6} = 0.918$,应努力提高当日快件周转率 20.25%、顾客满意度 8.9%。

总体看来,北航永嘉驿站智能快件箱和人工取件都需要特别关注当日快件周转率的问题,因为其提升幅度相较纯技术效率有效的 DMU 高达 56.35% 和 62.09%。首体永嘉易站智能快件箱也需特别关注当日快件周转率的问题,因为其提升幅度相较纯技术效率有效的 DMU 高达 55.56%。

从整体上看,纯技术效率无效的 DMU 主要需要提高的是当日快件周转率,而顾客满意度需要提升的幅度不是很大。

3. 规模效率(SE)分析

根据前面两部分内容得出的 TE 值和 PTE 值,可以得出规模效率值 SE＝TE/PTE,具体结果如表 5.6 所列。

(1) 整体情况

规模效率的平均值为 0.964,最大值为 1,最小值为 0.849。

规模效率反映了各末端配送服务提供方的资源配置效率,从而可以了解各 DMU 产出与投入资源的比例。规模效率平均值 0.964 的结果说明大多数 DMU 已经接近最适规模,而仅有 3.6％的规模无效率,说明所有末端配送服务提供方投入的资源非常充足。

(2) 规模效率有效的 DMU 及其原因

A5、B7 的规模效率值为 1,是规模效率有效的 DMU,说明这些决策单元的规模大小合适,投入每增加 1 单位,产出也随之增加 1 单位。所以,当运营水平在现有情况下再增加投入时,其产出也按照现有的投入产出比例增加。

在规模效率有效的 DMU 中,智能快件箱中只有近邻宝是有效的,驿站品牌中只有妈妈驿站是有效的。

值得注意的是,同样是近邻宝快件箱,北航近邻宝(A1)的规模效率值为 0.907,明显低于均值 0.964。北大近邻宝(A4)的规模效率值为 0.990,虽然未能达到完全的规模效率有效,但也明显高于均值 0.964。所以,即使是同一个末端配送服务品牌,每个站点的效率也有很大差异。

(3) 规模效率无效的 DMU 及其改进方法

除了 A5、B7 之外,都是规模效率无效的 DMU,说明这些决策单元的规模大小不合适,其中从规模收益 RTS 来看,规模递减的决策单元是 A1～A4、A6、A8、B2～B6,其规模效率无效的原因是规模太大,可通过减小规模来提升规模效率;规模递增的决策单元是 A7、B1,其规模效率无效的原因是规模太小,可通过增大规模来提升规模效率。

值得注意的是,A1、A4、B1 的(综合)技术效率无效不是因为其纯技术效率无效导致的,而是由规模效率无效直接导致的,即这三个决策单元可以不改变管理水平,A1 和 A4 通过减小规模、B1 通过增大规模即可达到(综合)技术效率有效,这一点对于 A1 尤其需要关注。

4. 分类 DEA 模型(CAT)分析

通过前面三个部分得出的 TE 值、PTE 值和 SE 值,可以看到两种不同末端配送形式的效率值存在差异,但由于前面三个模型未考虑 DMU 的形式的差别,因此,需

71

要先把 DMU 分为两类,再对其进行效率评价。本部分根据末端配送形式将 DMU 分为两类:人工驿站(第一类)、智能快件箱(第二类)。通过运行以产出为导向的 CAT 模型来观察在规模收益不变(TE)和规模收益变化(PTE)两种假设下得到的效率值,具体如表 5.9 所列。

表 5.9　分类 DEA 模型的效率值

DMU	DMU 详情	技术效率（TE）	纯技术效率（PTE）
A1	北航近邻宝智能快件箱	0.907	1
A2	北航永嘉易站智能快件箱	0.900	0.934
A3	首体永嘉易站智能快件箱	0.848	0.998
A4	北大近邻宝智能快件箱	0.990	1
A5	北林近邻宝智能快件箱	1	1
A6	蓟门里菜鸟驿站智能快件箱	0.882	0.938
A7	大钟寺速递易智能快件箱	0.900	0.910
A8	蓟门里丰巢智能快件箱	0.876	0.968
B1	北航近邻宝人工取件	0.973	1
B2	北航永嘉易站人工取件	0.983	0.993
B3	北航京东派人工派件	0.943	0.950
B4	北大京东派人工派件	0.959	1
B5	北林京东派人工派件	0.896	0.969
B6	菜鸟驿站人工取件	0.907	0.936
B7	妈妈驿站人工取件	1	1
平均		0.931	0.973

（1）两种 DEA 模型的有效 DMU

（综合）技术效率的平均值为 0.931,方差为 0.048,最大值为 1,最小值为 0.848。平均值比传统 DEA 模型计算出的更大。通过对照这些 DMU 的相对有效生产前沿面,也可找到与其投影面偏离的大小,并将改进值与传统模型进行对比。有效的 DMU 与采用传统 DEA 模型计算出的保持一致,相同的有 A5、B7,说明这些末端配送服务提供方不管是从末端配送整体来看,还是单独只看某种具体的末端配送形式,都表现出管理水平相对较高,而且具有适当规模的明显优势。

纯技术效率的平均值为 0.973,方差为 0.031,最大值为 1,最小值为 0.934。不管是最小值还是平均值都比采用传统 DEA 模型计算出的更大,整体反映出末端配送的运营效率基本已达到全体有效,仅个别有 2.7% 的改善空间。通过对照这些

DMU 的相对有效生产前沿面,也可找到与其投影面偏离的大小,并将改进值与传统模型进行对比。有效的 DMU 与采用传统 DEA 模型计算出的保持大体一致,相同的有 A1、A4、A5、B1、B7,分类模型中的 B4 也表现为纯技术效率有效,这说明 B4 虽然从末端配送整体来看是纯技术效率无效的,但如果只单独对比人工驿站这种形式下的所有站点则是纯技术效率有效的。

(2) 两种 DEA 模型的无效 DMU 及其改进方法

对比前面三个部分的传统 DEA 模型和本部分的分类 DEA 模型所得出的各无效 DMU 的改进方向,很明显能发现大多数 DMU 无效的改进幅度相同,部分 DMU 在分类 DEA 模型下的改进幅度更小,具体差异如表 5.10 所列。

表 5.10　分类 DEA 模型与传统 DEA 模型改进值的差异　　　　　　　%

DMU	投入/产出指标	CCR－O	CAT－O－C	BCC－O	CAT－O－V
B2	地点和时间便捷性	—	—	0	0
	24 h 货物释放率	—	—	62.09	53.76
	顾客满意度	—	—	1.32	0.70
B3	地点和时间便捷性	—	—	0	0
	24 h 货物释放率	—	—	17.45	12.99
	顾客满意度	—	—	5.77	5.30
B4	地点和时间便捷性	—	—	0	0
	24 h 货物释放率	—	—	24.49	0
	顾客满意度	—	—	2.53	0
B5	地点和时间便捷性	—	—	0	−7.54
	24 h 货物释放率	14.60	11.57	23.71	3.16
	顾客满意度	14.60	15.17	11.65	6.49
B6	地点和时间便捷性	—	—	0	−1.65
	24 h 货物释放率	—	—	20.25	6.83
	顾客满意度	—	—	8.90	6.83

注:O 表示产出导向的模型,C 表示规模收益不变,V 表示规模收益可变。

根据表 5.10 中的数据可以得出以下结论:

- B2:为了达到纯技术效率有效,采用传统 BCC 模型的改进建议是提升当日快件周转率 62.09%、顾客满意度 1.32%;但是采用分类 DEA 模型的建议则只需提升当日快件周转率 53.76%、顾客满意度 0.7%即可。
- B3:为了达到纯技术效率有效,采用传统 BCC 模型的改进建议是提升当日快件周转率 17.45%、顾客满意度 5.77%;但是,采用分类 DEA 模型的改进建议则只需提升当日快件周转率 12.99％、顾客满意度 5.3％即可。

- B4：为了达到纯技术效率有效，采用传统 BCC 模型的改进建议是提升当日快件周转率 24.49％、顾客满意度 2.53％；但是，采用分类 DEA 模型则显示 B4 是有效的。

- B5：为了达到纯技术效率有效，采用传统 BCC 模型的改进建议是提升当日快件周转率 23.71％、顾客满意度 11.65％；但是，采用分类 DEA 模型的改进建议则只需提升当日快件周转率 3.16％、顾客满意度 6.49％即可。为了达到（综合）技术效率有效，采用传统 CCR 模型的改进建议是提升当日快件周转率 14.6％、顾客满意度 14.6％；但是，采用分类 DEA 模型的改进建议是需提升当日快件周转率 11.57％、顾客满意度 15.17％。

- B6：为了达到纯技术效率有效，采用传统 BCC 模型的改进建议是提升当日快件周转率 20.25％、顾客满意度 8.9％；但是，采用分类 DEA 模型的改进建议则只需提升当日快件周转率 6.83％、顾客满意度 6.83％即可。

5.4　本章小结

　　总体而言，末端配送的（综合）技术效率值、纯技术效率值和规模效率值大多都已远远超过 0.9，这说明现阶段的末端配送已经从粗放型过渡到精细化运营阶段，整体末端配送达到了发展的新时期。但是，只有不到一半的纯技术效率值达到有效也说明，在综合管理水平的提升上，大多数站点还需针对自己的情况进行持续改进。除此之外，站点也存在规模不当的情况，这主要是因为末端配送是时间和空间两大维度的综合运营服务，而由于存在城市规划不善和物流系统对接不畅等问题，因此还需进行规模优化和合理资源配置。

　　下面对整个末端配送的发展提出以下几点建议：一是要积极引导集约化、平台化服务的发展方向。在规模快速增长的背景下，单纯要素的投入很难解决末端服务难题，应通过提高效率和降低成本来减少对社会资源的占有；二是要注重发挥智能化的数据支撑作用。应在确保用户信息安全的前提下，提高快递业务操作的科技化和智能化应用水平，做好快件相关信息的互联互通，提高快件投递效率；三是要坚持政府主导和市场化运营的原则。应充分利用好多种社会资源，推动多部门之间的协作；四是要注重维护消费者权益，以满足用户需求为核心，优化用户体验。

　　未来的智能末端配送网络将产生很大的经济效益和社会效益。就现阶段而言，末端配送网络还未完全搭建好，末端配送的整体运营效率还可进一步提高。智能末端配送网络有很多想象空间，这不仅能优化整个快递行业的效率，还可与其他行业、其他末端配送企业共同打造一张"智慧城市"的"智能配送网络"，从而优化运力和降本增效。

未来的研究可以关注纵向数据并展开分析,以得到跨期的效率变动情况,进而可以看到末端配送整体的发展规律和趋势,找到当期的重点,并对核心难点进行突破。此外,在决策单元的选取上,可以增加办公区这个末端配送场景,并适当增加决策单元数量,这样可以看到更为全面的末端配送站点的经营效率情况。最后,在模型方法的选取上,可以采用其他模型进行分析,通过综合比较得到更加全面的评价和改进建议。

第6章 基于 DEA-Malmquist 指数的上市快递物流企业运作效率评价

在本章的投入产出模型中,第 4 章已介绍了其中的基础 DEA 模型,并将其应用于智能快件箱和人工驿站的效率分析中。然而该模型主要基于横截面数据,在对决策单元进行效率测算时,只是针对单一时期的测算,即只测算决策单元在给定时间点的效率状态。但是在实际生产过程中,为了配合当期的生产运作,同时也是为下一期或更长周期后的生产做准备,会出现在某一时期增加或减少投入的情况。因此,DEA 在原有基础上发展出用于分析面板数据、进行动态效率分析的方法:视窗分析、Malmquist 指数。本章应用 DEA-Malmquist 指数对我国上市的快递物流企业进行动态效率评价。

6.1 概　述

进入 21 世纪以来,电子商务的快速发展和政策红利的影响,推动着物流行业迅猛发展,特别是快递行业得到了爆发式增长。"十二五"期间,我国邮政业保持了业务持续增长、结构持续优化、基础网络逐步完善、服务水平不断提升、支持新兴业态发展作用日益凸显的态势。2015 年,邮政业务总量突破 5 000 亿元,五年翻了两番,快递业务量居世界第一。2017 年 2 月 13 日国家邮政局发布的《快递业发展"十三五"规划》布置了七项任务和九大工程。七项任务中,首当其冲的就是:积极打造"快递航母",到 2020 年,形成 3~4 家年业务量超百亿件或年业务收入超千亿元的快递企业集团,培育 2 个以上具有国际竞争力和良好商誉度的世界知名快递品牌。

快递行业的发展对快递效率提出了更高的要求,因此需要一个与之对应的高效的快递系统来解决发展中的投入冗余、发展不足的问题。2015 年 7 月,国务院提出积极推进"互联网+"行动的意见,提出建设"互联网+"高效物流,要求加快建设跨行业、跨区域的物流信息服务平台,建设智能仓储体系。在此基础上,优化物流运作流程,降低物流成本,提升物流仓储的运营效率。但是,我国目前邮政业的发展仍有许多不足,服务能力、发展水平不能满足经济社会发展和人民群众不断增长变化的服务需求,发展模式单一,增长主要依赖传统要素投入,快递发展质量不高,同质化竞争严重,企业创新发展的内生动力不足,国际竞争力不强,等等。

在使用数据包络分析方法对物流领域效率进行分析时,以不同企业为不同的

DMU 是一种常见的决策单元区分方式。由于上市企业在其年报中会公布相关数据信息,这为数据包络分析获取客观、无环境噪声的数据提供了基础;此外,能从上市企业获取成本——收入信息,对于从市场角度分析物流效率极具优势,对企业提高效率、降本增收也具有现实意义。因此,以上市物流企业物流效率为研究对象的文献成为该领域常见的文献类别之一。李钟石等人利用数据包络分析方法对 24 家物流上市企业的经营效率进行测算,得到我国物流企业的经营效率并不稳定,且未达到最优投入产出效果的结论。钟祖昌(2011)运用三阶段 DEA 方法实证评估了 2001—2008 年我国 28 家上市物流企业的运营效率,并得出结论:在剔除环境因素和随机因素的影响下,样本中的企业综合技术效率、纯技术效率和规模效率都有较大幅度的变化,纯技术效率有一定程度的上升,综合技术效率的下降主要受规模效率大幅下降的影响;仓储运输企业和航空运输企业的效率值最高,公路运输企业的效率值最低。吴邦雷(2018)运用 C2R 和 C2GS2 模型以 20 家上市物流企业为研究对象,将其分为港口类、仓储类、铁路公路航空航海运输类和快递类,得出结论:目前国内上市物流企业的总体绩效还有较大的上升空间,整体呈现上升发展的趋势,其中规模效益在整体经营中的效果较明显。在港口、仓储、运输、快递四个行业中,仓储和快递行业发展最好。张茜、杨国军采用 DEA-Malmquist 指数计算了 31 家上市物流企业 2012—2018 年物流行业全要素生产率。

本章将介绍两种 DEA 相关的动态效率测算方法,并将应用于快件物流领域效率分析中。从企业的角度来看,物流企业的效率直接关系到企业竞争力和创收能力。因此,从宏观角度对区域物流或物流企业进行效率分析的意义重大。本章旨在研究我国上市快递物流企业的运作效率,同时以国际知名快递企业、国内仓储运输类企业为参照对象,采用 DEA-Malmquist 指数法对全国上市快递物流企业的运作效率进行评价,这有助于企业对快递的投入进行合理科学的评估与规划,在国家政策的支持与推动下,实现与电子商务等关联产业的协同发展。

6.2　视窗分析

在 DEA 模型出现的初期,主要用来分析横截面数据,即不考虑时间的变化,来评估同一批决策单元在某一期时间内的效率,这是一种静态分析方法,得出的结果是静态效率。但是,决策单元在当下的某些投入可能是为了在未来获取更大的收益,然而这部分投入在静态分析中会被认为是冗余投入。与静态效率相比,时间序列中的 DEA 模型不仅能评估一批决策单元在某期中的静态效率,还能评估决策单元在连续多期中的动态效率,从而及时反映决策单元效率的稳定性和波动性,并带来更多的信息。

基础模型中假定存在 n 个相同类型的决策单元,每个决策单元都有 m 种输入和 s 种输出,在此基础上,添加新的假设:每个决策单元拥有 T 个时期的数据。基础

DEA 模型只能测算决策单元在一个时间段内的效率,测算出的结果为静态效率,对于包括多个时期的动态效率测算,可以使用视窗分析(Windows Analysis,WA)。视窗分析是由 Charnes 等人发展出的一种模型,用来考察决策单元在不同时期内效率的变化情况。假定视窗宽度为 k,则从第 1 期到第 k 期的数据构成第 1 个视窗,从第 2 期到第 $k+1$ 期的数据构成第 2 个视窗,以此类推,从第 $T-k+1$ 期到第 T 期构成第 $T-k+1$ 个视窗。同一决策单元在不同时期时被视为新的单元,因此,每个视窗中决策单元的数量为 $n \times k$。

视窗分析的优势在于:

① 能够充分利用不同时期的数据获取更多的信息,得到决策单元效率的变化和波动性。

② 在使用 DEA 时,要求决策单元数量不小于投入产出指标数量之和的 2 倍,并且在理想情况下应不小于投入产出指标数量之和的 3 倍,否则容易出现大部分决策单元效率均为 1 的结果。在使用基础 DEA 模型时,决策单元数量为 n;在使用视窗分析时,每个视窗中决策单元的数量为 $n \times k$。视窗分析可以增加决策单元的数量,满足投入产出指标数量与决策单元数量之间的关系。

视窗分析的缺点在于:

① 开始和结束时期的数据总是使用一次,与其他时期数据的使用频率不同。

② 在视窗分析中,从理论上无法确定窗口宽度应该如何选取,在运用视窗分析的实证文献中,都是经验性的主观选择。

6.3　Malmquist 指数

传统数据包络分析方法只能对同一期的不同决策单元进行相对性的比较,而无法对连续数期的数据进行比较,因而采取 DEA 延伸的 Malmquist 全要素生产力来评价各决策单元不同时期效率的变动情况。Malmquist 指数最早由曼奎斯特(Malmquist,1953)提出,之后与 DEA 模型相结合,成为一种测量全要素生产力变动情况的专门指数。

假设某个决策单元在 t 期和 $t+1$ 期的投入产出分别为 (x^t, y^t) 和 (x^{t+1}, y^{t+1}),则从 t 期到 $t+1$ 期的全要素生产力变化的 Malmquist 指数为

$$M(x^{t+1}, y^{t+1}, x^t, y^t) = \left[\frac{D^t(x^{t+1}, y^{t+1})}{D^t(x^t, y^t)} \times \frac{D^{t+1}(x^{t+1}, y^{t+1})}{D^{t+1}(x^t, y^t)} \right]^{\frac{1}{2}} \quad (6.1)$$

其中,$D^t(x^{t+1}, y^{t+1})$ 表示以第 t 期的数据为参考面的第 $t+1$ 期的效率水平,$D^t(x^t, y^t)$ 表示第 t 期的效率水平,$D^{t+1}(x^{t+1}, y^{t+1})$ 表示第 $t+1$ 期的效率水平,$D^{t+1}(x^t, y^t)$ 表示以第 $t+1$ 期的数据为参考面的第 t 期的效率水平。

当规模收益不变时,全要素生产力指数可以分解为

$$\mathrm{MI}(x^{t+1}, y^{t+1}, x^t, y^t) = \frac{D^{t+1}(x^{t+1}, y^{t+1})}{D^t(x^t, y^t)} \times \left[\frac{D^t(x^{t+1}, y^{t+1})}{D^{t+1}(x^{t+1}, y^{t+1})} \times \frac{D^t(x^t, y^t)}{D^{t+1}(x^t, y^t)} \right]^{\frac{1}{2}}$$

$$(6.2)$$

$$EC = \frac{D^{t+1}(x^{t+1}, y^{t+1})}{D^{t}(x^{t}, y^{t})} \tag{6.3}$$

$$TC = \left[\frac{D^{t}(x^{t+1}, y^{t+1})}{D^{t+1}(x^{t}, y^{t})} \times \frac{D^{t}(x^{t}, y^{t})}{D^{t+1}(x^{t+1}, y^{t+1})} \right]^{\frac{1}{2}} \tag{6.4}$$

其中,MI 为全要素生产力指数,表示从 t 期到 $t+1$ 期全要素生产力的变动情况;EC 为效率变动指数,反映从 t 期到 $t+1$ 期决策单元对投入技术利用程度的变化情况; TC 为技术变动指数,反映从 t 期到 $t+1$ 期技术的变动情况。若 MI 大于 1,则说明生产力上升,反之则下降;若 EC 大于 1,则说明技术效率提高,反之则技术效率下降; 若 TC 大于 1,则说明技术进步,反之则技术退步。

当规模收益可变时,全要素生产力指数可以进一步分解,分别以 V、C 代表可变规模收益与不可变规模收益,则

$$MI(x^{t+1}, y^{t+1}, x^{t}, y^{t}) = \frac{D_{V}^{t+1}(x^{t+1}, y^{t+1})}{D_{V}^{t}(x^{t}, y^{t})} \times \left[\frac{D_{V}^{t}(x^{t}, y^{t})}{D_{V}^{t+1}(x^{t+1}, y^{t+1})} \times \frac{D_{C}^{t+1}(x^{t+1}, y^{t+1})}{D_{C}^{t}(x^{t}, y^{t})} \right] \times$$

$$\left[\frac{D_{C}^{t}(x^{t+1}, y^{t+1})}{D_{C}^{t+1}(x^{t+1}, y^{t+1})} \times \frac{D_{C}^{t}(x^{t}, y^{t})}{D_{C}^{t+1}(x^{t}, y^{t})} \right]^{\frac{1}{2}} \tag{6.5}$$

$$PTEC = \frac{D_{V}^{t+1}(x^{t+1}, y^{t+1})}{D_{V}^{t}(x^{t}, y^{t})} \tag{6.6}$$

$$SEC = \frac{D_{V}^{t}(x^{t}, y^{t})}{D_{V}^{t+1}(x^{t+1}, y^{t+1})} \times \frac{D_{C}^{t+1}(x^{t+1}, y^{t+1})}{D_{C}^{t}(x^{t}, y^{t})} \tag{6.7}$$

$$TC = \left[\frac{D_{C}^{t}(x^{t+1}, y^{t+1})}{D_{C}^{t+1}(x^{t+1}, y^{t+1})} \times \frac{D_{C}^{t}(x^{t}, y^{t})}{D_{C}^{t+1}(x^{t}, y^{t})} \right]^{\frac{1}{2}} \tag{6.8}$$

$$MI = EC \times TC = PTEC \times SEC \times TC \tag{6.9}$$

其中,PTEC 为纯技术效率变动指数,反映从 t 期到 $t+1$ 期决策单元向生产前沿面的追赶效应;SEC 为规模效率变动指数,反映从 t 期到 $t+1$ 期决策单元规模的变动是否有效以及效率值。若 PTEC 大于 1,则表示技术应用水平提高,反之则表示技术应用水平下降;若 SEC 大于 1,则说明规模优化,反之则规模恶化。

6.4　实证分析

6.4.1　指标选取与数据说明

产出指标主要以营业收入、净利润和快递业务量为主,由于所选样本的快递业

务量难以统计,故本小节选取营业收入、净利润作为产出指标。投入指标组分为人力投入,例如员工总人数;实物投入,例如企业固定资产、车辆数量、快递网点数量、邮路总长度等;资本投入,例如总资产、主营业务成本等。根据 DEA 投入/产出指标体系建立的基本原则,本小节选取企业固定资产、职工薪酬、营业成本和总资产作为投入指标,分别对应实物投入、人力投入和资本投入。在人力投入方面选择职工薪酬而非员工人数是因为职工薪酬更能综合体现从业人员的综合素质和数量。

投入指标 1:固定资产。企业固定资产包括房屋及建筑物、运输工具、飞机及飞机发动机、计算机及电子设备、分拣设备、办公设备及其他设备等,企业的固定资产直接影响快件的处理速度和处理数量。

投入指标 2:职工薪酬。职工薪酬可以反映快递从业人员的数量和素质,包括研究人员、快递客户服务人员、快递运营人员和行政管理人员等。职工的数量和素质决定了快递业务水平。

投入指标 3:营业总成本。营业总成本包括营业成本、税金及附加、管理费用、销售费用、财务费用和资产减值损失。营业总成本显示了一个企业一年中的总投入。

投入指标 4:总资产。总资产指某一经济实体拥有或控制的、能够带来经济利益的全部资产,它能够很好地反映企业的规模。

产出指标 1:营业收入。营业收入是从事主营业务所取得的收入,指在一定时期内,商业企业销售产品或提供劳务所获得的货币收入,与快递业务量紧密联系,体现了一个企业的发展水平。一个具有发展活力的上市企业必须有足够的营业收入作为支撑。

产出指标 2:净利润。净利润即企业的税后利润,反映了一个上市物流企业的总体盈利状况,是其经营产出效益最重要的因素。

本次的研究对象主要是我国上市的快递企业,为了满足所选取投入/产出指标的可获得性,本次研究选取了顺丰控股、申通快递、韵达股份、圆通快递、中通快递和德邦股份,为了将我国上市快递企业与全球著名快递公司进行比较,本次研究还选取了一些国外上市的快递企业,包括 DHL(敦豪速递公司)、Expeditors International(康捷国际公司)、FedEx(联邦快递)、Nippon Express(日本运通公司)、Panalpina(泛亚班拿)、Ryder System(莱德系统)、Kuehne & Nagel(德迅瑞士)和 UPS(美国联合包裹运送服务公司),为了将快递企业与物流企业旗下的其他类企业进行比较,本次研究还选取了我国上市的部分运输、仓储类企业,包括飞力达、华鹏飞、象屿股份、中储股份、中国外运和飞马国际。依据数据包络分析的原则,符合决策单元选取的要求。数据主要来源于各企业门户网站公布的年度报告或财务报告及中华人民共和国国家邮政局公布的数据。本次研究选取了 2014—2017 年四年的数据进行研究分析。各企业投入/产出指标的平均值见表 6.1。

表 6.1　2014—2017 年各企业投入/产出指标平均值

亿元

快递企业	营业收入	净利润	固定资产	职工薪酬	营业总成本	总资产
申通	90.31	10.27	7.44	0.83	77.50	87.80
圆通	142.81	10.71	17.21	1.69	129.73	101.59
中通	82.10	17.36	32.12	4.11	54.57	161.97
德邦	151.91	4.34	13.46	6.84	135.85	42.67
顺丰	538.97	26.21	91.62	25.61	509.16	409.85
韵达	67.65	9.33	17.44	1.08	163.62	83.88
UPS	3 926.22	261.84	1 252.01	2 136.40	3 512.67	2 532.92
FedEx	3 293.14	129.37	1 467.05	1 192.81	3 075.02	2 607.22
DHL	4 385.40	179.61	602.75	1 453.34	4 310.95	2 834.77
Expeditors International	421.92	28.44	34.21	74.78	378.60	188.36
Nippon Express	1 076.33	18.41	292.06	30.25	992.04	834.63
Panalpina	388.01	4.72	5.73	60.56	290.00	122.57
Ryder System	440.69	25.80	47.37	48.92	416.15	679.00
德迅瑞士	1 169.15	45.86	78.80	262.42	1 110.85	450.30
中国外运	562.46	22.03	123.23	41.99	535.31	462.84
中储股份	200.36	8.34	21.01	1.13	201.83	165.76
飞马国际	483.26	5.57	1.54	0.08	480.75	197.01
象屿股份	1 076.66	6.21	39.08	2.44	1 073.16	315.89
飞力达	26.05	0.67	3.34	0.41	25.51	18.91
华鹏飞	7.79	0.67	1.82	0.06	7.71	21.15

对 2014—2017 年各企业投入/产出指标作描述性统计,计算出其最小值、最大值、均值、标准差和方差,结果见表 6.2。

表 6.2　2014—2017 年各企业投入/产出指标描述性统计

指　标	最小值	最大值	均　值	标准差	方　差
营业收入	7.79	4 385.4	926.559 5	1 327.305 26	1 761 739.261
净利润	0.67	261.84	40.788	68.886 59	4 745.363
固定资产	1.54	1 467.05	207.464 5	419.563 14	176 033.232
职工薪酬	0.06	2 136.4	267.287 5	596.228 17	355 488.028
营业总成本	7.71	4 310.95	874.049	1 251.514 56	1 566 288.692
总资产	18.91	2 834.77	615.954 5	908.275 46	824 964.313

从描述性统计表 6.2 以及 2014—2017 年各企业投入/产出指标平均值表 6.1 中可以看出,无论是投入还是产出指标,最大值都来自国际快递企业样本,最小值都来自仓储运输类样本,标准差和方差都很大,国际快递企业样本在各个指标上都超过国内快递企业。

对 2014—2017 年的统计数据平均值进行皮尔森相干性分析,结果表明,投入指标与产出指标正相关,见表 6.3。

表 6.3　DEA 投入/产出指标相关性系数

指　　标	营业收入	净利润	固定资产	职工薪酬	营业成本	总资产
营业收入	1	—	—	—	—	—
净利润	0.937*	—	—	—	—	—
固定资产	0.866*	0.864*	1	—	—	—
职工薪酬	0.944*	0.993*	0.891*	1	—	—
营业成本	0.999*	0.923*	0.848*	0.931*	1	—
总资产	0.978*	0.923*	0.910*	0.931*	0.975*	1

注:* 表示在 0.01 级别(双侧),相关性显著。

6.4.2　效率分析

DEA 分析得出的技术效率、纯技术效率和规模效率是针对同一年份、不同企业之间运作效率的评价,但无法针对同一企业不同年份间的效率进行比较,而曼奎斯特指数(全要素生产力指数)可以解决这一问题。当曼奎斯特指数(MI)大于 1 时,表示生产力有所提升;反之,生产力下降。曼奎斯特指数可进一步分解为效率变动指数(EC)和技术变动指数(TC),当效率变动指数大于 1 时,表示技术效率提高,反之则技术效率下降;当技术变动指数大于 1 时,表示技术进步,反之则技术退步。效率变动指数可进一步分解为纯技术效率变动指数(PTEC)和规模效率变动指数(SEC),当纯技术效率变动指数大于 1 时,表示技术应用水平提高,反之则表示技术应用水平下降;当规模效率变动指数大于 1 时,表示规模优化,反之则规模恶化。本小节对 2014—2015 年、2015—2016 年、2016—2017 年和 2014—2017 年的曼奎斯特指数进行了分析。

1. 2014—2015 年曼奎斯特指数分析

2014—2015 年全要素生产力指数(MI)及其分解如表 6.4 所列。

表 6.4　2014—2015 年全要素生产力指数(MI)及其分解

企业类型	公司名称	EC	TC	PTEC	SEC	MI
国内快递企业样本	中通	1.000	1.556	1.000	1.000	1.556
	申通	1.000	1.177	1.000	1.000	1.177
	韵达	1.000	1.090	1.000	1.000	1.090
	德邦	1.000	1.017	1.000	1.000	1.017
	顺丰	0.987	1.017	1.042	0.948	1.004
	圆通	0.885	1.036	0.958	0.924	0.917
	国内快递企业样本平均	0.979	1.149	1.000	0.979	1.127
国际快递企业样本	UPS	1.056	1.009	1.000	1.056	1.065
	Expeditors International	1.003	1.044	1.000	1.003	1.047
	Ryder System	0.971	1.049	1.000	0.971	1.018
	Nippon Express	1.008	1.005	1.000	1.008	1.013
	德迅瑞士	1.013	0.987	1.000	1.013	1.000
	Panalpina	1.000	0.994	1.000	1.000	0.994
	DHL	0.959	1.029	1.000	0.959	0.987
	FedEx	0.937	1.032	0.991	0.945	0.967
	国际快递企业样本平均	0.993	1.019	0.999	0.994	1.011
仓储运输类样本	华鹏飞	1.000	1.370	1.000	1.000	1.370
	象屿股份	0.956	1.078	1.000	0.956	1.030
	中国外运	0.989	1.011	0.955	1.036	1.000
	中储股份	0.948	1.040	0.929	1.020	0.985
	飞力达	0.889	1.043	1.049	0.848	0.927
	飞马国际	1.000	0.727	1.000	1.000	0.727
	仓储运输类样本平均	0.964	1.045	0.989	0.977	1.007
样本平均		0.979	1.055	0.996	0.983	1.033

从全要素生产力指数来看,2014—2015 年的样本平均值为 1.033,生产力有微小的提高,提升了 3.3%;国内快递、国际快递、仓储运输类三类企业的样本平均值分别为 1.127、1.011、1.007,后两者较为接近,略低于平均值,国内快递企业的样本平均值最高,生产力进步明显,提升了 12.7%。在国内快递企业中,中通的全要素生产力指数最大,为 1.556,单年生产力进步高达 55.6%,远高于其他企业;圆通的全要素生产力指数最低,为 0.917,生产力降低了 8.3%,是国内快递企业中样本值唯一低于 1 的企业,表明圆通的 2015 年生产力较之 2014 年有所下降。

全要素生产力指数主要受效率变动指数(EC)和技术变动指数(TC)的影响。

从技术变动指数(TC)来看,2014—2015 年的样本平均值为 1.055,表明 2015 年相对于 2014 年的技术有所进步,进步程度为 5.5%。国内快递、国际快递、仓储运输类三类企业的样本平均技术变动指数分别为 1.149、1.019、1.045,国内快递企业的样本平均值最高,技术进步了 14.9%。在国内快递企业的样本中,技术变动指数值最高的是中通,为 1.556,最低的是德邦和顺丰,为 1.017,国内快递企业技术整体呈现进步趋势。在国际快递企业中,除了德迅瑞士和 Panalpina 的技术变动指数低于 1 外,其余企业的技术变动指数皆大于 1,德迅瑞士和 Panalpina 的技术变动指数分别为 0.987 和 0.994,技术有较小的退步。在仓储运输类企业中,除了飞马国际的技术变动指数低于 1 外,其余企业的技术变动指数均大于 1,飞马国际的技术变动指数值为 0.727,技术退步较大,退步了 27.3%。

从效率变动指数(EC)来看,2014—2015 年的样本平均值为 0.979,表明 2015 年的效率相对于 2014 年有所退步,效率降低了 2.1%。国内快递、国际快递、仓储运输类三类企业的样本平均效率变动指数分别为 0.979、0.993、0.964,均低于 1,国际快递企业的样本平均值最高,效率降低水平最低。国内快递企业的样本平均效率变动指数恰好等于样本平均值,该类中的所有样本平均效率变动指数均不超过 1,未带来生产力上升反而引起下降,最低值为圆通的 0.885,效率降低了 11.5%。在所有样本中,效率变动指数高于 1 的只有 UPS、Expeditors International、Nippon Express 和德迅瑞士四家企业,分别为 1.056、1.003、1.008 和 1.013,效率进步水平并不是很大。

影响效率变动指数的主要因素是纯技术效率变动指数(PTEC)和规模效率变动指数(SEC)。从纯技术效率变动指数来看,20 家企业的样本平均值为 0.996,国内快递、国际快递、仓储运输类三类企业的样本平均值分别为 1.000、0.999、0.989,表明国内快递企业的技术应用水平没有改变,国际快递企业和仓储运输类企业的技术应用水平都有不同程度的下降。从规模效率变动指数来看,所有样本的平均值为 0.983,三类企业的样本平均值分别为 0.979、0.994、0.977,都出现了规模恶化的现象。从所有样本来看,效率降低既有技术应用水平的影响,也有规模的影响,技术应用水平的影响高于规模的影响。从国内快递企业来看,纯技术效率变动指数为 1,表明它只受规模效率的影响;其他两类企业则同时受技术应用水平和规模的影响。

综合上述分析,2014—2015 年国内快递企业全要素生产力的提升主要来自技术变动,但规模效率有所下降。

2. 2015—2016 年曼奎斯特指数分析

2015—2016 年全要素生产力指数(MI)及其分解如表 6.5 所列。

表 6.5　2015—2016 年全要素生产力指数(MI)及其分解

企业类型	公司名称	EC	TC	PTEC	SEC	MI
国内快递企业样本	顺丰	1.189	0.873	1.083	1.098	1.038
	圆通	1.129	0.854	1.043	1.082	0.964
	德邦	1.000	0.891	1.000	1.000	0.891
	中通	1.000	0.878	1.000	1.000	0.878
	申通	1.000	0.759	1.000	1.000	0.759
	韵达	0.684	0.988	0.696	0.982	0.676
	国内快递企业样本平均	1.000	0.874	0.970	1.027	0.868
国际快递企业样本	DHL	1.095	0.957	1.000	1.095	1.048
	德迅瑞士	1.187	0.855	1.000	1.187	1.016
	Panalpina	1.000	1.011	1.000	1.000	1.011
	FedEx	1.011	0.991	1.009	1.003	1.002
	Nippon Express	1.165	0.850	1.000	1.165	0.990
	Expeditors International	1.135	0.856	1.000	1.135	0.971
	UPS	1.013	0.876	1.000	1.013	0.887
	Ryder System	0.877	0.979	0.878	0.999	0.858
	国际快递企业样本平均	1.060	0.922	0.986	1.075	0.973
仓储运输类样本	飞马国际	1.000	1.814	1.000	1.000	1.814
	华鹏飞	1.000	1.301	1.000	1.000	1.301
	象屿股份	1.046	1.178	1.000	1.046	1.232
	飞力达	1.107	0.890	1.000	1.107	0.985
	中国外运	1.087	0.887	1.003	1.084	0.964
	中储股份	0.972	0.986	0.950	1.024	0.959
	仓储运输类样本平均	1.035	1.176	0.992	1.044	1.209
样本平均		1.028	0.964	0.980	1.049	0.991

从全要素生产力指数来看,2015—2016 年的样本平均值为 0.991,生产力下降了 0.9%。国内快递企业的 MI 样本平均值为 0.868,位于三类企业样本平均值的最低水平。在国内快递企业中,顺丰的全要素生产力指数最高,为 1.038,生产力有微小的提高,提高了 3.8%,也是该类企业样本中唯一高于 1 的企业;韵达的全要素生产力指数最低,为 0.676,也是所有样本中 MI 值最低的,2016 年的生产力相较于 2015 年大幅度下降,下降了 32.4%。在国际快递企业和仓储运输类企业中,各有 50% 企业的全要素生产力指数大于 1,其中国际快递企业的样本平均值为 0.973,生产力下降了

2.7%;仓储运输类企业的样本平均值为1.209,在三类企业中最高,且大于1,生产力提升幅度较大,提高了20.9%,该类企业中的飞马国际的 MI 值最高,也是所有样本中值最高的,为1.814,远大于其他企业,生产力大幅提升,提升了81.4%。

从技术变动指数(TC)来看,2015—2016年的样本平均值为0.964,国内快递、国际快递、仓储运输类三类企业的样本平均值分别为0.874、0.922、1.176,其中国内快递企业的技术退步最多,退步了12.6%,而仓储运输类企业则呈现技术进步,提高了17.6%。在国内快递企业中,所有样本均呈现技术退步的趋势,除韵达的技术退步较小外,其余企业的技术退步均较大。

从效率变动指数(EC)来看,2015—2016年的样本平均值为1.028,三类企业的样本平均值分别为1.000、1.060、1.035,除了国内快递企业的效率不变外,其余两类企业的效率均有所提升,分别提升了6%和3.5%。在国内快递企业的样本中,效率变动值分为三个梯度,顺丰、圆通的效率变动指数大于1,分别为1.189和1.129;德邦、中通和申通的值均为1;韵达低于1,为0.684,也是所有样本中最低的。

从影响效率变动指数的因素来看,样本总体的纯技术效率变动指数(PTEC)的样本平均值为0.980,国内快递、国际快递、仓储运输类三类企业的样本平均值分别为0.970、0.986、0.992,均小于1。样本总体的规模效率变动指数(SEC)的样本平均值为1.049,国内快递、国际快递、仓储运输类三类企业的样本平均值分别为1.027、1.075、1.044,均大于1。可见,纯技术引起了效率下降,但效率能保持不变或上升是规模效率作用的结果。

综合上述分析,2015—2016年国内快递企业全要素生产力的下降主要来自技术变动,但效率没有改变。效率没有变化是纯技术效率降低与规模效率提高共同作用的结果。

3. 2016—2017 年曼奎斯特指数分析

2016—2017年全要素生产力指数(MI)及其分解如表6.6所列。

从全要素生产力指数来看,2016—2017年的样本平均值为1.001,生产力有轻微提升,提升了0.1%。国内快递企业的 MI 样本平均值为1.178,位于三类企业样本平均值的最高水平,生产力提升了17.8%。在国内快递企业中,韵达的全要素生产力指数最高,为1.775,生产力有大幅提升,提升了77.5%,提升幅度大于样本中的其他企业;申通和圆通的全要素生产力指数分别为0.989和0.946,是该类企业中MI值低于1的两家企业,生产力有所下降。国际快递企业的样本平均值为1.025。仓储运输类企业的样本平均值为0.888,生产力下降,从该类企业的样本中观察发现,平均值较低主要受华鹏飞和飞马国际的影响,分别为0.635和0.484,而其余企业的值均大于1。

表 6.6　2016—2017 年全要素生产力指数(MI)及其分解

企业类型	公司名称	EC	TC	PTEC	SEC	MI
国内快递企业样本	韵达	1.462	1.214	1.436	1.018	1.775
	德邦	1.000	1.205	1.000	1.000	1.205
	中通	1.000	1.137	1.000	1.000	1.137
	顺丰	0.979	1.036	1.000	0.979	1.014
	申通	1.000	0.989	1.000	1.000	0.989
	圆通	0.913	1.036	0.957	0.954	0.946
	国内快递企业样本平均	1.059	1.103	1.066	0.992	1.178
国际快递企业样本	Ryder System	1.175	0.989	1.139	1.031	1.162
	UPS	0.993	1.067	1.000	0.993	1.060
	FedEx	1.054	0.994	1.000	1.054	1.048
	Expeditors International	1.000	1.042	1.000	1.000	1.042
	DHL	0.970	1.037	1.000	0.970	1.007
	Nippon Express	0.958	1.040	1.000	0.958	0.997
	德迅瑞士	0.904	1.056	1.000	0.904	0.955
	Panalpina	1.000	0.927	1.000	1.000	0.927
	国际快递企业样本平均	1.007	1.019	1.017	0.989	1.025
仓储运输类样本	象屿股份	1.000	1.146	1.000	1.000	1.146
	中储股份	1.014	1.012	1.029	0.985	1.026
	飞力达	0.978	1.044	1.000	0.978	1.022
	中国外运	0.984	1.029	0.985	0.998	1.012
	华鹏飞	0.741	0.858	1.000	0.741	0.635
	飞马国际	1.000	0.484	1.000	1.000	0.484
	仓储运输类样本平均	0.953	0.929	1.002	0.950	0.888
样本平均		0.999	1.003	1.023	0.976	1.001

从技术变动指数(TC)来看,2016—2017 年的样本平均值为 1.003,国内快递、国际快递、仓储运输类三类企业的样本平均值分别为 1.103、1.019、0.929,除了仓储运输类企业的值下降外,其余两类企业都有不同程度的提升。在国内快递企业中,申通的技术变动指数为 0.989,是唯一一家低于 1 的企业,还有上升的空间;韵达的技术变动指数最高,为 1.214,是所有样本中最高的企业,相较于 2016 年有了长足的进步。

从效率变动指数(EC)来看,2016—2017年的样本平均值为0.999,有轻微的下降,三类企业的样本平均值分别为1.059、1.007、0.953,效率变动状况与技术变动类似。在国内快递企业的样本中,效率变动指数分为三个梯度,韵达的效率变动指数为1.462,远大于其他企业;德邦、中通、申通的效率变动指数为1;顺丰、圆通的效率变动指数低于1,分别为0.979、0.913。

从影响效率变动指数(EC)的因素来看,样本总体的纯技术效率变动指数(PTEC)的样本平均值为1.023,国内快递、国际快递、仓储运输类三类企业的样本平均值分别为1.066、1.017、1.002,均大于1。样本总体的规模效率变动指数(SEC)的样本平均值为0.976,国内快递、国际快递、仓储运输类三类企业的样本平均值分别为0.992、0.989、0.950,均小于1。可见,规模引起了效率下降,纯技术引起了效率上升,但最终造成了效率变动的水平不一。

综合上述分析,2016—2017年国内快递企业的全要素生产力有所上升,上升的原因是效率与技术均有所提高。

4. 2014—2017年曼奎斯特指数分析

2014—2017年全要素生产力指数(MI)及其分解如表6.7所列。

从全要素生产力指数来看,2014—2017年的样本平均值为1.018,这四年来的生产力有所提升,提升了1.8%。国内快递、国际快递、仓储运输类三类企业的MI样本平均值分别为1.109、1.016、0.985,其中国内快递企业的值最高,仓储运输类企业的值最低。在国内快递企业中,中通的全要素生产力指数最高,为1.531,同时也是样本中最高的企业;申通和圆通是国内快递企业中全要素生产力指数低于1的两家企业,分别为0.987和0.732,生产力明显下降。在国际快递企业中,也有两家企业的全要素生产力指数低于1,分别是德迅瑞士和Panalpina,其MI值分别为0.993和0.933。在仓储运输类企业中,象屿股份的MI值最高,为1.408;除象屿股份外,其他企业的MI值均低于1,其中飞马国际的值最低,仅为0.694,也是样本中最低的。

从技术变动指数(TC)来看,2014—2017年的样本平均值1.013。国内快递、国际快递、仓储运输类三类企业的MI样本平均值分别为1.098、0.966、1.045,其中国内快递企业最高,国际快递企业最低。

从效率变动指数(EC)来看,2014—2017年的样本平均值是1.005,三类企业的样本平均值分别为1.010、1.054、0.950。全要素生产力指数(MI)最高的三家企业是中通、象屿股份和韵达,观察发现这三家企业的效率变动指数(EC)都为1,纯技术效率变动指数(PTEC)和规模效率变动指数(SEC)也都是1,但技术变动指数(TC)较大,说明技术进步使得这三家企业的生产力上升。同样,样本中全要素生产力指数最低的企业飞马国际的效率变动指数、规模效率变动指数和纯技术效率变动指数也都是 1,但技术变动指数(TC)远小于 1,说明技术退步造成其生产力大幅下降。

表 6.7　2014—2017 年全要素生产力指数(MI)及其分解

企业类型	公司名称	EC	TC	PTEC	SEC	MI
国内快递 企业样本	中通	1.000	1.531	1.000	1.000	1.531
	韵达	1.000	1.271	1.000	1.000	1.271
	顺丰	1.149	0.937	1.129	1.018	1.077
	德邦	1.000	1.058	1.000	1.000	1.058
	申通	1.000	0.987	1.000	1.000	0.987
	圆通	0.913	0.802	0.957	0.954	0.732
	国内快递企业样本平均	1.010	1.098	1.014	0.995	1.109
国际快递 企业样本	Ryder System	1.000	1.086	1.000	1.000	1.086
	Expeditors International	1.138	0.925	1.000	1.138	1.053
	UPS	1.062	0.973	1.000	1.062	1.034
	DHL	1.019	0.997	1.000	1.019	1.016
	Nippon Express	1.126	0.894	1.000	1.126	1.006
	FedEx	0.999	1.005	1.000	0.999	1.004
	德迅瑞士	1.088	0.913	1.000	1.088	0.993
	Panalpina	1.000	0.933	1.000	1.000	0.933
	国际快递企业样本平均	1.054	0.966	1.000	1.054	1.016
仓储运输 类样本	象屿股份	1.000	1.408	1.000	1.000	1.408
	中国外运	1.058	0.930	0.943	1.122	0.984
	中储股份	0.934	1.052	0.908	1.029	0.983
	飞力达	0.964	0.989	1.049	0.918	0.953
	华鹏飞	0.741	1.198	1.000	0.741	0.888
	飞马国际	1.000	0.694	1.000	1.000	0.694
	仓储运输类样本平均	0.950	1.045	0.983	0.968	0.985
样本平均		1.005	1.013	0.999	1.007	1.018

从影响效率变动指数(EC)的因素来看,样本总体的纯技术效率变动指数(PTEC)的样本平均值为 0.999,国内快递、国际快递、仓储运输类三类企业的样本平均值分别为 1.014、1.000、0.983,从所有样本中观察发现,共有 15 家企业的纯技术效率变动指数为 1,有 3 家企业小于 1,2 家企业大于 1。规模效率变动指数的样本平均值为 1.007,三类企业的样本平均值分别为 0.995、1.054、0.968,其中国际快递企

业的值大于1,国内快递企业和仓储运输类企业的值都小于1。

综合上述分析,在2014—2017年的四年中,国内快递企业的全要素生产力有所上升,上升的原因是效率和技术均有所上升。

6.4.3 小 结

从2014—2017年的曼奎斯特分析结果来看,国内快递企业发生了全要素生产力提升、技术进步、技术效率提升、技术应用水平提高和规模恶化的变化。在2014—2015年、2015—2016年、2016—2017年的三个时间段内,全要素生产力、技术变动、效率变动和技术应用水平都有不同的变化,有时上升,有时不变,有时下降。值得一提的是,国内快递企业的规模效率在三个时间段内一直在下降,从而造成2014—2017年的规模效率下降。因此,国内快递企业可以通过优化规模的方法进一步提高生产力。在国际快递企业中,规模效率在2014—2015年、2015—2016年有所下降,但在2015—2016年有所上升,在2014—2017年的区间内规模效率也有所提高;同样结合之前对规模效率的分析,可以得出虽然国际快递企业的规模状况较差,但也有一定改观的结论。

从全要素生产力来看,2014—2017年国内快递企业的全要素生产力是上升的,虽然国际快递企业也是上升的,但上升幅度低于国内快递企业,而仓储运输类企业的生产力则有所下降。国内快递企业的生产力上升是技术效率提高和技术进步两者共同作用的结果,技术效率有所提升是由于技术应用水平带来的提升大于规模恶化造成的影响。国际快递企业的技术应用水平在四年间没有改变,而且在该类企业的所有样本中,技术应用水平都没有发生改变,可见对于这些国际巨头来说,经过长时间的发展,它们已经找到正确、合理的应用方法。不可否认的是,这些国内上市快递企业的发展时间较短,还有很长一段路要走,希望它们在技术应用水平上能够一直保持提升的趋势。同时,虽然国际快递企业的规模效率较低,但其规模却在不断优化;而国内上市快递企业的规模效率虽然较好,但却在不断恶化,因此,国内快递企业应该注意有计划、有目的地扩大规模,甚至应该缩减规模,以减少乃至消除冗余。

未来的研究可以从以下几个方向进行完善:对投入指标的选取与分析,可以从更具体的角度进行,例如在固定资产中,国际上那些大企业中飞机与发动机等内容在固定资产中占据很大比例,而我国国内快递企业在目前的发展过程中飞机数量相对较少。因此,从投入指标的具体内容方面进行比较分析,得出的结论会更有说服力。在年份的选取上,应当结合研究对象在该年度是否存在重大的决策变动以及是否受到政治政策等因素的影响来考虑。在研究对象的选取上,可以扩充研究对象,选取更多的决策单元并进行更加具体的分类比较,从而使得出的结论更具有针对性。在对物流企业的运作效率进行分析时,可以从更微观的层面着手,比如从研究物流企业的运作流程和决策模式等方面来对具体企业的运作效率进行评价。

参考文献

[1] 杜荣雪,阮国祥.智能自提柜在城市社区应用的可行性分析[J].物流科技,2015,
38(1):133-134,137.

[2] 李昕.我国商业银行缓冲资本的顺周期性差异研究[D].上海:上海外国语大
学,2014.

[3] 郑棣.电商物流"最后一公里"配送模式成本研究[J].物流科技,2015,38(9):
139-141.

[4] 杨聚平.以客户为中心"最后一公里"配送模式研究[D].北京:对外经济贸易大
学,2014.

[5] 王鹏远.B2C 电子商务末端配送问题研究[D].西安:长安大学,2015.

[6] 金正阳.快递末端配送模式分析与优化研究[D].北京:北京交通大学,2017.

[7] 国家邮政局.邮政业发展"十三五"规划[EB/OL].(2023-12-26)[2023-12-30].
http://www.spb.gov.cn/ztgz/gjyzjzt/sswgh/ghwb/201701/t20170111_954980.
html.

[8] 国务院.国务院关于积极推进"互联网＋"行动的指导意见[EB/OL].(2015-07-
04)[2022-12-30].http://www.gov.cn/zhengce/content/2015-07/04/content_
10002.html.

[9] Charnes A,Cooper W W,Rhodes E. Measuring the Efficiency of Decision-Making
Units[J]. European Journal of Operational Research,1978,2(6):429-444.

[10] Zhou X,Luo R,Yao L,et al. Assessing Integrated Water Use and Wastewater
Treatment Systems in China:A Mixed Network Structure Two-Stage SBM
DEA Model[J]. Journal of Cleaner Production,2018,185:533-546.

[11] Holod D,Lewis H F. Resolving the Deposit Dilemma:A New DEA Bank
Efficiency Model[J]. Journal of Banking & Finance,2011,35(11):
2801-2810.

[12] Nayar P,Ozcan Y A. Data Envelopment Analysis Comparison of Hospital
Efficiency and Quality[J]. Journal of Medical Systems,2008,32(3):
193-199.

[13] Markovits-Somogyi R,Bokor,Zoltán. Assessing the Logistics Efficiency of
European Countries by Using the DEA-PC Methodology[J]. Transport,
2014,29(2):137-145.

[14] Yu M M,Hsiao B. Measuring the Technology Gap and Logistics Performance
of Individual Countries by Using a Meta-DEA-AR Model[J]. Maritime Policy
& Management,2016,43(1):98-120.

[15] Ferrari C,Migliardi A,Tei A. A Bootstrap Analysis to Investigate the
Economic Efficiency of the Logistics Industry in Italy[J]. International Journal

of Logistics,2017,21(1):1-15.

[16] 钟祖昌. 我国物流上市公司运营效率的实证研究[J].商业经济与管理,2011,1(4):19-26.

[17] 王玲,陈银宗,范玉.我国邮政业运行机制及其效率分析——基于两阶段 DEA 的评估[J]. 北京交通大学学报(社会科学版),2016,15(3):104-113.

[18] 邹小平,杨晓红.基于 DEA 模型的全国快递业效率评价[J].长沙理工大学学报(社会科学版),2017(4):113-118.

[19] 吴邦雷. 中国上市物流企业绩效分析和对策的研究——以四大类二十家上市物流企业为例[J]. 怀化学院学报,2018,37(3):31-36.

[20] 山红梅,肖雪媛.基于 DEA 和 Tobit 模型的快递企业效率评价及影响因素分析[J].科技与经济,2018,31(6):105-109.

[21] 丁洋洋. 基于 DEA 模型的我国快递业效率实证研究[D]. 北京:北京交通大学,2018.

[22] 徐锐,王浩.我国快递产业运营效率研究[J].物流科技,2015,38(4):41-44.

[23] 吴贵文,黄敬前.我国主要民营快递企业物流绩效评价研究——基于超效率 DEA 模型[J].邮政速递,2013(11):102-103.

[24] 唐建荣,杜娇娇,唐雨辰. 区域物流效率评价及收敛性研究[J]. 工业技术经济,2018,37(6):63-72.

[25] 徐广姝,张学文,张海芳.基于 DEA-ANP 的快递企业绩效评价研究[J].数学的实践与认识,2017,47(10):89-98.

[26] Seiford L M. Data Envelopment Analysis: The Evolution of the State of the Art (1978—1995) [J]. Journal of Productivity Analysis, 1996, 7(2-3): 99-137.

[27] 魏权龄.数据包络分析[M].北京:科学出版社,2004:2.

[28] Adler N, Friedman L, Sinuany-Stern Z. Review of Ranking Methods in the Data Envelopment Analysis Context[J]. European Journal of Operational Research, 2002, 140(2):249-265.

[29] Malmquist S. Index Numbers and Indifference Surfaces[J]. Trabajos de Estadistica, 1953, 4(2):209-242.

[30] Facc R, Grosskopf S. Intertemporal Production Frontiers: With Dynamic DEA[J]. Journal of the Operational Research Society, 1997, 48(6):656-656.

[31] 叶世绮,颜彩萍,莫剑芳. 确定 DEA 指标体系的 B-D 方法[J]. 暨南大学学报(自然科学与医学版), 2004, 25(3):249-255.

第四篇　综合评价

第7章 物流企业综合评价的理论与方法

7.1 物流企业评价

7.1.1 物流企业评价方法

学者们在物流企业评价方法的使用上多种多样,首先是较主观的评价方法,比如层次分析法、模糊综合评价法、平衡记分卡等;其次是客观评价方法,比如主成分分析法、数据包络分析法、熵权法等;还可以结合不同的方法使结果更加合理和准确。

(1)层次分析法

层次分析法(Analytic Hierarchy Process,AHP)最早由美国运筹学家 T. L. Saaty 在 1973 年提出,它是一种可以用来处理多目标决策的简便灵活而又实用的方法,多用于对那些较为复杂、模糊的问题作出判断及决策。AHP 可将那些繁杂的多目标选择问题当成一个有多个步骤的决策系统,即先将决策目标按影响因素分为多个子目标,再根据各个因素间的相互关联和隶属关系按不同层次聚集组合,最终形成层次分析模型。该方法把系统决策问题转换为最底层相对于最高层重要性权重的确定问题。其主要特征是,将原本复杂的多决策问题合理地进行层次化和有序化,并将定性与定量相结合更科学地解决多目标问题。

(2)模糊综合评价法

模糊综合评价法(Fuzzy Comprehension Evaluation,FCE)是能将蕴含信息较模糊的研究对象定量化作比较甚至排序的一种方法。模糊综合评价法以模糊数学为理论依据,利用最大隶属度原则来实现对研究对象的分级。由于模糊综合评价法能够在不清楚研究对象有关信息的情况下对研究对象进行评价,因此该方法也常被用于企业综合评价。这个方法的优点是不需要研究对象的有关指标数据就能对其进行评价,其最终结果是一个蕴含多个信息的向量。但其缺点也很明显,由于指标权重来源于专家的经验,因此必然会给评价带来主观性。

（3）平衡记分卡

平衡记分卡（Balanced Score Card，BSC）是从财务、客户、内部运营、学习与成长四个角度，将组织战略落实为可操作的衡量指标和目标值的一种新型绩效管理体系。平衡计分卡中的目标值和评估指标来源于组织战略，它把组织的使命和战略转化为有形的目标值和衡量指标。在 BSC 中的客户方面，管理者确认了组织将要参与竞争的客户和市场部分，并将目标转换为一组指标，如市场份额、客户留住率、客户获得率、客户满意度、客户获利水平等。在 BSC 中的内部经营过程方面，为了吸引和留住目标市场上的客户，满足股东对财务回报的要求，管理者需关注对客户满意度和实现组织财务目标影响最大的那些内部过程，并为此设立衡量指标。在内部经营过程方面，BSC 重视的不是单纯的对现有经营过程的改善，而是以确认客户和股东要求为起点，以满足客户和股东要求为终点的全新的内部经营过程。在 BSC 中的学习与成长方面，确认组织为了实现长期业绩而必须进行的对未来的投资，包括对雇员的能力和组织的信息系统等方面的衡量。组织在上述各方面的成功必须转化为财务上的最终成功。只有将产品质量、完成订单时间、生产率、新产品开发和客户满意度方面的改进转化为销售额的增加、经营费用的减少和资产周转率的提高，才能为组织带来利益。因此，在 BSC 中的财务方面，列示了组织的财务目标，并衡量战略的实施与执行是否为最终经营成果的改善作出了贡献。BSC 中的目标值与衡量指标是相互联系的，这种联系不仅包括因果关系，而且包括将对结果的衡量与对引起结果的过程的衡量相结合，并最终反映在组织战略上。

（4）主成分分析法

主成分分析法（Principal Component Analysis，PCA）是一种常见的多元统计方法。它将原来相关的各指标分解为相互独立的分量，再对分量进行重组合并。主成分分析就是将原本繁杂的多指标进行合理的综合简化，最终使其变为几个具有代表性的综合指标。也就是说，要在保证尽可能少丢失信息的前提下，对多指标体系进行降维处理。主成分分析法的特点是能对没有经过处理的、毫无规律的指标进行分解、归类、综合，同时剔除信息中的重叠部分，进而从繁杂的关系中找出主成分。使用这种方法的优势在于：能使综合后的指标之间相互独立同时又具有代表性；此外，因为权重不是由人为设定，所以避免了主观性给评价带来的影响。

（5）数据包络分析法

数据包络分析法（Data Envelopment Analysis，DEA）是由 A. Charnes 和 W. W. Cooper 于 1978 年提出的，在解决同类型企业多投入-多产出的效率评价领域具有重要地位。其基本思想是以相对效率为基础理念，将每个评价对象作为一个决策单元，通过对所有决策单元投入/产出指标的比值进行综合比较，来确定生产前沿面曲线。落在生产前沿面上的决策单元称为相对技术有效决策单元，未落在生产前沿面上的决策单元称为相对技术无效决策单元。通过比较技术无效点与生产前沿面之间的距离来评价决策单元的相对效率值,距离越远,相对效率值越高;反之越低。DEA 模型的基础模型是 CCR 模型,是一个在规模报酬不变情况下的技术效率评价模型;通过放宽 CCR 模型的基本假设条件,得到了 BBC 模型和 DEA-Malmquist 模型。随着人们对 DEA 方法研究的进一步深入,传统的 DEA 模型已无法满足人们对绩效评价精准度的追求。为了解决基础 DEA 模型无法比较效率值同为 1 的决策单元的问题,衍生出了超效率 DEA 模型。为了使 DEA 方法更科学,人们在原有决策单元"自评"的基础上加入了"他评",使得评价结果更加公平客观。

(6) 熵权法

熵权法是一种依赖于数据本身离散性的客观赋值法,用于结合多种指标对样本进行综合打分,实现样本间的比较。"熵"原本是广泛用于确定物质在受热状态下的各种热力学指标中的一个度量参数,现在广泛应用于诸多科学领域。按照信息论基本原理的解释,信息是系统有序程度的一个度量,熵是系统无序程度的一个度量;根据信息熵的定义,对于某项指标,可以用熵值来判断该指标的离散程度,其熵值越小,指标的离散程度越大,该指标对综合评价的影响(即权重)就越大,如果某项指标的得分全部相等,则该指标在综合评价中不起作用。熵权法就是利用信息熵来度量变异的程度,计算并得出各个评价指标之间权重比的大小,为多指标综合评价提供依据。

以上几种评价方法没有优劣之分,每种方法都有其适用范围。在选择评价方法前,应对评价对象的性质进行分析,根据研究对象的特点和每种方法对数据依赖性的大小来选择最适合的方法。选择评价指标时还要明确评价目的,根据目的来确定评价的侧重点和建立指标体系。同一种评价方法可能因为指标构成的不同而得出不同的结论,因此指标不仅要全面合理,还要突出评价目的。

7.1.2 物流企业评价指标

学者对物流企业评价的研究有着非常丰富的成果,都分别从各自研究的角度出发建立了物流企业的评价指标体系。本小节从一般评价体系和特定企业评价体系两方面归纳出物流企业评价体系的具体指标。

(1) 一般评价体系

杨德权等提出了交叉效率 DEA 和熵 IAHP 方法,依据系统性、科学性、可操作性、通用性和数据的可获得性原则,从运输、仓储、库存、信息化水平、发展潜力 5 个方面来构建物流企业的评价指标体系,并且每一个指标又分为很多输入指标和输出指标。其中运输指标包括运费占物体价值的百分比、每吨·公里运费、物品损坏率、运力利用率、转载效率、时间利用率、正点运输率 7 个二级指标;仓储指标包括年仓储费用、年储备资金总额、设备利用率、人均年物品周转率 4 个二级指标;库存指标包括物品错发率、库存额、库存周转天数、库存资金占产值百分比、仓库面积利用率、物品完好率、库存结构合理性、供应计划实现率 8 个二级指标;信息化水平指标包括客户变动提前期、平均传输延迟、传输错误率、实时信息的传输量、信息化投资、客户变动的完成率、网络覆盖率 7 个二级指标;发展潜力指标包括平均交货期、净资产利润率、总资产利润率、资金周转率、市场占有率、平均事后客户满意率 6 个二级指标。

刘秉镰等根据平衡记分卡从财务、客户、内部业务、创新与学习绩效评价 4 个方面来构建评价体系。其中财务绩效评价维度包括相对市场份额增加率、权益净利率、流动比率 3 个二级指标;客户绩效评价维度包括客户保持率、客户平均获利率、客户获得率、客户满意率、市场占有率、定制化产品率 6 个二级指标;内部业务绩效评价维度包括单位物流成本指数、配送时间指数、特殊情况配送延时率、考察期内的缺货率、按时交货率、员工专业化比例、综合业务能力、信息系统能力、网络化率、服务网点密度 10 个二级指标;创新与学习绩效评价维度包括员工满意率、研究开发费增长率、设备投入增长率、员工培训比例 4 个二级指标。熊巍等在刘秉镰所构建的物流企业绩效评价指标体系的基础上进一步优化,同样从财务维度、内部业务流程维度、学习与成长维度、客户维度出发来进行绩效评价。其中在财务维度方面,二级指标改变为财务效益状况、发展能力状况、偿债能力状况、资产运营状况 4 个指标;在内部业务流程维度方面,二级指标改变为成本竞争力、硬件配置、可靠性、可得性、作业效率5 个指标。

(2)特定企业评价体系

一些学者在研究物流企业的效率评价时,从具体的某一类型的物流企业出发进行研究,如第三方物流企业、冷链物流企业等。但有些企业由于自身的特点需要加入一些更加具体特殊的评价指标,来使评价结果更加客观。

商红岩,宁宣熙和张滢在进行第三方物流企业绩效评价时,使用了同样的评价指标体系,从功能指标、经营指标、稳定性指标方面进行评价。其中功能性指标包括客户服务水平、配送功能、运输功能、库存功能、采购功能、流通加工功能 6 个二级指标;经营指标包括客户服务水平、管理水平、企业实力、信息化水平、成本水平、盈利能力 6 个二级指标;稳定性指标包括客户服务水平、技术实力、盈利能力、应变能力、企业聚合力、经验指标、企业形象 7 个二级指标。

曲靖根据药品冷链物流企业绩效的主要影响因素,构建了与之相适应的绩效评价指标体系,包括盈利、仓储、物流服务、创新、绿色与可持续发展 5 个方面。企业盈利能力通常通过企业的财务状况来反映,企业盈利能力评价指标包括总资产回报率、资产周转率、净资产收益率、营业收入增长率 4 个二级指标;企业仓储能力评价指标包括冷藏仓储周转率、冷藏仓储利用率、药品仓储损失率 3 个二级指标;物流服务能力评价指标包括药品交货准时率、药品交货准确率、药品完好率、药品质量安全率、客户投诉率 5 个二级指标;创新能力评价指标包括研发投入比、设备更新率、信息准确率 3 个二级指标;绿色与可持续发展能力评价指标包括绿色包装使用率、包装回收利用率、员工培训力度、员工素质能力 4 个二级指标。

效率与绩效是相互关联的,但却是不同的概念。效率被认为是以最少的投入产生预期效果的能力,侧重于投入与产出的比率。绩效是组织为实现其目标而开展的活动在不同层面上的输出,侧重于产出,因此可以将绩效看作是效率的一部分。虽然效率与绩效有着本质的区别,但在部分学者的研究中可以发现,他们并没有明显区分这两个概念,在构建绩效评价指标体系时也考虑了投入因素。

7.2　评价指标选择原则

综合评价指标是综合评价问题的基础和核心,在综合评价问题中,如果选择的指标不够准确合理,则无论收集到的数据如何真实客观,采用的评价方法如何前瞻科学,数据处理得如何精妙准确,其所得到的评价结果必然会偏离评价目标。进一步,基于此评价结果所作出的管理决策不仅不会有效服务于管理实践,改善管理过程、优化管理措施和提升管理效果,反而会错误引导管理实践过程,产生消极负面的管理效果。为了进行科学有效的综合评价,在指标的选择与构建过程中应该遵循以下原则。

(1) 目标导向性

指标是目标的具体化描述。因此,评价指标要能真实体现和反映综合评价的目的,准确刻画和描述对象系统的特征,涵盖为实现评价目的所需的基本内容。同时,评价指标也要为评价对象和评价主体实现评价目的或提高评价目标提供努力和改进的方向,即评价指标在体现评价目的的基础上也应具有一定的导向性。在选取时要找到能够真正衡量末端配送企业经营水平的指标,这样才能根据评价结果提出改善经营效率的方法。

(2) 全面性

评价指标是对对象系统某一特征的描述和刻画,而评价指标集则应能较全面地反映被评价对象系统的整体性能和特征,能从多个维度和层面综合衡量对象系统的属性。当然,这种全面性并不是要求评价指标体系能 100% 完整地表达出对象系统的全部特征(事实上,也很难做到这一点),通常情况下,只要求评价指标体系能表达出评价对象的主要特征和主要信息即可。对于一个复杂的对象系统,在完备性基础上构建的指标体系一般都具有一定的类别性和层次性。因此,要评价的指标可以根据评价对象的特征从不同维度进行构建。

(3) 易获得性

易获得性指评价指标的可获得性及获取的成本。首先,综合评价指标体系中的每一个评价指标,无论是定性指标还是定量指标,都要求指标能够被观测与可衡量,换句话说,评价指标的评价数据可被采集,或者可被赋值,否则该指标的设定就没有任何意义。其次,评价指标的设计要能尽量规避或降低评价数据造假和失真的风险,评价指标数据应尽可能地公开和客观获取。最后,要综合权衡评价指标数据的获取成本及评价活动所带来的收益问题,一般情况下,评价指标的数据应易于采集,观测成本不宜太大。

(4) 独立性

独立性是要求每个指标要内涵清晰,尽可能地相互独立,同一层次的指标之间应尽可能不相互重叠,不相互交叉,不互为因果,不相互矛盾,保持较好的独立性。对于多层级的综合评价指标体系,应根据指标的类别性与层次性,建立自上而下的递阶层次结构,上下级指标保持自上而下的隶属关系,指标集与指标集之间、指标集内部各指标之间应避免存在相互反馈和相互依赖,要保持良好的独立性。应以较少的指标较全面地反映评价对象的表现,既要避免指标体系过于庞杂,又要避免单因素选择。

(5) 显著性

在理想情况下,综合评价指标体系应100%地描述和覆盖对象系统的全部特征,且指标之间应该保持完全独立,线性无关。但在现实实践中,这种理想状态几乎不可能达到。因此在评价指标体系的设计过程中,并不是指标数量越多越好,指标数量越多,一方面评价数据的获取成本和信息集成成本越大,另一方面也极可能导致数据冗余。一般情况下,在综合指标体系中,应保留主要的关键指标,剔除次要的非关键指标。判定指标是否关键的主要依据就是该指标对总体评价的贡献大小,贡献越大,该指标的显著性越高,可作为关键指标;反之,显著性越低,可作为非关键指标。

(6) 可比性

可比性指在不同时期及不同对象之间的比较,即纵向比较和横向比较。纵向比较是同一对象的某一时期与另一时期的对比。评价指标满足可比性条件指各项指标、各种参数的内涵和外延保持稳定,且用以计算各指标相对值的各个参考值(标准值)保持不变。横向比较是不同对象之间的对比,以找出共同点,并按照共同点来选择评价指标。该指标应易于理解和有一致的认知。

综上,综合评价指标选择的原则是,综合评价问题的对照依据与参考标准要能够对综合评价问题提供指导。目标导向性、全面性、易获得性、独立性、显著性、与可比性从不同层面较为完整地反映出选择综合评价问题指标时需要满足的基本要求。

第8章 快递网点运营效率的组合评价方法

评价方法的选择对评价结果的客观性和可靠性具有关键影响。本章在讨论5种常见的综合评价方法（熵权法、主成分分析法、理想点法、超效率DEA法和CRITIC法）的基础上，应用5种不同的组合评价方法（平均值法、Borda法、Copeland法、偏差平方最小法和整体差异法）对单一评价方法的结果进行综合，来对组合评价结果进行有效性分析。

8.1 研究背景

2010—2020年，快递行业一直保持着快速发展（见图8.1），已经成为居民日常生活中不可或缺的基础保障性行业之一。2020年疫情起初也给快递行业带来了负面影响，电商行业延迟开工致订单减少，交通管制阻碍快递的运输，人流限制造成快递员返岗困难、派送受阻；但疫情也促进了人们购物习惯向线上的转变，随着中国疫情逐渐平稳，快递业实现了逆势增长。根据国家邮政局公布的数据显示，2020年，全国快递业务总量为833.6亿件，同比增长31.2％，连续七年稳居世界第一。巨大的快递业务量和消费者对快递服务质量、时效性的高需求大大加强了快递末端配送的压力，提高效率是快递网点缓解自身生存压力、快递企业提升竞争力的关键因素，因此对快递网点的运营效率进行评价能够帮助网点了解其经营现状、影响效率的主要指标和自身的优劣势，以便进行有针对性的改进。

查阅文献可以发现，国内外建立的综合评价方法有数百种之多，每种评价方法的评价角度不同，因此在应用各种方法进行评价时其结论往往存在差异，而且很难做到全面性评价。在实际评价工作中，评价者可能会对评价方法的选取融入主观喜好，或者为了达到想要的结果而进行操纵。为了得到更准确、更全面的评价结果来达到更加公允的效果，往往需要综合多种单一评价方法的结果，这就构成了组合评价。各种方法的组合能够从多角度、全方位对被评价对象进行考察，以避免单一评价方法的片面性和不稳定性，增强评价结果的稳健性。组合评价方法能够解决多种单一评价方法的结论非一致问题；但是，因组合方式的不同，其组合评价的值也不一样，又导致产生新的非一致问题。要想解决这个问题，就必须对各组合评价方法

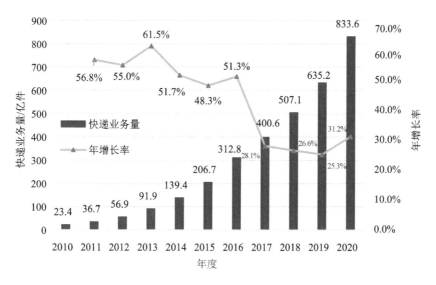

图 8.1　2010—2020 年中国快递业务量及年增长率

的有效性进行分析和比较,以确定哪种组合评价方法在何种情况下更有效。

在有关快递物流评价的研究领域中,学术界已经进行了较多研究。Hall(1989)把快递业的运营效率与快递公司中心设施的选址问题结合在一起,提出了一种中心设施选址枢纽模型,通过仿真实验和实际分析得出枢纽布局与网络优化对提高快递业运营效率大有帮助的结论。Kozlowska(2014)运用超效率 DEA 模型和 Malmquist 指数评估波兰快递业的技术效率,23 家公司的平均得分都在 60 以上,表明快递公司都合理地利用了资源。同时 Malmquist 指数也显示快递公司的投入/产出比有所改善。Chodakowska 和 Nazarko(2016)认为传统的 DEA 模型忽视了内部服务和产品的链接过程,进而介绍了处理多阶段过程的网络 DEA 模型来评估快递公司的效率。邹小平和杨晓红(2017)对 2015 年我国 31 个省份快递业的运营效率进行评价,通过使用 DEA 模型,选取合适的投入/产出指标,发现区域快递业的效率相差较大,表现为沿海发达地区的快递运营效率高于内陆地区。马静和初铭畅(2017)基于主成分分析法探讨快递企业竞争力的影响因素,发现市场占有率、企业知名度、服务水平等为主要影响因素。温丽琴等(2019)应用网络层次法对中国跨境电商物流企业的国际竞争力指标确定权重,进而应用理想点法对几家快递品牌进行评价排序。吕冬梅(2019)采用熵权法和优化后的 SERVQUAL 模型建设快递企业物流服务质量评价体系,根据案例分析的结果从经营管理模式、信息系统建设、员工素质提高等方面提出优化策略,以帮助快递企业实现持续稳定的发展,整体提高客户满意度的目标。

现有的有关快递物流评价的研究多聚焦在企业、行业和区域等宏观层面,并且大部分采用单一的综合评价方法,而对快递网点运营效率评价的研究并不多见。

本章将从组合评价的角度出发,选取 20 个快递网点作为样本,构建快递网点的运营效率评价指标体系,在分别应用熵权法、主成分分析法、理想点法、超效率 DEA 法和 CRITIC 法等 5 种客观评价方法进行评分的基础上,采用不同的组合评价模型综合单一评价的结果,并对不同组合评价方法的有效性进行分析和比较,得到相对有效的评价方法,从而在一定程度上提高评价结果的可靠性。

我国的快递行业处在飞速发展阶段,在我国经济稳定运行、信息技术快速发展、"无接触配送"优势被消费者认可的背景下,仍具有广阔的发展空间,但光明的前景也充满挑战。居高不下的经营成本和持续被压缩的利润空间使得末端快递网点承担着巨大的生存压力。对快递网点的运营效率进行评价能够帮助网点认识自身和整体的经营现状,对标效率较高的网点,优化资源配置,提高运营效率。此外,组合评价模型能够解决多种单一评价结果不一致的问题,不同组合评价模型结果的有效度分析又能解决新产生的非一致问题,使得最后得到的评价结果更加准确可靠,同时还能得到何种评价方法更适合于快递网点运营效率的评价问题。

8.2 单一评价方法

不同的评价方法有着不同的侧重点和机理。熵权法用熵值来判断某个指标的离散程度,其信息熵值越小,指标的离散程度越大,该指标对综合评价的影响(即权重)就越大,进而体现出评价对象在指标上的差异。主成分分析法的目的是在尽量减少原始指标数据信息损失的情况下,剔除信息中的重叠部分,从繁杂的关系中找出主成分,使综合后的指标之间相互独立且具有代表性。理想点法是通过检测评价对象与最优解、最劣解的距离来进行排序,它对原始数据信息的利用最充分,其结果能精确反映各评价对象之间的差距,但体现不出各个指标对评价结果的不同影响程度。超效率数据包络分析法是对传统数据包络分析法(Data Envelopment Analysis,DEA)的改进,传统 DEA 模型只研究投入和产出,对指标的权重无要求,但存在计算出的效率值限制在 0~1 范围内的局限性,超效率 DEA 法的超效率指计算出的效率值允许超过 1,可以对各决策单元进行比较和排序。CRITIC 法基于评价指标的对比强度和冲突性来综合衡量指标的客观权重,兼顾指标的差异性和指标之间的相关性。这 5 种单一评价方法的特点如表 8.1 所列。下面详解介绍这 5 种方法的含义和思路。

表 8.1 单一评价方法的特点对比

单一评价方法	指标差异性	指标相关性	其 他
熵权法	√	—	信息量大小
主成分分析法	—	√	信息浓缩

单一评价方法	指标差异性	指标相关性	其　　他
理想点法	—	—	充分利用原始数据
超效率 DEA 法	—	—	只研究输入/输出数据,对权重无要求
CRITIC 法	√	√	—

8.2.1　熵权法

1. 含　义

熵权法是一种依赖于数据本身离散性的客观赋值法,用于结合多种指标对样本进行综合打分,实现样本间的比较。按照信息论基本原理的解释,信息是系统有序程度的一个度量,熵是系统无序程度的一个度量。根据信息熵的定义,对于某项指标,可以用熵值来判断该指标的离散程度,其熵值越小,指标的离散程度越大,该指标对综合评价的影响(即权重)就越大,如果某项指标的得分全部相等,则该指标在综合评价中不起作用。熵权并不是某指标在决策或评估问题中的实际意义上的重要性系数,而是在给定被评价对象集合后,在各种评价指标值确定的情况下,表示各指标在竞争意义上的相对激烈程度系数。

熵权法就是利用信息熵来度量变异的程度,计算并得出各个评价指标之间权重比的大小,为多指标综合评价提供依据。但是该方法缺乏多个指标之间的横向比较,而且各指标的权重随着样本的变化而变化,权重依赖于样本。

2. 思　路

(1) 数据标准化

假设给定 m 个样本,n 个指标($i=1,2,\cdots,m;j=1,2,\cdots,n$),$x_{ij}$ 为第 i 个样本的第 j 项指标的数值,$X_j=\{x_{1j},x_{2j},\cdots,x_{mj}\}$。

正向指标:

$$y_{ij}=\frac{x_{ij}-\min X_j}{\max X_j-\min X_j}$$

逆向指标:

$$y_{ij}=\frac{\max X_j-x_{ij}}{\max X_j-\min X_j}$$

中间指标:

$$\begin{cases} y_{ij} = \dfrac{\max X_j - x_{ij}}{\max X_j - x_0}, & x_{ij} \geqslant x_0 \\[3mm] y_{ij} = \dfrac{x_{ij} - \min X_j}{x_0 - \min X_j}, & x_{ij} < x_0 \end{cases}$$

其中，x_0 是设定的理想值。

（2）求各指标的信息熵

根据信息论中信息熵的定义，一组数据的信息熵为

$$E_j = -(\ln m)^{-1} \sum_{i=1}^{m} p_{ij} \ln p_{ij}$$

$$p_{ij} = \frac{y_{ij}}{\sum\limits_{i=1}^{m} y_{ij}}$$

其中，p_{ij} 为第 j 项指标在第 i 个样本中占该指标的比重，如果 $p_{ij} = 0$，则 $\ln p_{ij}$ 毫无意义，故需要对 p_{ij} 加以修正，修正后的公式为

$$p_{ij} = \frac{1 + y_{ij}}{\sum\limits_{i=1}^{m} (1 + y_{ij})}$$

（3）确定各评价指标的权重

根据信息熵的计算公式，计算出各指标的信息熵为 $E_1, E_2, \cdots, E_n$。通过信息熵计算各指标的权重为

$$w_j = \frac{1 - E_j}{n - \sum\limits_{j=1}^{n} E_j}$$

其中，$1 - E_j$ 是第 j 项指标的差异系数，即第 j 项指标的熵值越小，指标变异程度越大。

（4）计算综合得分

综合得分为

$$s_i = \sum_{j=1}^{n} w_j y_{ij}$$

8.2.2 主成分分析法

1. 含　义

主成分分析法（Principal Component Analysis，PCA）是一种常见的多元统计方法。它将原来相关的各指标分解为互相独立的分量，再对分量进行重组合并。主成

分分析就是将原本繁杂的多指标进行合理的综合简化,最终使其变为几个具有代表性的综合指标。也就是说,要在保证尽可能少丢失信息的前提下,对多指标体系进行降维处理。主成分分析法的特点是能对没有经过处理的、毫无规律的指标进行分解、归类、综合,同时剔除信息中的重叠部分,进而从繁杂的关系中找出主成分。使用这种方法的优势在于,能使综合后的指标之间相互独立同时又具有代表性;此外,因为权重不是由人为设定,所以避免了主观性给评价带来的影响。

2. 思　路

主成分分析法的数学模型的构建过程主要包括:构建矩阵与归一化、正交分解与协方差计算及成分矩阵计算等。

(1) 构建矩阵与归一化

首先,将原始的众多变量汇总形成二维矩阵,原始坐标分别为变量类别和其他详细信息。为确保后续计算过程中各个指标的稳定性,需要将整个矩阵进行标准化处理,一般采用归一化方法,归一化后的矩阵可以直接作为原始输入数据进行主成分分析。

(2) 正交分解与协方差计算

正交分解是主成分分析的核心运算,主要采用协方差矩阵和特征向量来对原矩阵进行替换计算,通过将原始变量进行相关系数矩阵的计算,来得到对应的特征值和特征向量,进而得到协方差矩阵,根据协方差矩阵得到分解后的特征向量,再根据方差及其贡献来选择成分。一般来说,当主成分的贡献比例达到 90% 时,即可认为满足了用部分替代整体的要求。

(3) 成分矩阵计算

根据所选取的主成分,按照其方差值计算成分矩阵,可以得到每个正交分解后原始变量在主成分中的贡献占比情况,主成分的成分矩阵系数则是每个主成分中各个变量的占比情况,即权重。由原始变量和新形成的主成分可以构建二者之间的定量计算关系。

8.2.3　理想点法

1. 含　义

将逼近样本点或理想点的排序方法(the Technique for Order Preference by Similarity to Ideal Solution,TOPSIS)简称为理想点法。其基本原理是通过检测评价对象与最优解、最劣解的距离来进行排序,若评价对象最靠近最优解同时又最远离最劣解,则为最好;否则为最差。其中最优解的各指标值都达到各评价指标的最优值,最劣解的各指标值都达到各评价指标的最差值。"正理想解"和"负理想解"是TOPSIS法的两个基本概念。所谓正理想解是设想的最优的解(方案),它的各个属性值都达到各备选方案中的最好值;而负理想解是设想的最劣的解(方案),它的各个属性值都达到各备选方案中的最坏值。方案排序的规则是把各备选方案与理想解和负理想解作比较,若其中有一方案最接近理想解,而同时又远离负理想解,则该方案是备选方案中最好的方案。

理想点法的主要优点是:对原始数据信息的利用最为充分,其结果能精确反映各评价方案之间的差距;对数据分布及样本含量、指标多少没有严格的限制,数据计算亦简单易行;不仅适合小样本资料,也适用于多评价对象、多指标的大样本资料。主要缺点是:在确定正理想解与负理想解后,各个评价对象至理想解的距离计算过于简单,体现不出各个指标对评价结果的不同影响程度。

2. 思 路

理想点法的评价思路是:
① 构造同趋势化或同向化的初始矩阵;
② 对初始矩阵进行归一化或标准化处理;
③ 构造加权规范化的矩阵;
④ 确定正理想解和负理想解;
⑤ 计算各评价对象到正理想解和负理想解的距离;
⑥ 计算各评价对象与理想解的相对接近度;
⑦ 对各评价对象进行排序。

8.2.4 超效率数据包络分析法

1. 含 义

超效率数据包络分析模型(Super Efficiency DEA,SE-DEA)是根据传统DEA模型所提出的新模型。传统DEA模型如最基本的CCR模型对决策单元的规模有效性和技术有效性同时进行评价,BCC模型用于专门评价决策单元的技术有效性,但CCR和BCC模型只能区分出有效率和无效率的决策单元,而无法进行比较和排序。超效率DEA模型与CCR模型的不同之处在于,在评价某个决策单元时将其排除在决策单元集合之外,这样使得CCR模型中相对有效的决策单元仍保持相对有效,同时不会改变CCR模型中相对无效决策单元在超效率DEA模型中的有效性,从而可以弥补传统DEA模型的不足,且计算出的效率值不再限制在0~1的范围内,而允许效率值超过1,以便可以对各决策单元进行比较和排序。

2. 思　路

假设有 n 个决策单元,它们的输入和输出分别为 x_j,y_j $(j=1,2,\cdots,n)$,对于第 j_0 $(1\leqslant j_0\leqslant n)$ 个决策单元,SE-DEA 模型计算其超效率值的评价表达式为

$$\min \theta - \varepsilon \left(\sum_{i=1}^{m} s_i^- + \sum_{r=1}^{s} s_r^+ \right)$$

$$\mathrm{s.t.} \quad \sum_{j=1}^{n} x_{ij}\lambda_j + s_i^- = \theta x_{ij_0}, \quad i=1,2,\cdots,m$$

$$\sum_{j=1}^{n} y_{rj}\lambda_j - s_r^+ = y_{rj_0}, \quad r=1,2,\cdots,s$$

$$\lambda_j, s_i^-, s_r^+ \geqslant 0, \quad j=1,2,\cdots,j_0-1,j_0+1,\cdots,n$$

其中,θ 为第 j_0 个决策单元的超效率值;ε 为非阿基米德无穷小量;n 为决策单元个数,每个决策单元均包括 m 个输入变量和 s 个输出变量;s_i^-,s_r^+ 分别为输入和输出变量的松弛变量;x_{ij} 表示第 j 个决策单元在第 i 个输入(投入)指标上的值,y_{rj} 表示第 j 个决策单元在第 r 个输出(产出)指标上的值;λ_j 为输入/输出指标的权重系数;θ,λ_j,s_i^-,s_r^+ 为未知参量,可由模型求解。

当 $\theta \geqslant 1$,且 $s_i^- = s_r^+ = 0$ 时,称第 j_0 个决策单元是 DEA 有效,且为规模和技术有效,θ 值越大,有效性越强。

当 $\theta \geqslant 1$,且 $s_i^- \neq 0$ 或 $s_r^+ \neq 0$ 时,称第 j_0 个决策单元是 DEA 弱有效。

当 $\theta < 1$,或 $s_i^- \neq 0$ 且 $s_r^+ \neq 0$ 时,称第 j_0 个决策单元是 DEA 无效,且为规模无效或技术无效。

8.2.5　CRITIC 法

1. 含　义

CRITIC 法是基于评价指标的、通过对比强度和指标之间的冲突性来综合衡量指标的客观权重的评价方法。该方法在考虑指标变异性大小的同时兼顾指标之间的相关性,并非指标的数值越大越重要,而是完全利用数据自身的客观属性进行科学评价。对比强度指同一个指标的各个评价方案之间取值差距的大小,该值以标准差的形式来表现。标准差越大,说明波动越大,即各方案之间的取值差距越大,权重会越高;指标之间的冲突性用相关系数来表示,若两个指标之间具有较强的正相关,则说明其冲突性较小,权重也会较低。

对于 CRITIC 法而言,当标准差一定时,指标间的冲突性越小,权重也越小;冲突性越大,权重也越大;另外,当两个指标间的正相关程度越大(相关系数越接近 1)时,

冲突性越小,表明这两个指标在评价方案的优劣上所反映的信息有较大的相似性。

2. 思 路

假设给定 m 个样本、n 个指标($i=1,2,\cdots,m$；$j=1,2,\cdots,n$),x_{ij} 为第 i 个样本的第 j 项指标的数值。

（1）无量纲化处理

正向指标为

$$y_{ij} = \frac{x_{ij} - \min X_j}{\max X_j - \min X_j}$$

逆向指标为

$$y_{ij} = \frac{\max X_j - x_{ij}}{\max X_j - \min X_j}$$

中间指标为

$$\begin{cases} y_{ij} = \dfrac{\max X_j - x_{ij}}{\max X_j - x_0}, & x_{ij} \geqslant x_0 \\ y_{ij} = \dfrac{x_{ij} - \min X_j}{x_0 - \min X_j}, & x_{ij} < x_0 \end{cases}$$

其中,x_0 是设定的理想值。

（2）指标变异性

指标变异性为

$$\begin{cases} \bar{x}_j = \dfrac{1}{m} \sum_{i=1}^{m} x_{ij} \\ S_j = \sqrt{\dfrac{\sum\limits_{i=1}^{m} (x_{ij} - x_J)^2}{m-1}} \end{cases}$$

（3）指标冲突性

指标冲突性为

$$R_j = \sum_{j=1}^{n} (1 - r_{ij})$$

其中,r_{ij} 表示评价指标 i 和 j 之间的相关系数。

（4）信息量

信息量为

$$C_j = S_j \sum_{j=1}^{n} (1 - r_{ij}) = S_j \times R_j$$

（5）客观权重

客观权重为

$$W_j = \frac{C_j}{\sum\limits_{j=1}^{n} C_j}$$

8.3　组合评价方法

最早针对组合评价的研究是基于排序值,即定序尺度,郭显光提出的平均值法、Borda 法和 Copeland 法是最经典的组合评价方法。但是,定序尺度容易造成部分信息的丢失,使结果失真,因为评价值比排序值包含的信息量更大。鉴于此问题,彭勇行提出了偏差平方最小法,即以组合评价向量与多种单一评价值组成的向量之间的矢量差的平方和最小为目标函数,通过构造最优化模型,导出组合评价权向量。郭亚军和易平涛提出了整体差异法,即根据"少数服从多数,集体关注"的思想建立数学规划,以最大限度拉开被评价对象之间的整体差异,该方法能够在组合中强化一致性高的方法,弱化一致性弱的方法。下面详细介绍这 5 种组合评价方法的思想和算法步骤。

设组合评价问题有 n 个被评价对象,m 种评价方法,其中,$i=1,2,\cdots,n; j=1,2,\cdots,m$。

8.3.1　平均值法

若 y_{ij} 为被评价对象 o_i 在第 j 种评价方法下的排序值,则先用变换
$$R_{ij} = n - y_{ij} + 1$$
将排序值转换为分数,即第 1 名得 n 分,$\cdots$,第 j 名得 $n-j+1$ 分,$\cdots$,第 n 名得 1 分,其中若有相同的名次,则取这几个分数的平均分;然后计算在不同方法下得分的平均值
$$\bar{R}_i = \frac{1}{m} \sum_{j=1}^{m} R_{ij}$$
再按 $\bar{R}_i$ 排序。若有两个被评价对象 $\bar{R}_i = \bar{R}_j$,则计算在不同方法下得分的标准差
$$\sigma_i = \sqrt{\sum_{j=1}^{m} (R_{ij} - \bar{R}_i)^2 / m}$$
,标准差小者为优。

8.3.2　Borda 法

将评价者认为 o_i 优于 o_j 的人数大于认为 o_j 优于 o_i 的人数记为 $o_i > o_j$,将两者人数相等记为 $o_i \sim o_j$。

设 $B = \{b_{ij}\}_{n \times n}, b_{ij} = \begin{cases} 1, & o_i > o_j, \\ 0, & 其他。 \end{cases}$

记被评价对象 o_i 的得分为 $b_i = \sum\limits_{j=1}^{n} b_{ij}$，依 b_i 的大小再给 o_i 排序，若有 $b_i = b_j$，则取其标准差小者为优。

8.3.3 Copeland 法

Copeland 法与 Borda 法的不同之处在于不但计算优的次数，同时还要计算劣的次数，即定义

$$c_{ij} = \begin{cases} 1, & o_i > o_j \\ 0, & 其他 \\ -1, & o_i < o_j \end{cases}$$

定义被评价对象 o_i 的得分为 $c_i = \sum\limits_{j=1}^{n} c_{ij}$，依 c_i 的大小再给 o_i 排序，若有 $c_i = c_j$，则取其标准差小者为优。

8.3.4 偏差平方最小法

设第 j 种评价方法得到的方案归一化评价值向量为 $\boldsymbol{H}_j = (h_1^{(j)} \cdot h_2^{(j)}, \cdots, h_n^{(j)})^{\mathrm{T}}$，其中，$\sum\limits_{i=1}^{n} h_i^{(j)} = 1$。组合评价值向量为 $\boldsymbol{H}_0 = (h_1^{(0)}, h_2^{(0)}, \cdots, h_n^{(0)})^{\mathrm{T}}$，$H_0$ 与 H_j 的偏差为 $\boldsymbol{H}_0 - \boldsymbol{H}_j = (h_1^{(0)} - h_1^{(j)}, h_2^{(0)} - h_2^{(j)}, \cdots, h_n^{(0)} - h_n^{(j)})^{\mathrm{T}}$，在使偏差平方最小的前提下，构造最优化模型

$$\min \sum_{j=1}^{m} (\boldsymbol{H}_0 - \boldsymbol{H}_j)^2$$

$$\text{s. t.} \quad \sum_{i=1}^{n} h_i^{(0)} = 1$$

求解得到唯一解

$$h_i^{(0)} = \frac{1}{n} + \frac{1}{nm} \left(n\beta_i - \sum_{i=1}^{n} \beta_i \right), \quad i = 1, 2, \cdots, n$$

令 $\beta_i = \sum\limits_{j=1}^{m} h_i^{(j)}$，则组合评价值向量可以简化为

$$h_i^{(0)} = \frac{1}{m} \sum_{j=1}^{m} h_i^{(j)} + \frac{1}{n} \left(1 - \frac{1}{m} \sum_{j=1}^{m} \sum_{i=1}^{n} h_i^{(j)} \right)$$

8.3.5　整体差异法

若使用的评价方法恰当,则任何一种评价方法所得出的结论都是对被评价对象客观状态在某个视角下的反映,因而不同评价方法得出的结论之间一般会有一定的相关性,相关性的强弱体现了评价方法之间一致性程度的大小,组合评价方法中需要突出与多评价结论全体一致性程度较高的那些方法的作用,同时兼顾一致性程度较低的那些方法所承载的评价信息(仅弱化其作用,而不完全剔除该方法),从而既对多评价结论进行了优化组合,又充分利用了所有的评价信息,达到了较好的评价效果。

算法步骤如下:

步骤 1:按 $h'_{ij} = \dfrac{h_{ij} - \bar{h}_j}{\sigma_j}(i=1,2,\cdots,n;j=1,2,\cdots,m)$ 对多种单一评价方法的评价值矩阵进行标准化处理,得到 $\boldsymbol{H}$;

步骤 2:求解实对称矩阵,$\boldsymbol{Z} = \boldsymbol{H}^{\mathrm{T}}\boldsymbol{H}$;

步骤 3:求 $\boldsymbol{Z}$ 的最大特征值以及相应的标准特征向量 $\boldsymbol{\omega}'$;

步骤 4:根据标准特征向量 $\boldsymbol{\omega}'$ 中各分量的取值情况确定组合加权向量 w;

步骤 5:将 w 代入式子 $h_i^* = w_1 h_{i1} + w_2 h_{i2} + \cdots + w_m h_{im}$,计算各被评价对象的组合评价值并进行排序。

8.3.6　组合评价方法的相对有效性

假设单一评价方法的论域为 $S = \{s_1, s_2, \cdots, s_m\}$,用 m 种单一评价方法对 n 个被评价对象进行综合评价,得到 m 个单一评价值向量 $\boldsymbol{y}_1, \boldsymbol{y}_2, \cdots, \boldsymbol{y}_m$。设在这 m 个单一评价值向量中,最接近方案真实评价结果的是 $\boldsymbol{y}_j(j=1,2,\cdots,m)$,那么,当使用组合评价方法对这 m 个单一评价值向量进行组合时,若组合结果比 $\boldsymbol{y}_j$ 更(或者同样)接近方案的真实评价结果,那么就认为该组合评价方法是有效的,且接近的程度越大越有效;反之,该组合评价方法是无效的。相对有效性的分析思路如下。

假设 n 个参评方案在 m 个单一评价方法的评价结果下构成的排序矩阵为

$$\boldsymbol{Y} = \left[y_{ij} \right]_{n \times m} = \begin{bmatrix} y_{11} & y_{12} & \cdots & y_{1m} \\ y_{21} & y_{22} & \cdots & y_{2m} \\ \vdots & \vdots & & \vdots \\ y_{n1} & y_{n2} & \cdots & y_{nm} \end{bmatrix}$$

其中,y_{ij} 为第 i 个方案在第 j 种评价方法下的排序位次(评价结果由高到低进行排序)。根据假设,若第 $j(j=1,2,\cdots,m)$ 种评价方法的排序结论 $\boldsymbol{y}_j = (y_{1j}, y_{2j}, \cdots, y_{nj})^{\mathrm{T}}$ 为正确的优劣排序 $\boldsymbol{y}^{(0)} = (y_1^{(0)}, y_2^{(0)}, \cdots, y_n^{(0)})^{\mathrm{T}}$,则在剩下的 $m-1$ 个排序结论

中存在一个与 $\boldsymbol{y}^{(0)}$ 最接近的排序结论,且设其有 $v_j(0 \leqslant v_j \leqslant n)$ 个参评方案的位置与 $\boldsymbol{y}^{(0)}$ 相同。

待分析的组合评价方法有 q 种,其组合排序结论依次用 $\boldsymbol{z}_{组}^{(1)}, \boldsymbol{z}_{组}^{(2)}, \cdots, \boldsymbol{z}_{组}^{(q)}$ 表示,将 $\boldsymbol{z}_{组}^{(k)}(k=1,2,\cdots,q)$ 与正确排序结论 $\boldsymbol{y}^{(0)}$ 相比较,则分别有 $v^{(k)}$ 个参评方案排序位置与正确排序相同。比较 v_j 与 $v^{(k)}(1 \leqslant k \leqslant p)$ 的大小,如果 $v^{(k)} \geqslant v_j$,则第 k 种组合评价方法是有效的,否则该方法是无效的。

定义 1 在 $v^{(k)} \geqslant v_j$ 的情况下,第 k 种组合评价方法是正有效的;在 $v^{(k)} \leqslant v_j$ 的情况下,第 k 种组合评价方法是负有效的。则称

$$\varepsilon_{kj} = \frac{v^{(k)} - v_j}{n} \quad (1 \leqslant k \leqslant p; j=1,2,\cdots,m) \tag{8.1}$$

为第 k 种组合方法在第 j 种综合评价排序结论为正确排序情况下的相对有效系数。

事实上,$\boldsymbol{y}_j$ 可能并不是 $\boldsymbol{y}^{(0)}$,假设在 $\boldsymbol{y}^{(0)}$ 无法确知的情况下,$\boldsymbol{y}_j$ 即是 $\boldsymbol{y}^{(0)}$ 的概率为 p_j。运用每一种单一评价方法得到的排序结论 $\boldsymbol{y}_j$ 都可以看作是从某个角度对客观排序结论 $\boldsymbol{y}^{(0)}$ 的一种反映,理论上接近的单一评价方法越多,其成为 $\boldsymbol{y}^{(0)}$ 的相对可能性越大,因此可以依据它们的相关程度来确定概率 p_j。同时,选用斯皮尔曼等级相关系数作为一致性程度的衡量方法,其计算公式为

$$\eta_{jl} = 1 - \frac{6\sum_{i=1}^{n} \rho_i^2}{n(n^2-1)} \tag{8.2}$$

其中,η_{jl} 为第 j 种排序结论与第 l 种排序结论的等级相关系数;ρ_i 为该两种评价方法对第 i 个被评价对象的排序等级差。

定义 2 对于任意的评价排序结论 $\boldsymbol{y}_j(j=1,2,\cdots,m)$,称 $\bar{\eta}_j$ 为 $\boldsymbol{y}_j$ 与其余排序结论的平均等级相关系数,其计算公式为

$$\bar{\eta}_j = \frac{1}{m-1}\sum_{l=1,l \neq j}^{m} \eta_{lj} \tag{8.3}$$

$\bar{\eta}_j$ 间接反映了 $\boldsymbol{y}_j$ 成为最正确排序 $\boldsymbol{y}^{(0)}$ 的可能性,依据前面的描述,将 $\bar{\eta}_j$ 归一化后即为 p_j,其归一化公式为

$$p_j = \frac{\bar{\eta}_j}{\sum_{j=1}^{m} \bar{\eta}_j} \tag{8.4}$$

在相对有效系数 ε_{kj} 和概率 p_j 确定之后,就可以根据它们来对第 k 种组合评价方法 $\boldsymbol{z}_{组}^{(k)}$ 的有效性进行分析和比较了。

定义 3 对于任意的组合评价方法 $\boldsymbol{z}_{组}^{(k)}(k=1,2,\cdots,p)$,称 $\tau^{(k)}$ 为 $\boldsymbol{z}_{组}^{(k)}$ 的期望相对有效度,其计算式为

$$\tau^{(k)} = \sum_{j=1}^{m} p_j \varepsilon_{kj} \tag{8.5}$$

此时,依据 $\tau^{(k)}$ 的大小即可对 $z_{组}^{(k)}$ 的有效性进行判别和比较了。

8.4　研究结果及分析

8.4.1　运营效率评价指标的选取

面向快递网点的运营效率评价指标的选取主要采用基于流程的评价体系构建方法。由于快件物流具有鲜明的运作属性,因此理解快件物流的关键活动和关键流程对建立评价体系具有重要作用。一个典型的快递流程可以描述为:通过一定资源的投入对快递包裹进行分拣与投递,最终在一定时间内交付到用户手中的过程。对这一过程的效率评价可以从三个方面进行分解:投入资源的利用率、物流过程的生产率、最终的产出绩效,如图 8.2 所示。投入资源的利用率主要描述计划投入资源与实际投入资源的对比情况。物流过程的生产率主要反映实际投入物流运作的资源与实际运作产出的对比情况。最终的产出绩效主要反映快件物流运作的期望目标与实际运作结果的对比情况。

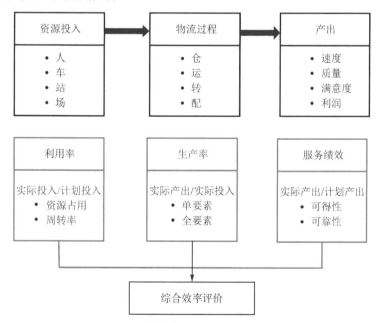

图 8.2　综合效率评价指标分解框架

基于图 8.2 的评价指标分解框架,可以构建快递网点的运营效率综合评价指标体系。但是在确定具体指标选取的过程中,必须考虑实际数据的可获得性。在由本项目开发的面向快递网点运营的易拣通操作系统中,包含网点的编号、所在的省份信息及快递员的编号,快递员在日常使用该系统过程中会记录相应快递单号的派送时间和签收时间。根据从易拣通操作系统中可获得的运营数据,选取了派送时效、当日派件率、劳动生产率、最大派送能力、人员利用率和工作负荷6个指标,如表8.2所列。其中派送时效和当日派件率属于服务绩效指标,劳动生产率和最大派送能力属于生产率指标,而人员利用率和工作负荷属于资源利用率指标。

表 8.2　快递网点评价指标及含义

评价指标	类　别	含　义
派送时效	服务绩效	平均完成一单派件与签收所需要的时间
当日派件率	服务绩效	派送时间与签收时间为同一天的快件占总派件的比例
劳动生产率	生产率	平均一个快递员一天完成的派件量
最大派送能力	生产率	网点可以在一天内完成的最大派件量
人员利用率	资源利用率	平均每天工作的快递员数量占当月所有快递员的比例
工作负荷	资源利用率	快递员实际工作时长与理想工作时长之间的差距

8.4.2　快递网点的单一评价结果

本小节收集了20个快递网点2021年7月的运营数据,网点的评价指标表现及样本整体的描述性统计分别如表8.3和表8.4所列。通过观察每一个评价指标的最小值、最大值、平均值和标准偏差可以看出:该20个快递网点间的派送时效、劳动生产率和最大派送能力的差距较大,数据波动也较大;而当日派件率、人员利用率和工作负荷的差距相对较小,数据波动也比较平稳。结合表8.3的数据可以发现,在某几项评价指标表现较好的网点未必在其他项评价指标的表现也好,所以需要应用综合评价方法对网点的整体运营效率进行评价。

表 8.3　快递网点各项评价指标表现的描述性统计

网点编号	派送时效	当日派件率	劳动生产率	最大派送能力	人员利用率	工作负荷
K1	3.10	99.95	225	36 879	61	116.41
K2	2.19	99.94	483	15 014	64	101.61
K3	2.34	99.99	198	30 516	67	78.29
K4	3.16	99.97	514	13 676	62	109.60
K5	3.78	99.96	283	10 365	85	98.43
K6	2.60	99.98	197	11 720	70	98.11
K7	4.05	100.00	254	9 369	84	85.03

网点编号	派送时效	当日派件率	劳动生产率	最大派送能力	人员利用率	工作负荷
K8	4.01	99.90	240	17 596	66	117.35
K9	2.64	99.81	225	4 250	73	102.19
K10	3.00	100.00	333	39 644	63	87.74
K11	3.43	99.95	182	4 668	57	100.07
K12	2.59	99.99	307	14 050	63	104.60
K13	3.56	99.99	206	19 656	75	124.10
K14	3.67	100.00	305	8 489	86	115.32
K15	3.26	99.38	292	8 354	65	98.42
K16	3.60	99.99	278	10 052	64	114.23
K17	4.95	99.99	153	7 716	67	101.03
K18	3.79	100.00	290	9 076	79	106.09
K19	1.82	100.00	213	2 336	62	101.23
K20	3.29	100.00	440	14 823	67	116.44

表 8.4　快递网点样本整体的描述性统计

统计指标	派送时效	当日派件率	劳动生产率	最大派送能力	人员利用率	工作负荷
最小值	1.82	99.38	153	2 336	57	78.29
最大值	4.95	100.00	514	39 644	86	124.10
平均值	3.24	99.94	281	14 412	69	103.81
中位数	3.28	99.99	266	11 043	67	101.90
标准偏差	0.74	0.14	98	10 252	9	11.66

　　分别应用熵权法、主成分分析法、理想点法、超效率 DEA 法和 CRITIC 法（分别用 $s_1 \sim s_5$ 表示，后文亦同）对快递网点的运营效率进行评价，排序结论如表 8.5 所列。从结果中可以看出，不同评价方法得到的评价结果存在明显差异。

表 8.5　5 种单一评价方法的排序结论

网点编号	s_1		s_2		s_3		s_4		s_5	
	评价值	排序值	评价值	排序值	评价值	排序值	评价值	排序值	评价值	排序值
K1	0.458	9	1.221	2	0.508	12	1.449	6	0.477	13

网点编号	s_1		s_2		s_3		s_4		s_5	
	评价值	排序值	评价值	排序值	评价值	排序值	评价值	排序值	评价值	排序值
K2	0.611	1	0.895	4	0.641	1	0.789	16	0.679	1
K3	0.419	13	1.208	3	0.504	13	1.815	4	0.449	14
K4	0.526	4	0.889	5	0.568	4	1.677	5	0.562	6
K5	0.573	3	−0.332	19	0.591	3	0.791	15	0.658	2
K6	0.446	10	0.243	12	0.551	7	0.614	19	0.575	5
K7	0.435	11	−0.138	18	0.498	14	1.223	9	0.490	12
K8	0.333	17	0.478	9	0.407	20	1.080	11	0.371	20
K9	0.422	12	−0.029	15	0.516	11	0.793	14	0.537	9
K10	0.588	2	1.332	1	0.592	2	0.916	13	0.591	3
K11	0.278	20	0.161	13	0.455	16	19.528	1	0.430	16
K12	0.461	8	0.655	7	0.559	5	0.744	17	0.562	7
K13	0.372	15	0.508	8	0.458	15	1.887	3	0.404	18
K14	0.498	5	−0.096	16	0.542	8	1.189	10	0.550	8
K15	0.380	14	0.089	14	0.410	19	0.677	18	0.415	17
K16	0.327	18	0.468	10	0.445	17	1.223	8	0.403	19
K17	0.306	19	−0.357	20	0.442	18	0.002	20	0.431	15
K18	0.491	6	−0.099	17	0.552	6	0.950	12	0.576	4
K19	0.357	16	0.425	11	0.524	10	3.140	2	0.528	10
K20	0.479	7	0.802	6	0.537	9	1.377	7	0.506	11

熵权法、主成分分析法和 CRITIC 法对 6 个评价指标的权重如表 8.6 所列。从权重中可以看出,最大派送能力对运营效率的影响最大。

表 8.6 单一评价方法的权重结果

评价指标	s_1	s_2	s_5
派送时效	0.092 4	0.685 7	0.132 3
当日派件率	0.045 7	0.180 1	0.128 0
劳动生产率	0.224 6	0.433 6	0.148 9
最大派送能力	0.260 5	0.844 1	0.169 8
人员利用率	0.220 2	−0.716 1	0.195 7
工作负荷	0.156 5	−0.427 5	0.225 1

8.4.3　快递网点的组合评价结果

由于 5 种单一评价方法考虑的侧重点各有不同,因此,网点在不同评价方法下的排名也明显不同。为了综合不同评价方法得到的结果,下面运用前面介绍的 5 种组合评价方法对之进行组合,具体排序结论如表 8.7 所列。其中,$z_{组}^{(k)}$($k=1,2,\cdots,5$)依次表示平均值法、Borda 法、Copeland 法、偏差平方最小法和整体差异法。

表 8.7　5 种组合评价方法的排序结论

网点编号	$z_{组}^{(1)}$		$z_{组}^{(2)}$		$z_{组}^{(3)}$		$z_{组}^{(4)}$		$z_{组}^{(5)}$	
	评价值	排序值	评价值	排序值	评价值	排序值	评价值	排序值	评价值	排序值
K1	12.6	5	10	11	1	11	0.004 4	3	0.071 3	6
K2	16.4	2	19	1	19	1	0.004 3	5	0.086 3	3
K3	11.6	10	7	13	−5	13	0.004 4	4	−0.101 9	16
K4	16.2	3	16	4	13	4	0.004 2	6	−0.034 7	12
K5	12.6	6	17	3	15	3	0.002 2	17	0.069 4	7
K6	10.4	12	11	9	3	9	0.002 7	12	0.073 2	5
K7	8.2	15	6	14	−7	14	0.002 1	18	−0.162 2	18
K8	5.6	18	1	19	−17	19	0.002 6	13	0.112 3	2
K9	8.8	14	8	12	−3	12	0.002 2	16	0.066	8
K10	16.8	1	18	2	17	2	0.004 9	2	0.06	9
K11	7.8	16	4	16	−11	16	0.008 1	1	0.017 5	10
K12	12.2	7	13	6	7	6	0.003 4	9	0.008 2	11
K13	9.2	13	5	15	−9	15	0.003 1	10	−0.177 2	20
K14	11.6	9	13	7	7	7	0.002 4	14	−0.157 8	17
K15	4.6	19	2	18	−15	18	0.002	19	0.299 9	1
K16	6.6	17	3	17	−13	17	0.002 7	11	−0.045 6	13
K17	2.6	20	0	20	−19	20	0.001	20	−0.048	14
K18	12	8	14	5	9	5	0.002 4	15	−0.054 5	15
K19	11.2	11	10	10	1	10	0.003 6	8	0.08	4
K20	13	4	13	8	7	8	0.003 8	7	−0.162 3	19

8.4.4 快递网点组合评价的相对有效性分析

从表 8.7 呈现出的结果来看,不同组合评价方法得到的排序结论也是不同的,因此下面进一步考察不同组合评价方法的相对有效性。

在第 $j(j=1,2,\cdots,5)$ 种单一评价方法的排序结论为 $\boldsymbol{y}^{(0)}$ 的情况下,分别计算 v_j 和 $v^{(k)}(k=1,2,\cdots,5)$,并用公式(8.1)计算各种组合评价方法的相对有效系数 ε_{kj},结果如表 8.8 所列。

表 8.8 各种组合评价方法的相对有效系数表

组合评价方法 / 单一评价方法	$z_{组}^{(1)}$	$z_{组}^{(2)}$	$z_{组}^{(3)}$	$z_{组}^{(4)}$	$z_{组}^{(5)}$
s_1	−0.350	0.150	−0.200	−0.050	−0.150
s_2	0.000	−0.050	0.150	0.000	−0.100
s_3	0.000	−0.050	0.150	0.000	−0.100
s_4	−0.250	0.050	−0.250	0.100	−0.200
s_5	−0.350	−0.050	−0.050	−0.050	−0.200

在此基础上,应用公式(8.2)和公式(8.3)计算各种组合评价方法间的等级相关系数和每种组合评价方法对其余组合评价方法的平均等级相关系数,结果如表 8.9 所列。

表 8.9 斯皮尔曼等级相关系数矩阵表

组合评价方法	$z_{组}^{(1)}$	$z_{组}^{(2)}$	$z_{组}^{(3)}$	$z_{组}^{(4)}$	$z_{组}^{(5)}$	$\bar{\eta}_j$
$z_{组}^{(1)}$	1.000 0	0.267 7	0.896 2	−0.252 6	0.861 7	0.693 2
$z_{组}^{(2)}$	0.267 7	1.000 0	0.263 2	0.332 3	0.045 1	0.477 1
$z_{组}^{(3)}$	0.896 2	0.263 2	1.000 0	−0.183 5	0.956 4	0.733 1
$z_{组}^{(4)}$	−0.252 6	0.332 3	−0.183 5	1.000 0	−0.353 4	0.135 7
$z_{组}^{(5)}$	0.861 7	0.045 1	0.956 4	−0.353 4	1.000 0	0.627 4

注:$\bar{\eta}_j$ 为某组合评价方法与其余组合评价方法的平均等级相关系数,表示该组合评价方法与其余组合评价方法的一致性程度的整体水平。

利用公式(8.4)对求出的 $\bar{\eta}_j$ 进行归一化处理,可得概率向量为 $\boldsymbol{p}=(0.260\ 0,$ $0.178\ 9,0.274\ 9,0.050\ 9,0.235\ 3)$。

最后,依据相对有效系数 ε_{kj} 和概率 p_j,利用公式(8.5)计算出期望相对有效度向量为 $\boldsymbol{\tau}=(-0.157\ 0,0.008\ 8,0.008\ 8,-0.166\ 7,-0.163\ 3)$。各种组合评价方法的相对有效性的高低排序为 Copeland 法=Borda 法>平均值法>整体差异法>偏差平方最小法。由于平均值法、偏差平方最小法和整体差异法的相对有效度为负,说明它们是相对无效的组合方法;而 Borda 法和 Copeland 法的相对有效度为正且相等,说明它们是相对有效的组合方法。

根据组合评价方法 Borda 法和 Copeland 法得到的排序结论,与熵权法、主成分分析法、理想点法、超效率 DEA 法和 CRITIC 法这 5 种单一评价方法排序结论相同的快递网点个数分别为 6、1、10、2、3,可见理想点法的评价结果是相对最有效的,其次是熵权法。

值得注意的是,由于 Borda 法和 Copeland 法这两种组合评价方法主要是基于网点的排序结论来计算网点的评价值,因此,比较适用于快递公司根据网点排名进行奖惩激励的情况。但是,组合评价得到的评价值较难反映单个网点运营效率的绝对变化。例如,可能存在某个网点的实际运营效率在几个月间有小幅提升,但排名位置没有变化的情况,此时组合评价的结果不会反映这种变化。因此,对于快递网点想根据评价结果进行改进的情况,由理想点法或熵权法得到的评价得分更有参考价值。由于这两种单一评价方法的计算相对简单,且与组合评价得到的结果一致性较强,所以在实践中仍然推荐应用理想点法或熵权法对快递网点进行评价。

8.4.5　对快递网点运营的改进建议

根据 Borda 法和 Copeland 法得到的评价结果(见表 8.7),编号为 K2、K10 和 K5 的快递网点的表现较好,编号为 K17、K8 和 K15 的快递网点的表现较差。对比分析这 6 家网点在不同评价指标中的表现(见表 8.3)发现,最大派送能力和劳动生产率这两项指标对运营效率的影响较大,最大派送能力需要与劳动生产率匹配,过高或过低都会影响运营效率。针对表现最差的三个快递网点,K17 和 K8 的派送时效过长,建议可以通过优化末端配送模式,如通过使用智能快递柜、代收点或驿站等方式缩短时效;网点 K17 和 K15 的最大派送能力较低,一方面可以适当加大资源投入,另一方面可以通过与其他网点进行资源共享来提升最大派送能力;K17、K8 和 K15 这三个网点的劳动生产率都较低,同时人员利用率也较低,可以考虑通过重新规划派送区域、对快递员进行培训等方式提高劳动生产率,同时通过改进对快递员的激励和考核方式来降低快递员的离职率。

8.5　本章小结

对快递网点运营效率的客观评价是改善快递服务的基础,如何在众多不同的评价方法中做出选择对评价结果的可靠性有着重要影响。

本章介绍并比较了熵权法、主成分分析法、理想点法、超效率 DEA 法和 CRITIC 法这 5 种常见的综合评价方法的特点。由于不同评价方法考虑的侧重点不同,本章进一步引入了平均值法、Borda 法、Copeland 法、偏差平方最小法和整体差异法这 5 种组合评价方法,并对 20 家快递网点的运营效率进行了评价。通过定义和计算组合评价方法的期望相对有效度,来衡量组合评价方法的一致性。结果显示,Borda 法和 Copeland 法是最有效的,进而得到在所应用的单一综合评价方法中,理想点法的结果是最合理的,其次是熵权法。

对评价结果进行分析可以发现,快递网点的最大派送能力和劳动生产率这两项指标对运营效率的影响最大。因此,快递网点可以根据实际情况,合理调整资源配置,最大限度地改善和匹配重要影响指标,从而提高运营效率和服务水平。

第9章 共配模式对快递网点效率的影响分析

9.1 研究背景

在当前的信息科技时代,电子商务的蓬勃发展拉动了快递物流需求的爆发式增长。快递行业迎来了发展的黄金期,但也面临着前所未有的挑战。巨大的包裹量和消费者对快递服务质量、时效性与个性化的高需求急剧加大了快递行业的作业压力,尤其对快递末端配送带来了严峻的考验。末端配送环节易出现配送延误、投递失败等问题,这不仅降低了配送效率,也增加了末端配送成本。"最后一公里"被认为是整个快递物流链中效率最低、成本最高和污染最严重的环节。此外,快递行业经历着一场颇为激烈的价格战,头部快递企业尤其加盟模式的企业,虽然总部公司能实现盈利,但末端网点普遍面临生存难题,出现了增收不增利甚至利润负增长的现象,同时也影响了末端配送的服务质量。因此,同区域内各快递品牌末端网点都试图通过整合资源的方式来缓解生存压力,实现合作共赢。快递末端共同配送模式在对物流资源整合利用以实现网点降本增效的同时,也能够提升快递服务水平,是解决末端配送问题的重要手段和不可阻挡的趋势。但末端共配模式在实施过程中涉及多个主体,组织协调难度较大,利润分配过程存在冲突,实施效果也不尽相同。因此,有必要对进行物流资源共享的末端网点的整体效率是否提升进行分析验证。

共同配送起源于 20 世纪 60 年代中期的日本,随后在发达国家得到较为广泛的推广应用。我国的国家标准《物流术语》(GB/T 18354—2006)将共同配送的概念描述为:共同配送是为实现合理化的配送,由若干企业集合起来进行统一配送的一种组织活动。

蔡稳在对比论证当前各种末端配送模式利弊的基础上,通过对共同配送模式的重要性和可行性分析,指出共同配送模式的实施是解决末端配送问题的有效方案之一。以 Shapley 值法为基础,主要从投入额度、贡献水平、风险差异和服务创新四个角度分别构建利益分配模型,并引入风险差异和服务创新两个因素对 Shapley 值法进行修正。孙虎和闫超指出,城市快递末端配送服务的客户位置分散,派送时易与客户存在严重的时间冲突,提出将快递末端区域共同配送中心和自提网点设置在居民小区;基于 AP 算法及改进引力模型等方法对城市配送区域进行划分,并在各划分区域内确定快递末端共同配送中心的位置;运用 Voronoi 图对各末端网点的服务范围进行划分。于晓辉、何明珂、杜志平等(2019)对末端共同配送服务定价机制、收入共享模式和整合模式进行综合考虑,定量分析了末端配送"最后一公里"的瓶颈问题,研究结果表明,快递业务量在一定范围内,参与共配的快递企业具有提升服务水平的动力;当共配项目是盈利时,末端共配总收益随着成员数量的增加而增加;在不确定合作博弈满足凸性条件下,现有成员的收益分配随着合作企业的增加而增加;在一定风险厌恶系数约束下,企业根据可承受风险程度甄选收益分配,各方收益分配随着风险厌恶系数的增大而减小。

也有学者对共同配送模式的竞争与合作博弈和成本分摊进行研究。Hong 等(2018)利用 Shapley 值法建立了快递企业末端共同配送的成本分担模型。该模型将收入分配比例转化为成本分担比例,并提出了个人快递服务成本的修正方案。案例分析结果表明,末端网点共同配送可以降低工资、交通等成本,降低配送车辆的成本和数量,缩短配送的总路程和所需时间。谭怡乔和张杨建立了快递企业共同配送竞争与合作的演化博弈模型,模型中探讨了需求量、投入成本、机会收益等因素对演进过程的影响。结果表明,中小型企业更易建立稳定的合作关系;并且,在其他参数一定的情况下,对快递企业的需求量越大,投入成本及机会收益越小,其合作成功的概率越大。

从国内外研究现状来看,在共同配送方面,欧美、日本等发达国家的研究和实践起步较早,建立了成熟的共同配送研究体系。但是,国外学者的研究方向主要集中在城市配送方面,对快递末端共同配送的研究还不充分。而我国的研究起步较晚,仍处于探索阶段,当前的研究方向主要集中在模式分析、利润分配等方面,均没有聚焦在快递网点的联盟合作。因此,本章将针对快递末端网点选取效率评价指标,应用熵权法赋权打分,探究快递网点的效率影响因素和共同配送模式的实施效果。

9.2　快递网点评价指标的选择

末端网点是快递配送环节最后一个端口,负责一定区域的收派、分拣、建包、暂存和集中运输等工作,以保障快件在末端正常流转。快递行业的蓬勃发展带来的快件量激增对网点的劳动生产率和快件处理速度提出了更高的要求;末端配送作为快递配送中的最后一个环节,直接与消费者相连,消费者日益增长的时效性、个性化需求使网点的服务质量面临着更高的挑战;此外,目前大部分网点的快件处理仍然需要大量人力,业务员在快递配送环节中更是不可或缺,而且司机、装卸工、业务员等一线工作人员供不应求,所以网点需要关注员工的工作满意度以避免人员过度流失。派费下降、成本升高导致网点的利润空间被急剧压缩,同时还要面临来自消费者端和员工端的运营考验,在多重压力下,末端网点迫切需要转型升级以实现降本增效。共同配送通过整合末端网点的物流资源,有效帮助网点提高配送效率、降低配送成本、提高服务质量。但由于共同配送在实施过程中也存在利润分配、不同品牌快递企业考核标准不同等问题,以及缺乏经验和相关体系的支撑,导致共同配送的实施效果也不尽相同。因此,可以对网点的效率进行评价,以考查应用共同配送的末端网点的经营状况是否得到改善。

考虑到末端网点拥有人员、车辆、设备等物流资源,其主要工作是快件的处理和收派,以及希望能实现在成本下降的同时保障服务质量和员工的满意度,所以选取快递网点效率评价指标如表 9.1 所列。

表 9.1　快递网点效率评价指标

一级指标	二级指标	计算公式
劳动生产率	业务量	业务量/总人数
	总人数	
快件处理速度	业务量	业务量/作业时间
	操作时间	
服务质量	投诉率	1-投诉率
员工满意度	月平均收入	二级指标加权平均
	日均工作时长	
	员工辞职率	

1. 劳动生产率

劳动生产率指单位劳动消耗量所完成的工作量,即每日每个员工完成的业务量。这里的业务量包括派件量和收件量。实施共同配送后,可以进行快件的统一处理、统一配送,能够有效提升劳动生产率。

2. 快件处理速度

快件处理速度指单位时间内处理的快件业务量。派送件到达末端网点需要进行下车扫描、分拣、业务员二次分拣等一系列操作,揽收件也需要在网点内进行细分扫描、建包等操作。为了保证业务员能够准时出门送件和快件被按时送达转运中心,网点在业务量增加时要及时调整人力和工作时间。在进行共同配送时,如果统一场地,不同品牌的快递都可以在一起处理,就能够在一定程度上节省人力和时间成本。

3. 服务质量

服务质量指末端配送的服务水平是否使客户满意。末端需求激增,考验网点的处理能力和服务能力。末端服务水平是快递企业的核心竞争力，客户投诉不仅会影响快递企业总部对网点的绩效考核，也会对快递品牌产生负面影响。

4. 员工满意度

员工满意度指员工对自己所从事工作的一般态度。员工满意度是员工积极工作状态的晴雨表，也是对网点管理工作、经营状态的一种真实评价；而且员工满意是客户满意的基础，只有员工满意了才能为工作投入更大的热情，从而使更多客户满意，最终实现网点效益的增加。末端网点的员工满意度可以从员工的月收入、日均工作时长和员工辞职率三个维度来测评。

9.3 基于熵权法的效率评价

9.3.1 熵权法的计算步骤

1. 数据标准化

假设给定 k 个指标 $X_1, X_2, \cdots, X_k$，其中 $X_i = \{x_1, x_2, \cdots, x_n\}$。假设对各指标数据标准化的值为 $Y_1, Y_2, \cdots, Y_k$，那么

$$Y_{ij} = \frac{x_{ij} - \min X_i}{\max X_i - \min X_i} \quad (i = 1, 2, \cdots, k; j = 1, 2, \cdots, n)$$

2. 求各指标的信息熵

根据信息论中信息熵的定义，一组数据的信息熵为

$$E_j = -(\ln n)^{-1} \sum_{i=1}^{n} p_{ij} \ln p_{ij}$$

$$p_{ij} = \frac{Y_{ij}}{\sum_{i=1}^{n} Y_{ij}}$$

其中，p_{ij} 为第 j 个评价因子在第 i 项评价指标中的比重，如果 $p_{ij} = 0$，则 $\ln p_{ij}$ 毫无意义，故需要对 p_{ij} 加以修正，修正后的公式为

$$p_{ij} = \frac{1 + Y_{ij}}{\sum_{i=1}^{n} (1 + Y_{ij})}$$

3. 确定各评价指标的权重

根据信息熵的计算公式,计算出各指标的信息熵为 $E_1, E_2, \cdots, E_k$。通过信息熵计算各指标的权重为

$$w_i = \frac{1 - E_i}{k - \sum\limits_{i=1}^{k} E_i}$$

9.3.2　数据来源和说明

本章研究的相关数据来自对各城市实施共同配送模式的快递网点的问卷调查。采用随机抽样的方法发放线上问卷 134 份,回收问卷 70 份,有效问卷 58 份,并针对这 58 份问卷进行电话回访进一步了解详细信息,最终获得有效问卷 37 份,回收率 52.24%,一次有效回收率 82.86%,二次有效回收率 63.80%,整体有效回收率 52.86%。

此次调研中,判断问卷是否有效的标准如下:第一,问卷填写的完整性,要求所有调查问题都要回答,对有回答缺失的问卷全部予以删除;第二,电子问卷答题时间,问卷填写时间少于 1 分钟的问卷全部予以删除;第三,是否存在 5 个及以上的问题答案相同,对于此类问卷全部予以删除。

9.3.3　结果分析

根据收集到的 37 个共配网点物流资源共享前后的 74 个经营数据,按照熵权法的计算步骤先计算出员工的月平均收入、日均工作时长和辞职率在员工满意度指标中的权重,结果分别为 0.237、0.690 和 0.073,进而通过同向归一化得到各个网点四个指标所对应的分值(百分制),最后再通过熵权法计算出不同指标所占的权重,以及网点的综合分数,最终结果如表 9.2 所列。

表 9.2　快递网点效率评价得分

评价指标	劳动生产率	快件处理速度	服务质量	员工满意度	综合分数
权重	0.367	0.373	0.032	0.228	
均值	25.1	31.8	97.5	27.2	26.7
最小值	5.2	4.7	75	8.9	6.2
最大值	100	100	100	84.6	78.1
标准偏差	18.3	24.0	4.5	13.7	14.2

由表 9.2 中的评价结果可知:①网点效率综合分数均值为 26.7,最大值为 78.1,

最小值为 6.2，表明所选样本的网点效率存在较大差异，高效率的网点远超行业平均水平，而低效率的网点则与行业平均水平有一定差距；②快件处理速度所占权重最高，标准偏差最大，劳动生产率权重值与快件处理速度的权重值仅相差 0.006，因此二者均是影响网点效率的主要指标；③服务质量所占权重最低，且远小于快件处理速度、劳动生产率和员工满意度权重值，而且平均值远大于其余三个指标，接近 100，说明各网点服务质量的离散程度较小，服务质量对网点效率的影响非常小。对于低效率的网点，在快件处理速度、劳动生产率和员工满意度没有得到足够改进的前提下，如果过于追求高服务质量，则无法有效提高网点的运营效率，或者说在服务质量方面进行投入引起的效率提升远远低于在其他指标方面投入带来的效率提升。

此外，将各个网点实施共同配送模式后的效率综合分数从高到低排序并与实施共同配送前的分数进行比较，结果如图 9.1 所示。实施共同配送模式后，有 29 个网点的效率均有提升，其余 8 个网点的效率有不同程度的下降，说明共同配送模式的应用效果不尽相同。共配前的平均分数为 23.9，共配后为 29.5，提升了 23.4%；共配前的最高分数为 48.7，共配后为 78.1，提升了 60.4%，表明实施共同配送模式后所选样本的效率水平和所能达到的最高效率均有比较显著的提升。

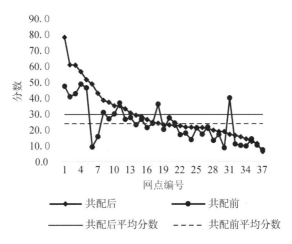

图 9.1　共配前后网点的效率综合得分

实施共同配送模式是快递网点在面临利润降低和成本升高双重压力下突破困境的有效途径之一，但这一模式还处于初期探索阶段，目前应用较少且未被市场广泛接受。本章选择快递网点效率评价指标，针对实施共同配送模式前后的效率进行测评，发现不同网点因所处城市、经营规模等不同，存在较大的效率差异，且受实施共同配送模式的影响也不尽相同。但总体来看，共同配送模式通过整合利用末端物流资源，能够在一定程度上提升网点效率，为网点带来降本增效的希望。快件处理速度和劳动生产率是影响网点效率的主要因素，网点可通过加强员工培训、流程优化、设备改进等方法减少作业时间或员工数量，从而提高整体效率。

第 10 章　基于消费者视角的末端配送模式评价

本章在研究文献的基础上，确定影响消费者选择配送方式的因素，对末端配送模式进行综合评价。提出相关研究假设，据此设计调查问卷，对回收的 219 份问卷数据进行描述性统计分析、信度分析、效度分析，并根据分析结果对影响指标和研究假设进行修正，再通过验证性因子分析和结构方程模型分析检验研究假设，并分析不同指标对消费者选择不同配送方式的影响效应。

10.1　研究背景

如第 4 章所述，当前主要的末端配送模式为送货上门、智能快递柜自提和驿站自提，每种模式都有各自的优缺点。

国外对自提模式的研究较多，Yuen K. F.、Wang X.、Ng L. T. W. 等(2018)基于创新扩散理论(IDT)，使用等级回归分析方法对来自新加坡的 164 位消费者的调查数据进行分析，得出在最后一英里交付中影响顾客采用自提模式的三个创新特征，并表明自提模式比其他末端配送模式更具有优势，提出将该模式融入消费者价值观和生活习惯中以促进消费者采取该模式。Vakulenko Y.、Hellström D.、Hjort K.(2018)认为自提柜模式在电子商务最后一英里交付中重新塑造了消费者包裹交付和退货体验，同时可以应对最后一英里交付难题，提出针对自提柜相关的客户价值进行研究，以提供有客户价值的见解。Song L.、Cherrett T.、Guan W.(2012)调查了 9 家货运公司的运营过程，通过量化传统送货上门方式中的承运人运输成本和顾客取货成本，得出在送货上门交付失败率较高和居民区周围有密集自提交付点的情况下，自提交付模式可以发挥巨大作用。Fernie J.、Sparks L.、McKinnon A. C.(2010)评估了英国过去 20～30 年间的零售物流业务，认为位于零售店、加油站及运输终端的自提交付点平衡了交付效率、交付安全性及客户便利性等难以均衡的要求，可能成为未来末端交付的发展方向。

国内方面，王旭坪、詹林敏、张珺(2018)采用聚类分析和车辆路径优化等模型计算了订单量对不同配送模式配送成本的影响程度，研究结果表明，当订单量较小时，送货上门模式的配送成本最低；当订单量增大时，需要根据自提站点和智能快递柜收费及碳税成本等不同情况选择相应的自提模式。黄辉城(2017)分析了当前占主流地位的末端配送模式的优缺点及适用性,并基于资源优势理论挖掘当前配送模式中存在的竞争优势资源,为快递企业在配送时实现资源搭配和优势互补提供参考。郑捷扬和徐杰(2013)以国外末端配送模式为切入点,对京东商城和亚马逊末端配送模式之间存在的差异性、产生差异的原因及各自的收益情况进行了分析,并试图分析国内外末端配送企业之间存在的差异性。徐俊杰(2013)通过构建包含送货上门服务满意度、服务柔性等六个维度的研究模型来揭示送货上门服务体验对顾客自提意愿的影响程度,并对310份调查问卷进行分析,得出我国网购消费者可能已形成对送货上门服务的依赖心理,因此自提模式难以推广。

综上,在配送模式的选择方面,对自提模式和送货上门模式选择的研究较多,但是缺乏消费者对送货上门、智能快递柜自提和驿站自提模式选择的研究。

10.2 末端配送模式评价指标的选择

德国学者在20世纪30年代提出了"满意"一词,Cardozo R. N.(1965)在营销学中引入了顾客满意度,认为顾客满意之后可以引发再次购买行为。Fornell C.、Johnson M. D.、Anderson E. W. 等(1996)基于顾客满意度、顾客抱怨、顾客忠诚、顾客期望、感知价值、感知质量6个维度构建了美国顾客满意度指数模型(ACSI)来衡量顾客满意度。欧洲顾客满意度指数模型(ECSI)在其基础上去除了顾客抱怨维度,增加了企业形象维度。在末端配送服务中,消费者得到满意的配送服务之后也会倾向于再次选择该配送方式。

对于服务质量的研究,最早来源于国外,Parasuraman A.、Zeithaml V. A.、Berry L. L.(1985)从可靠性、反应性、沟通性、接近性、礼貌性、安全性、有形性等共10个方面描述消费者对服务质量的感受。Parasuraman A.、Zeithaml V. A.、Berry L. L.(1988)确定了衡量服务质量的SERVQUAL模型,从有形性、可靠性、响应性、移情性和保证性5个维度衡量服务质量。

国内学者在此基础上构建了不同的快递服务质量评价指标体系。庄德林、李景、夏茵(2015)基于SERVQUAL模型,构建了包含保证性、可靠性、补救性、安全性、有形性、便利性等6个维度的快递服务质量评价指标体系。刘亚(2014)认为快递业服务质量的保证性、移情性维度对服务价值的正向影响显著,响应性、有形性及可靠性维度对服务价值的正向影响较为显著。陈争辉、王倩、朴明鑃(2011)从顾客感知邮政快递服务质量角度验证响应性、有形性、价格及可靠性4个因子对顾客满意度和品牌形象的正向影响显著,且响应性和有形性对二者的影响程度更大。赵彩、陈阳(2009)从可靠性、有形性、保证性、响应性和移情性5个维度设计了快递企业服务质量评价体系,并验证了该评价指标体系的有效性。郑兵、金玉芳、董大海(2007)研究了国内外物流服务质量测评现状,基于深度访谈、德尔菲专家意见法等方法,建立了时间质量、人员沟通质量、订单完成质量、误差处理质量、货品运送质量、灵活性和便利性 7 个维度的中国本土物流服务质量测评指标体系。由此可见,国内学者在 SERVQUAL 模型原有 5 个维度基础上分别进行了不同形式的维度拓展来构建快递服务质量评价指标体系。

此外,国家对快递的绿色环保问题非常重视,2020 年 10 月市场监管总局和国家邮政局发布的《快递包装绿色产品认证目录(第一批)》及《快递包装绿色产品认证规则》确定了第一批快递包装绿色产品,并规定了其认证的基本原则和要求。快递行业每年使用的胶带、包装箱等都会产生海量垃圾,对环保造成严重威胁。

因此,本章在研究 SERVQUAL 理论模型、顾客满意度指数模型、快递服务质量评价指标体系等方面文献的基础上,结合当前快递行业的环保现状,选择了有形性、保证性、安全性、便利性、绿色环保、移情性和可靠性 7 个维度的指标。

(1) 有形性

有形性指服务被感知的部分。对于一些比较贵重、体积(重量)较大的快件物品,消费者会选择送货上门服务以保证物品安全,一些时效性要求较高的特殊品类物品也会影响消费者对配送方式的选择。基于此,本节提出研究假设 H1:有形性对配送方式选择倾向性有显著正向影响。

(2) 保证性

保证性指员工服务的专业性让顾客对其服务能力产生信任。在配送服务出现问题时及时主动实施补救措施可以安抚顾客情绪,正向影响顾客行为意向,增大顾客重购意愿。专业的配送服务不仅可以满足顾客的及时需求,还能正确处理意外情况的发生,让顾客越加信赖配送服务的质量。基于此,本节提出研究假设 H2:保证性对配送方式选择倾向性有显著正向影响。

(3) 安全性

安全性指顾客的人身安全和隐私安全。在日本,过去消费者希望通过送货上门方式收取快递,但现在更希望通过箱子接收快递。根据调查显示,面对送货上门不在家的情景,31% 的受访者表示愿意通过传达室、便利店、智能快递柜中的任一方式代收快递,但 36.9% 的受访者表示更愿意通过智能快递柜代收,因为智能快递柜具有私密性好、无需当面接触、不会威胁消费者人身安全等特点,这反映了消费者在选择配送方式时更加注重个人人身安全和隐私安全。基于此,本节提出研究假设 H3:安全性对配送方式选择倾向性有显著正向影响。

(4) 便利性

便利性指配送服务的容易和方便程度。顾客希望以最短的距离、最低的费用成本、最灵活的时间安排取到快递,因此,在配送时间安排、配送设施布置等方面的便利性易于成为消费者选择配送方式的加分项。此外,本节对送货上门、智能快递柜和驿站的赋值分别为 1、2、3,因此,配送方式得分越低,越倾向于送货上门,反之则越倾向于驿站,即与便利性程度呈负相关关系。基于此,本节提出研究假设 H4:便利性对配送方式选择倾向性有显著负向影响。

(5) 绿色环保

"爱护环境,人人有责"逐渐成为人们的共识,国内绿色物流在 2017 年"双十一"首次集中行动,得到多家快递企业和零售平台的响应,消费者越来越关注末端配送的绿色环保性。因此,绿色环保的配送服务将为环保意识较强的消费者带来便利,比如快递员配送快件时提供回收快件包装材料的服务省去了消费者对包装材料无害化处理环节,对便利性产生正向影响。基于此,本节提出研究假设 H5:绿色环保对便利性有显著正向影响。

(6) 移情性

移情性指快递员给予顾客充分的关心和体贴,满足顾客的实际需求。从某种程度上说,能够给顾客带来便利性的配送方式满足了其部分个性化需求,因此对移情性有正向影响。基于此,本节提出研究假设 H6:便利性对移情性有显著正向影响。

(7) 可靠性

可靠性指企业能够准确无误地提供其所承诺的服务。在电子商务环境下,配送物品的完好程度、配送服务的准确性、有无快件破损丢失情况的发生等都会影响顾客对配送方式的选择。对消费者来说,无快件破损、丢失、领错等情况发生的配送方式是可靠的,会倾向于选择该配送方式。基于此,本节提出研究假设 H7:可靠性对配送方式选择倾向性有显著正向影响。

Stank T. P.、Goldsby T. J.、Vickery S. K. 等(2003)认为在提供物流服务过程中,与客户的交流程度及响应性将影响顾客满意度,其中,沟通质量与顾客满意度之间存在相关性。在配送快件的过程中,良好的沟通质量及服务态度可以满足顾客的实际需求,提高顾客满意度,使顾客更加确认服务的可靠性。基于此,本节提出研究假设 H8:移情性对可靠性有显著正向影响。

根据上述研究假设,建立消费者选择配送方式的研究模型,如图 10.1 所示。

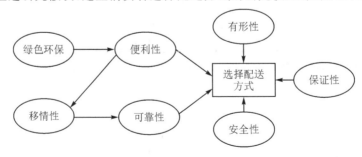

图 10.1　消费者选择配送方式的研究模型

10.3　调查问卷设计及分析

10.3.1　调查问卷设计

调查问卷分为三个部分:第一部分是调查对象的个人基本信息,包括性别、年龄、最高学历、职业、月均收入、快递交付地址、月均收件量和对快递配送方式的偏好及使用情况等;第二部分是调查问卷的主体部分,主要是关于调查对象在选择快递配送方式时考虑的有形性、移情性、安全性等方面的因素,共 28 个题项;第三部分为开放式问题,即向调查对象咨询其他本问卷未提及的影响因素。

问卷主体部分主要采用李珂特(Likert)五级评分法,由调查对象对问卷中所设置的影响其选择配送方式的因素进行打分,包括非常不重要、不重要、一般、重要、非常重要 5 个等级,相应的赋值为 1、2、3、4、5。调查问卷初始量表设置如表 10.1 所列。

表 10.1　调查问卷初始量表

维　度	编　号	测量题项
有形性	A1	配送物品的价值
	A2	配送物品的重量(或体积)
	A3	配送物品对时效性的要求(如水果具有保鲜要求)
移情性	B1	每次取件时与快递员交流的时间
	B2	取件时出现与快递员沟通不顺利的次数
	B3	取件时出现快递员服务态度较差的次数
可靠性	C1	一个月内出现快件破损的件数
	C2	一个月内出现快件丢失的件数
	C3	一个月内出现快件被领错的次数
	C4	一个月内配送物品完好且准确所占的比例
	C5	可以提供代收和暂存服务的概率
	C6	可以当面验视快递内件的概率

维　度	编　号	测量题项
保证性	D1	一次配送任务中快递员提醒顾客验货的次数所占的比例
	D2	一个月内快递员能按货物特殊性处理快件实现正常派件所占的比例
	D3	一个月内快递员针对服务不足问题及时补救成功所占的比例
	D4	一个月内快递员满足顾客的及时需求所占的比例
安全性	E1	一年内出现顾客个人信息被泄露的次数
	E2	一年内出现顾客的人身安全被威胁的次数
	E3	一年内出现快递员带病上岗的次数(可能威胁到顾客的健康)
便利性	F1	平均每次取件的排队时间
	F2	平均每次取件需行走的距离
	F3	一天内可取件的时间占全天时间的比例
	F4	平均每次取件所花费的时间
	F5	配送地区所配套的快递设施数量
	F6	取件时消费者需承担的(单件)费用
绿色环保	G1	一个月的快递包装材料的回收量
	G2	一个月的车辆燃料消耗(产生有害气体、污染空气)
	G3	一个月的电量消耗(耗能)

10.3.2　问卷数据分析

1. 描述性统计分析

描述性统计分析是社会调查统计分析的第一步,通过对调查数据资料进行初步整理和归纳,找出其中存在的集中趋势和分散趋势,并主要借助均数、百分比等统计量进行单因素分析。

下面对调查对象的人口统计特征和收件的个性特征进行描述性统计分析,人口统计特征包括性别、年龄、最高学历、职业、月均收入等 5 个方面,收件的个性特征包括收件地址、月均收件量、对三种末端配送方式的使用情况及偏好等方面。本次调研共回收答卷 219 份,有效答卷 219 份,对样本个体特征和个体取件特征的描述性统计分析结果分别如表 10.2 和表 10.3 所列。

表 10.2　消费者个体特征描述性统计结果

指　标	选　项	频　数	占比/%
性别	男	90	41.1
	女	129	58.9
年龄	18 岁以下	0	0.0
	18～25 岁	73	33.3
	26～35 岁	106	48.4
	36～55 岁	38	17.4
	56 岁及以上	2	0.9
最高学历	高中及以下	11	5.0
	专科	19	8.7
	本科	166	75.8
	硕士/博士	23	10.5
职业	全日制学生	37	16.9
	上班族	160	73.1
	自由职业	20	9.1
	无工作/其他	2	0.9
月均收入	2 000 元以下	34	15.5
	2 000～5 000 元	48	21.9
	5 001～8 000 元	73	33.3
	8 000 元以上	64	29.2
有效样本		219	100.0

表 10.3　消费者个体取件特征描述性统计结果

指　标	选　项	频　数	占比/%
收件地址	住宅区	192	87.7
	商业区	20	9.1
	工业区	7	3.2
月均收件量	1～2 件	16	7.3
	3～5 件	96	43.8
	6～10 件	89	40.6
	11 件及以上	18	8.2

指 标	选 项	频 数	占比/%
使用过的 配送方式	送货上门	186	84.9
	智能快递柜自提	166	75.8
	驿站自提	159	72.6
使用最多的 配送方式	送货上门	63	28.8
	智能快递柜自提	74	33.8
	驿站自提	82	37.4
最喜欢的 配送方式	送货上门	130	59.4
	智能快递柜自提	68	31.1
	驿站自提	21	9.6
有效样本		219	100.0

由表 10.2 可知,从性别来看,本次问卷调查对象中男性 90 人,女性 129 人,占比分别为 41.1% 和 58.9%,说明女性更喜欢网上购物;从年龄来看,18~35 岁年龄段的人数为 179 人,占比 81.7%,说明年轻人是末端配送的主要服务对象;从学历来看,调查对象中最高学历为本科的人数为 166 人,占比 75.8%,其次是硕士及以上的学历,人数为 23 人,占比 10.5%,说明快递配送服务对象群体主要以中高学历为主;从职业来看,上班族的人数为 160 人,占比 73.1%,说明具有收入来源的消费者对快递配送服务的需求最为显著;从收入来看,月均收入为 5 001~8 000 元的消费者占比 33.3%,其次为 8 000 元以上的消费者占比为 29.2%,说明具有较高收入的消费者是末端配送服务的主要受众,应多加关注。综合以上分析可以得出,末端配送服务对象具有如下特点:女性、年轻化、具有较高收入的上班族及最高学历为本科的人居多,快递企业和电商企业应重点关注这些人群的快件配送服务需求,提供精准配送服务。

由表 10.3 可知,从收件地址来看,快件交付地址为住宅区的人数为 192 人,占比 87.7%,而商业区和工业区则占了较小的比例;从每个月的收件量来看,3~5 件收件量的人数为 96 人,占比 43.8%,其次为 6~10 件的人数为 89 人,占比 40.6%,说明现在收取快递已成为消费者日常生活中必不可少的一部分;从使用过的配送方式来看,三种配送方式的使用人数占比均超过 72.0%,说明消费者已经非常熟悉这三种快递配送方式,其中使用送货上门服务的调查对象为 186 人,占比 84.9%,说明送货上门方式仍然较为主流;从使用最多的配送方式来看,驿站自提的人数为 82 人,占比 37.4%,其次为智能快递柜自提,占比 33.8%;从最喜欢的配送方式来看,送货上门方式的得票率最高为 130,占比 59.4%,最低为驿站自提,占比 9.6%,说明传统的送货上门配送服务仍然深受消费者的喜爱。综合以上分析可以得出：快递配送服务对象主要为住宅区的群体，多数人使用最多的配送方式为驿站自提服务，但喜欢送货上门配送服务的消费者最多。

2. 信度分析

信度（reliability）即可靠性，指针对同一研究对象采取同样方法重复测量所得结果的一致性程度，它反映了被测者的一贯性、一致性和稳定性等特征。信度分析方法有四种：复本信度法、信度系数法、折半信度法、重测信度法，此处采用的是信度系数法。

信度系数法又称克隆巴赫信度系数法（Cronbach's Alpha 系数法），是一种比较常用的信度分析方法。信度系数的取值区间为 $[0,1]$，取值越大说明被测者的一致性和稳定性越好，信度越高。根据系数值的大小可以衡量测量量表的可靠性，一般认为，当取值在 0.8 以上时，该测量量表的可靠性非常好；当取值位于 $[0.7,0.8]$ 范围内时，测量量表具有可靠性；当取值位于 $[0.6,0.7]$ 范围内时，测量量表应进行重新修订但不失其价值；当取值小于 0.6 时，测量量表应进行重新设计。因此此处对 Cronbach's Alpha 值小于 0.6 的维度进行删除处理。

此外，下面将采用校正项总计相关性（Corrected Item – Total Correlation, CITC）和删除项后的 Cronbach's Alpha 系数来对问卷题项进行修正处理。通常情况下，CITC 值应大于 0.5 或者至少要大于 0.3，对于 CITC 值小于 0.3 的题项应进行删除处理。Yooa B.、Donthub N.（2001）认为，如果某个题项的 CITC 值较小且删除该题项后 Cronbach's Alpha 值会增大，则应考虑删除该题项。因此，此处将对 CITC 值小于 0.4 的题项进行删除处理。

通过 SPSS 25 软件对调查问卷数据进行信度分析，得出结果如表 10.4 所列。

表 10.4　调查问卷信度分析结果

维　度	编　号	校正项总计相关性（CITC）	删除项后的 Cronbach's Alpha	Cronbach's Alpha
有形性	A1	0.211	0.120	0.307
	A2	0.116	0.367	
	A3	0.190	0.201	
移情性	B1	0.392	0.718	0.687
	B2	0.565	0.506	
	B3	0.561	0.512	

维　度	编　号	校正项总计相关性(CITC)	删除项后的Cronbach's Alpha	Cronbach's Alpha
可靠性	C1	0.611	0.577	0.683
	C2	0.548	0.592	
	C3	0.563	0.584	
	C4	0.374	0.654	
	C5	0.156	0.731	
	C6	0.284	0.680	
保证性	D1	0.359	0.374	0.505
	D2	0.330	0.403	
	D3	0.315	0.417	
	D4	0.187	0.521	
安全性	E1	0.480	0.722	0.729
	E2	0.635	0.535	
	E3	0.547	0.648	
便利性	F1	0.419	0.635	0.679
	F2	0.451	0.623	
	F3	0.435	0.628	
	F4	0.527	0.593	
	F5	0.394	0.642	
	F6	0.229	0.694	
绿色环保	G1	0.560	0.741	0.771
	G2	0.613	0.687	
	G3	0.650	0.644	

从表 10.4 可以看出,影响因素中有形性和保证性 2 个维度的 Cronbach's Alpha 值分别为 0.307 和 0.505,均低于 0.6,信度较低,故对这 2 个维度的量表进行删除处理,其他各个维度的 Cronbach's Alpha 值均大于 0.6。进一步对其他 5 个维度各个题项的 CITC 值进行观察时发现,移情性 B1 题项的 CITC 值为 0.392,小于 0.4 的标准,对 B1 题项进行删除处理,删除后移情性的 Cronbach's Alpha 值提升为 0.718;可靠性的后 3 个题项 C4、C5 和 C6 的 CITC 值分别为 0.374、0.156、0.284,均小于 0.4,同样进行删除处理,删除后可靠性的 Cronbach's Alpha 值有较大幅度的提升,提升值为 0.118,提升后为 0.801(见表 10.5);便利性后 2 个题项 F5、F6 的 CITC 值

也均小于 0.4 的标准,对这 2 个题项进行删除处理后,便利性的 Cronbach's Alpha 值提升至 0.683(见表 10.5);剩余 15 个题项均符合 CITC 值大于 0.4 的标准,因此作保留处理。

对调查问卷的 7 个维度 28 个题项进行修正之后得到 5 个维度 15 个题项的修正后的问卷,并重新进行信度分析,得到如表 10.5 所列的信度分析结果,从表中可以看出,其中 4 个维度的 Cronbach's Alpha 值均大于 0.7,便利性维度的 Cronbach's Alpha 值为 0.683,虽然未达到 0.7 这一标准,但值非常接近 0.7,表明测量量表是有价值的,因此作保留处理,问卷的整体信度可以接受。

表 10.5　修正后的调查问卷信度分析结果

维　度	编　号	校正项总计相关性(CITC)	删除项后的 Cronbach's Alpha	Cronbach's Alpha
移情性	B2	0.561	—	0.718
	B3	0.561	—	
可靠性	C1	0.635	0.746	0.801
	C2	0.658	0.715	
	C3	0.657	0.721	
安全性	E1	0.480	0.722	0.729
	E2	0.635	0.535	
	E3	0.547	0.648	
便利性	F1	0.423	0.644	0.683
	F2	0.434	0.638	
	F3	0.448	0.631	
	F4	0.563	0.549	
绿色环保	G1	0.560	0.741	0.771
	G2	0.613	0.687	
	G3	0.650	0.644	

3. 效度分析

效度(validity)即有效性,指测量工具或手段在测量事物时的准确程度,测量结果与待考察的内容越吻合,效度越高;反之,效度越低。效度有三种类型,分别为内容效度、结构效度和准则效度。此处主要对问卷的结构效度进行分析,通过 KMO 样本检验(Kaiser-Meyer-Olkin measure of sampling adequacy)和巴特莱特球体检验(Bartlett test of sphericity)判断样本是否适合进行因子分析。

因子分析是一种统计技术,最早由英国心理学家 C·E·斯皮尔曼提出,它可以将本质相同的变量归入一个因子(即提取共性因子),实现变量降维,并可以检验变量间的关系假设。探索性因子分析(Exploratory Factor Analysis,EFA)可以从多元观测变量中找出变量的本质结构,本小节将采取探索性因子分析提取公因子。验证性因子分析(Confirmatory Factor Analysis,CFA)可以测试所设计的因子与相对应测量题项之间的理论关系,一般通过结构方程建模来分析,本小节将对各个变量之间的关系进行验证性因子分析。

一般认为,当 KMO 值大于 0.9 时,表示非常适合进行因子分析,当 KMO 值位于[0.8,0.9]范围内时,表示很适合进行因子分析;当 KMO 值位于[0.7,0.8]范围内时,表示效度可以接受,适合进行因子分析;当 KMO 值位于[0.6,0.7]范围内时,表示效度不太好,不太适合进行因子分析;当 KMO 值位于[0.5,0.6]范围内时,表示勉强可以进行因子分析;当 KMO 值小于 0.5 时,表示效度完全不好,需重新修正题项。Bartlett 球体检验是检验样本内各观测变量之间的相关系数是否不同且不为 0,若检验结果显著,则表明相关系数可以用于抽取因子进行因子分析。在探索性因子分析部分,本小节将以特征值大于 1 为条件确定公因子数目,并采用主成分分析法提取公因子。

通过 SPSS 25 软件对问卷进行 KMO 样本检验和 Bartlett 球体检验,检验结果如表 10.6 所列,可以看出 KMO 值为 0.807,大于 0.8 的标准,同时可以看到 Bartlett 球体检验显著性水平为 0.000,小于 0.001 的标准,结果显著,说明各个维度之间存在显著的相关性。因此,根据 KMO 样本检验和 Bartlett 球体检验结果得出结论:样本适合进行因子分析。

表 10.6 KMO 和 Bartlett 检验结果

KMO 取样适切性量数		0.807
Bartlett 球体检验	近似卡方	1 097.382
	自由度	105
	显著性	0.000

因子载荷系数(factor loading)反映了因子(潜变量)与分析项(显变量)之间的相关关系情况,通常使用标准载荷系数值表示因子与分析项之间的相关关系,因子载荷系数值越大,说明分析项对因子的解释度越高,分析项与因子之间的相关关系越强;否则,相关关系越弱。下面在进行数据分析时,将对旋转后成分矩阵中因子载荷系数值小于 0.5 的分析项进行剔除处理,而只将因子载荷系数值大于或等于 0.5 的项纳入因子分析。

通过主成分分析法以特征值大于 1 为条件,从 5 个维度中提取了 4 个公因子,即本小节选取的 5 个理论上的维度在实际调研中聚合成 4 个维度,累计解释了 62.055% 的方差,对这 4 个公因子使用凯撒正态最大方差法进行旋转得到旋转成分矩阵(见表 10.7),由表中结果可知,因子载荷系数值均大于 0.5,其中安全性和可靠性 2 个维度聚合为同一维度。

表 10.7　修正后的指标旋转成分矩阵

指　标	成　分			
	1	2	3	4
可靠性 C2	0.806			
安全性 E2	0.795			
可靠性 C3	0.747			
安全性 E3	0.677			
可靠性 C1	0.675			
安全性 E1	0.654			
绿色环保 G2		0.817		
绿色环保 G3		0.816		
绿色环保 G1		0.755		
便利性 F4			0.767	
便利性 F2			0.736	
便利性 F3			0.641	
便利性 F1			0.610	
移情性 B2				0.854
移情性 B3				0.769

10.3.3　假设修正

根据信度和效度分析的结果,对各个维度的影响指标进行修改和调整,由原先的 7 个维度 28 个指标降为 4 个维度 15 个指标。其中,根据信度分析结果剔除有形性和保证性 2 个维度;在保留的 5 个维度中,对移情性的 1 个题项(B1)、可靠性的 3 个题项(C4、C5、C6)及便利性的 2 个题项(F5、F6)共 6 个题项进行剔除处理;根据结构效度分析结果,将可靠性和安全性 2 个维度聚合成 1 个维度,重新命名为可靠性。本小节认为,可靠性指能够履行承诺服务的能力,在快件配送过程中,不仅应该保证快件被安全准确送达,也应该保证不威胁顾客的人身安全和隐私安全,实现配送服务的可靠性,所以将安全性和可靠性聚合为 1 个维度。修正后的影响指标测量量表如表 10.8 所列。

表 10.8 修正后的调查问卷测量量表

维 度	编 号	题 项
移情性	B2	取件时出现与快递员沟通不顺利的次数
	B3	取件时出现快递员服务态度较差的次数
可靠性	C1	一个月内出现快件破损的件数
	C2	一个月内出现快件丢失的件数
	C3	一个月内出现快件被领错的次数
	E1	一年内出现顾客个人信息被泄露的次数
	E2	一年内出现顾客的人身安全被威胁的次数
	E3	一年内出现快递员带病上岗的次数(可能威胁到顾客的健康)
便利性	F1	平均每次取件的排队时间
	F2	平均每次取件需行走的距离
	F3	一天内可取件的时间占全天时间的比例
	F4	平均每次取件所花费的时间
绿色环保	G1	一个月的快递包装材料的回收量
	G2	一个月的车辆燃料消耗(产生有害气体、污染空气)
	G3	一个月的电量消耗(耗能)

由于本小节将使用结构方程建模来检验研究假设,因此要求各个题项的样本值服从正态分布。一般认为,当测量题项样本值的偏度绝对值小于 3、峰度绝对值小于 8 时,样本基本服从正态分布。本小节主要对修正后问卷的各个测量题项的均值、方差、最小值、最大值、偏度、峰度等进行描述性统计分析,结果如表 10.9 所列。

表 10.9 修正后的调查问卷描述性统计结果

维 度	题 项	个案数	平均值	方 差	最小值	最大值	偏 度	偏度标准误差	峰 度	峰度标准误差
移情性	B2	219	3.47	0.984	1	5	−0.274	0.164	−0.488	0.327
	B3	219	3.87	0.923	1	5	−0.734	0.164	0.222	0.327
可靠性	C1	219	4.13	0.611	2	5	−0.819	0.164	0.593	0.327
	C2	219	4.48	0.774	1	5	−1.998	0.164	4.033	0.327
	C3	219	4.08	0.883	1	5	−0.901	0.164	0.437	0.327
	E1	219	4.37	0.757	1	5	−1.512	0.164	2.107	0.327
	E2	219	4.37	0.942	1	5	−1.784	0.164	3.011	0.327
	E3	219	4.08	0.870	1	5	−1.285	0.164	2.053	0.327

续表 10.9

维　度	题　项	个案数	平均值	方　差	最小值	最大值	偏　度	偏度标准误差	峰　度	峰度标准误差
便利性	F1	219	3.74	0.691	1	5	−0.340	0.164	−0.111	0.327
	F2	219	3.89	0.777	1	5	−0.473	0.164	−0.065	0.327
	F3	219	3.66	0.923	1	5	−0.487	0.164	−0.043	0.327
	F4	219	3.79	0.949	1	5	−0.729	0.164	0.216	0.327
绿色环保	G1	219	3.58	0.832	1	5	−0.276	0.164	−0.390	0.327
	G2	219	3.64	1.039	1	5	−0.462	0.164	−0.290	0.327
	G3	219	3.53	0.856	1	5	−0.320	0.164	−0.182	0.327

由表 10.9 可知,问卷中 4 个维度 15 个题项的平均值分布在 4 左右,方差均接近 1,说明数据较为一致,波动性较小;各题项的偏度绝对值小于 3,峰度绝对值小于 8,因此认为样本数据服从正态分布。

根据分析结果对消费者选择配送方式的研究模型进行修正,结果如图 10.2 所示。

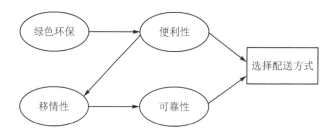

图 10.2　修正后的消费者选择配送方式的研究模型

影响消费者选择配送方式的研究假设更正为:

H4:便利性对配送方式选择倾向性有显著负向影响;

H5:绿色环保对便利性有显著正向影响;

H6:便利性对移情性有显著正向影响;

H7:可靠性对配送方式选择倾向性有显著正向影响;

H8:移情性对可靠性有显著正向影响。

10.3.4　验证性因子分析

本小节采用统计分析软件 AMOS 对各个影响指标之间的关系进行验证性因子分析,根据研究模型在 AMOS 中对各个影响指标的变量进行两两相互关联,并读取数据进行分析,输出结果的模型如图 10.3 所示。研究结果表明,当变量之间的路径系数大于或等于 0.30 时,变量之间具有相关性。

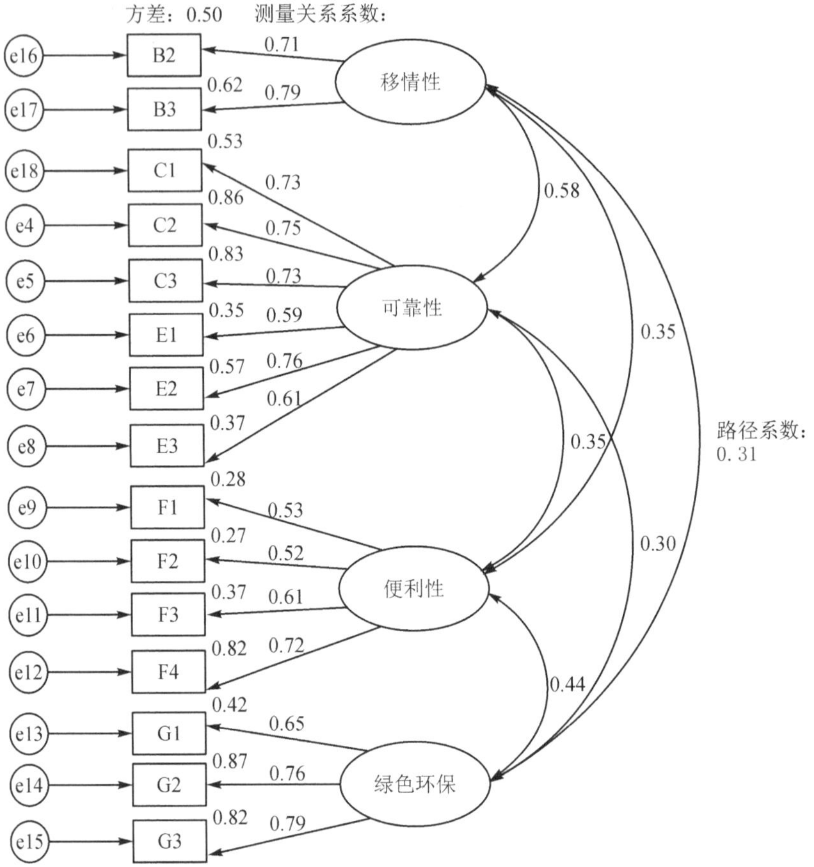

图 10.3　验证性因子分析结果的模型

1. 聚合效度

平均方差提取值(AVE)和组合信度(CR)可用于模型的聚合效度(收敛效度)分析,通常情况下若 AVE 值大于 0.5 且 CR 值大于 0.7,则说明模型的聚合效度较高;若 AVE 或 CR 值较低,则可考虑移除某个因子重新进行聚合效度分析。

对模型输出结果进行整理后得到各指标的标准因子载荷系数(Std. Estimate)、平均方差提取值(AVE)和组合信度(CR),如表 10.10 所列,可以看出,各个指标的因子载荷系数取值均大于 0.5,各个分析项与各自的因子之间具有较强的相关关系。在本小节中,可靠性因子的 AVE 值较为接近 0.5,CR 值大于 0.7;便利性因子的 AVE 值较为接近 0.4,CR 值较为接近 0.7,因此认为本小节的研究数据聚合效度可以接受。

表 10.10　各指标的标准因子载荷系数、AVE 和 CR 的统计结果

路　径			P	标准因子载荷系数	平均方差提取值(AVE)	组合信度(CR)
B3	←	移情性	—	0.79	0.562	0.719
B2	←	移情性	***	0.71		
E3	←	可靠性	—	0.605	0.486	0.848
E2	←	可靠性	***	0.758		
E1	←	可靠性	***	0.595		
C3	←	可靠性	***	0.73		
C2	←	可靠性	***	0.748		
C1	←	可靠性	***	0.726		
F4	←	便利性	—	0.724	0.371	0.694
F3	←	便利性	***	0.609		
F2	←	便利性	***	0.517		
F1	←	便利性	***	0.526		
G3	←	绿色环保	—	0.787	0.539	0.776
G2	←	绿色环保	***	0.755		
G1	←	绿色环保	***	0.647		

注：*** 表示在 0.001 的水平下显著。

2. 区分效度

区分效度(discriminant validity)指在运用不同方法测量不同变量所观测到的数值之间可以相互区分。区分效度可以通过平均方差提取值(AVE)的平方根和因子间相关系数的对比进行验证(Fornell-Larcker 法)，若所有因子的 AVE 平方根值均大于其与其他因子的相关系数，则表明各因子之间的区分效度良好。

由表 10.11 可知，本小节研究的 4 个因子分别对应的 AVE 平方根值中的最小值为 0.609，明显大于因子之间相关系数的最大值 0.452，因此，本研究的数据因子之间的区分效度良好。

表 10.11　相关系数矩阵

维　度	移情性	可靠性	便利性	绿色环保
移情性	0.750			
可靠性	0.452	0.697		

维　　度	移情性	可靠性	便利性	绿色环保
便利性	0.256	0.273	0.609	
绿色环保	0.229	0.267	0.335	0.734

注:斜对角线数字为 AVE 平方根值。

10.4　结构方程模型

结构方程模型(Structural Equation Modeling,SEM)是使用基于变量的协方差矩阵来分析变量之间关系的一种统计方法,是多元数据分析的重要工具,常用于验证性因子分析、高阶因子分析、多时段设计等。结构方程模型可分为测量模型和结构模型,测量模型可以显示指标与潜变量之间的关系,结构模型可以显示潜变量之间的关系。从理论上讲,在使用结构方程模型进行分析时,样本容量越大越好。Boomsma(1982)建议,样本容量至少大于 100,最好为 200 以上。本节将采用AMOS 软件对问卷数据进行结构方程模型分析,研究各变量对快件配送方式选择的影响效应以及各变量之间的影响效应情况。

本节将选取部分统计指标检验结构方程模型来拟合效度情况,所选取的指标分别为:卡方自由度比值、适配度指标(Goodness of Fit Index,GFI)、近似误差均方根(Root Mean Square Error of Approximation,RMSEA)、均方根残差(Root of the Mean Square Residual,RMR)、比较适配指标(Comparative Fit Index,CFI)、标准适配指标(Normal of Fit Index,NFI)、非标准适配指标(Non-Normed Fit Index,NNFI)、成长适配指标(Incremental Fit Index,IFI)。其中,各检验指标及检验标准如表 10.12 所列。

表 10.12　SEM 的检验指标及检验标准

统计检验量	适配的标准
卡方自由度比值	<3.00
适配度指标(GFI)	>0.9
近似误差均方根(RMSEA)	<0.08
均方根残差(RMR)	<0.05
比较适配指标(CFI)	>0.9
标准适配指标(NFI)	>0.9
非标准适配指标(NNFI)	>0.9
成长适配指标(IFI)	>0.9

10.4.1 模型的构建和拟合

1. 模型构建

在 10.3.3 小节建立的研究假设的基础上,通过 AMOS 软件构建包含 4 个潜变量和 16 个测量题项的结构方程模型,输入问卷调研数据后的运行结果如图 10.4 所示。

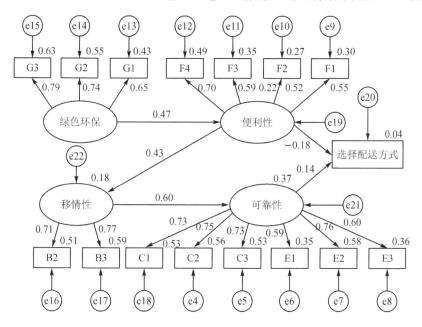

图 10.4 消费者选择配送方式的结构方程模型

2. 模型拟合

根据 AMOS 的输出结果和所选取的模型拟合检验指标,得出模型拟合统计结果如表 10.13 所列,可以看出在本次模型拟合中,除了 NFI(标准适配指标)的拟合结果略低于参考标准以外,其他统计指标的拟合结果均符合参考标准。但是 Ullman (2001)认为,当样本数据的容量较少时会导致 NFI 的拟合结果偏低,此时可以适度放宽 NFI 的参考值至大于 0.8 的范围,因此本模型的 NFI 的取值也是符合标准的。综上所述,模型整体的拟合结果较为理想,可以作进一步的分析。

表 10.13 模型拟合统计结果

统计检验量	适配的标准	模型拟合结果	是否符合
卡方自由度比值	<3.00	1.820	符合

统计检验量	适配的标准	模型拟合结果	是否符合
适配度指标(GFI)	>0.9	0.907	符合
近似误差均方根(RMSEA)	<0.08	0.061	符合
均方根残差(RMR)	<0.05	0.047	符合
比较适配指标(CFI)	>0.9	0.920	符合
标准适配指标(NFI)	>0.9	0.841	不符合
非标准适配指标(NNFI)	>0.9	0.901	符合
成长适配指标(IFI)	>0.9	0.921	符合

10.4.2 路径检验及假设检验

1. 路径检验

根据模型输出的运行结果,得到路径系数统计结果如表 10.14 所列,除了可靠性→选择配送方式的路径系数对应的 CR 绝对值略微小于 1.96 外,其他路径系数所对应的 CR 绝对值均大于 1.96,其中,可靠性→选择配送方式路径在 0.1 的水平下显著,并接近于 0.05 显著性水平,便利性→选择配送方式路径在 0.05 的水平下显著,其他三个路径均在 0.001 的水平下显著。

表 10.14 路径系数统计结果

路 径			标准化回归系数	标准误差	CR	P
便利性	←	绿色环保	0.473	0.091	4.861	***
移情性	←	便利性	0.426	0.108	4.249	***
可靠性	←	移情性	0.604	0.083	5.537	***
选择配送方式	←	便利性	−0.184	0.082	−2.181	0.029
选择配送方式	←	可靠性	0.143	0.092	1.854	0.064

注:*** 表示在 0.001 的水平下显著。

2. 假设检验

对 10.3 节研究中所修正的 5 个假设进行检验,得出所有假设均成立的结果,如表 10.15 所列。

经过信度分析、效度分析、验证性因子分析和结构方程模型检验,得出本研究的最终模型如图 10.5 所示。

表 10.15　研究假设检验结果

编　号	假　设	检验结果
H4	便利性对配送方式选择倾向性有显著负向影响	成立
H5	绿色环保对便利性有显著正向影响	成立
H6	便利性对移情性有显著正向影响	成立
H7	可靠性对配送方式选择倾向性有显著正向影响	成立
H8	移情性对可靠性有显著正向影响	成立

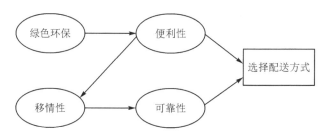

图 10.5　消费者选择配送方式研究的确定模型

10.4.3　结果分析

本节研究了各个因素对消费者选择快件配送方式的影响情况,根据模型运行输出结果和路径检验统计结果可得出如下结论。

(1) 绿色环保对便利性有显著正向影响

绿色环保对便利性的影响效应为 0.47,说明现在人们越来越关注绿色环保问题,绿色环保的配送方式一方面可以节约资源、保护环境,另一方面可以节约自己处理快递包装材料的时间和精力,因此可以带来便利性。

(2) 便利性对移情性有显著正向影响

便利性对移情性的影响效应为 0.43,消费者认为便利的配送方式不但意味着取件过程顺利且方便,还意味着取件时快递员服务态度良好,能够关注到自己的需求并可以进行情感上的交流,使自己更加愉悦。

(3) 移情性对可靠性有显著正向影响

移情性对可靠性的影响效应为 0.60,影响较为显著,在快件配送过程中,良好的沟通质量及服务态度可以照顾到顾客的情感需求,提高了顾客满意度,会让顾客对配送服务的可靠性产生更多的信任。

（4）便利性对配送方式选择倾向性有显著负向影响

由于在处理选择配送方式测量题项过程中对送货上门、智能快递柜、驿站自提三种方式的赋值依次为1、2、3，因此，配送方式得分越低意味着越倾向于送货上门方式；反之，则越倾向于驿站自提方式。便利性对配送方式选择倾向性的影响效应为−0.18，说明从消费者的角度看，送货上门最为便利，其后依次为智能快递柜、驿站自提。在消费者看来，送货上门方式不用出门就可以收取快递，因此最为便利；智能快递柜配送虽然需要自提，但是其24小时提供配送服务，即具有一定的便利性；驿站的便利性最低，因为驿站配送不仅需要自提，而且取件时间也会受限。

（5）可靠性对配送方式选择倾向性有显著正向影响

可靠性对配送方式选择倾向性的影响效应为0.14，表明对消费者来说，驿站自提可靠性最高，其后依次为智能快递柜、送货上门。在消费者看来，驿站自提可以当面签收，责任明确，因此可靠性最高；智能快递柜则不能当面交接快件，当出现问题时难以追究责任，而且若要追责，也难以分清是快递柜的责任还是快递企业的责任，因此可靠性偏低；送货上门的可靠性最低，一方面是快递员的配送时间与顾客的接收时间不匹配易导致二次配送，另一方面则是送货上门可能涉及顾客的人身安全和隐私安全问题，尤其是现代的消费者，对个人人身安全和隐私安全问题更为关注。

10.5　本章小结

本章从消费者角度出发研究了他们对配送方式的选择问题，结合文献研究确定了影响消费者选择配送方式的因素，提出了研究假设模型，设计和发放调查问卷，对回收的219份有效问卷运用SPSS25软件进行描述性统计分析、信度分析和效度分析，根据分析结果对研究模型进行修正，通过验证性因子分析和结构方程模型检验研究假设得出研究结论如下：

① 绿色环保对便利性有显著正向影响，便利性对移情性有显著正向影响，移情性对可靠性有显著正向影响；

② 便利性对配送方式选择倾向性有显著负向影响，三种配送方式的便利性程度从高到低依次为送货上门、智能快递柜、驿站自提；

③ 可靠性对配送方式选择倾向性有显著正向影响，三种配送方式的可靠性程度从高到低依次为驿站自提、智能快递柜、送货上门。

因此快递和电商企业在提供末端配送服务时，应尽量满足顾客对绿色环保、可靠性、便利性和移情性等方面的要求，并尽可能根据顾客的偏好和配送方式的特点，为顾客精准匹配配送方式，比如为看重便利性的顾客提供送货上门服务，为看重可靠性的顾客提供驿站自提服务，从而提高顾客满意度。

参考文献

[1] Saaty T L, Kearns K P. Analytical Planning[M]. Amsterdam:Elsevier,1985:19-62.

[2] 陈水利,李敬功,王向公. 模糊集理论及其应用[M]. 北京:科学出版社, 2005.

[3] 张悦玫,栾庆伟. 基于平衡计分卡的战略实施框架研究[J]. 中国软科学, 2003 (2):86-90.

[4] 云虹. 主成分分析法在承诺评价模型中的应用[J]. 管理学报,2006(5):538-542.

[5] Charnes A,Cooper W W,Rhodes E. Evaluating Program and Managerial Efficiency:An Application of Data Envelopment Analysis to Program Follow Through[J]. Management Science,1981,27(6),668-697.

[6] 章穗,张梅,迟国泰. 基于熵权法的科学技术评价模型及其实证研究[J]. 管理学报,2010,7(1):34.

[7] 杨德权,薛云霞. 基于交叉效率 DEA 和熵 IAHP 对物流企业绩效评价[J]. 运筹与管理,2015,24(3):7.

[8] 刘秉镰,王鹏姬.基于平衡计分卡的物流企业绩效层次分析[J].中国流通经济, 2003(7):58-61.

[9] 熊巍,罗呈,王燕.物流企业绩效评价体系的构建[J].财会月刊,2007(12):26-28.

[10] Keebler J S, Plank R E. LogisticsPerformance Measurement in the Supply Chain: A Benchmark[J]. Benchmarking An International Journal, 2009, 16(6):785-798.

[11] 商红岩,宣熙.基于乘法合成的层次分析模型的第三方物流企业绩效评价[J]. 科技进步与对策,2005(11):94-96.

[12] 张滢.基于熵权和灰关联的第三方物流企业绩效评价[J].中国流通经济,2008 (1):19-21.

[13] 曲靖.药品冷链物流企业绩效评价[J].物流工程与管理,2020,42(12):44-46.

[14] 张发明,刘志平.组合评价方法研究综述[J].系统工程学报,2017,32(4):557-569.

[15] 郭亚军,马赞福,张发明.组合评价方法的相对有效性分析及应用[J].中国管理科学,2009,17(2):125-130.

[16] Hall R W. Configuration of anOvernight Package Air Network[J]. Transportation Research:Part A General,1989,23(2):139-149.

[17] Kozlowska J. Technical Efficiency of Polish Companies Operating in the Couriers and Messengers Sector:The Application of Data Envelopment Analysis Method [J]. Quantitative Methods in Economics,2014(2):339-348.

[18] Chodakowka E,Nazarko J. Network DEA Models for Evaluating Couriers and Messengers[J]. Procedia Engineering,2017(182):106-111.

[19] 邹小平,杨晓红.基于 DEA 模型的全国快递业效率评价[J].长沙理工大学学报 (社会科学版),2017,32(4):113-118.

[20] 马静,初铭畅.基于主成分分析的快递企业竞争力影响因素分析[J].当代经济,2017,434(2):48-49.

[21] 温丽琴,卢进勇,杨敏姣.中国跨境电商物流企业国际竞争力的提升路径——基于 ANP-TOPSIS 模型的研究[J].经济问题,2019,481(9):45-52.

[22] 吕冬梅.基于熵权法的快递企业物流服务质量评价体系优化研究[J].中国市场,2019(27):171-173.

[23] 程启月.评测指标权重确定的结构熵权法[J].系统工程理论与实践,2010,30(7):1225-1228.

[24] Nakagawa Y, James R J W, Rego C, et al. Entropy-Based Optimization of Nonlinear Separable Discrete Decision Models[J]. Management Science, 2013, 60(3):695-707.

[25] Wold S, Esbensen K, Geladi P. Principal Component Analysis[J]. Chemometrics & Intelligent Laboratory Systems, 1987, 2(1-3):37-52.

[26] Shyur H J. COTS Evaluation Using Modified TOPSIS and ANP[J]. Applied Mathematics and Computation, 2006, 177(1):251-259.

[27] Charnes A, Cooper W W, Rhodes E. Measuring the Efficiency Of Decision-Making Units[J]. European Journal of Operational Research, 1978, 2(6):429-444.

[28] Andersen P, Petersen N C. A Procedure for Ranking Efficient Units in Data Envelopment Analysis[J]. Management Science, 1993, 39(10):1261-1264.

[29] Diakoulaki D, Mavrotas G, Papayannakis L. Determining Objective Weights in Multiple Criteria Problems: The Critic Method[J]. Computers & Operations Research, 1995, 22(7):763-770.

[30] 郭显光.一种新的综合评价方法——组合评价法[J].统计研究,1995,12(5):56-59.

[31] 彭勇行.国际投资环境的组合评价研究[J].系统工程理论与实践,1997(11):14-18.

[32] 郭亚军,易平涛.一种基于整体差异的客观组合评价法[J].中国管理科学,2006(3):62-66.

[33] 王宏亮.物流企业绩效评价指标体系研究综述[J].经济研究导刊,2021(10):10-12.

[34] Gevaers R, Van de Voorde E, Thierry Vanelslander T. Cost Modelling and Simulation of Last-mile Characteristics in an Innovative B2C Supply Chain Environment with Implications on Urban Areas and Cities[J]. Procedia Social and Behavioral Sciences, 2014, 125:398-411.

[35] 中华人民共和国国家质量监督检验检疫总局,中国国家标准化管理委员会.中华人民共和国国家标准 物流术语:GB/T 18354—2006[S].北京:中国标准出版社,2006.

[36] 蔡稳.电子商务物流末端共同配送的利益分配问题研究[D].杭州:浙江财经大学,2015.

[37] 孙虎,闫超.共同配送下城市快递末端网点布局研究[J].武汉理工大学学报(信息与管理工程版),2019,41(2):186-190,196.

[38] 于晓辉,何明珂,杜志平,等.不确定风险下快递末端共同配送问题的博弈分析[J].模糊系统与数学, 2019, 33(5):152-165.

[39] Hong S,Lv R, Hong P. Cost Sharing of Terminal Joint Distribution of Express Industry[J]. IET Intelligent Transport Systems, 2018, 12(7):730-734.

[40] 谭怡乔,张杨.快递企业共同配送收益分配研究[J].物流技术,2018,37(4):16-22.

[41] Yuen K F, Wang X, Ng L T W, et al. An Investigation of Customers' Intention to Use Self-Collection Services for Last-Mile Delivery[J]. Transport Policy,2018,66:1-8.

[42] Vakulenko Y, Hellström D, Hjort K. What's in the Parcel Locker? Exploring Customer Value in E-Commerce Last Mile Delivery[J]. Journal of Business Research, 2018,88:421-427.

[43] Song L,Cherrett T, Guan W, et al. Alternative Solution for Addressing Failed Home Deliveries[J]. Transportation Research Record Journal of the Transportation Research Board, 2012, 2269(1):83-91.

[44] Fernie J, Sparks L, McKinnon A C. Retail Logistics in the UK: Past, Present and Future[J]. International Journal of Retail & Distribution Management, 2010,38(11/12), 894-914.

[45] 王旭坪,詹林敏,张珺.考虑碳税的电子商务物流最后一公里不同配送模式的成本研究[J].系统管理学报,2018,27(4):776-782.

[46] 黄辉城.基于资源优势理论的快递末端配送模式分析[J].物流工程与管理,2017,39(3):81-84.

[47] 郑捷扬,徐杰.国内外电子商务末端配送模式对比研究[J].管理观察,2013(15):111-114.

[48] 徐俊杰.上门投递包裹服务体验对客户自提意愿的影响研究[J].暨南学报(哲学社会科学版),2013,35(5):56-61,162-163.

[49] Cardozo R N. An Experimental Study of Customer Effort, Expectation, and Satisfaction[J]. Journal of Marketing Research,1965,2(3):244-249.

[50] Fornell C, Johnson M D, Anderson E W, et al. The American Customer Satisfaction Index: Nature, Purpose, and Findings[J]. Journal of Marketing,1996,60(4):7-18.

[51] Parasuraman A, Zeithaml V A, Berry L L. A Conceptual Model of Service

Quality and Its Implications for Future Research[J]. Journal of Marketing，1985，49(4)，41-50.

[52] Parasuraman A，Zeithaml V A，Berry L L. SERVQUAL：A Multiple-Item Scale for Measuring Consumer Perceptions of Service Quality[J]. Journal of Retailing，1988，64(1)：12-40.

[53] 庄德林，李景，夏茵. 基于 CZIPA 法的快递企业服务质量评价研究[J]. 北京工商大学学报(社会科学版)，2015(30)：48-55.

[54] 刘亚. 快递业服务质量对服务价值的影响[J]. 中国流通经济，2014(5)：106-111.

[55] 陈争辉，王倩，朴明燮. 邮政快递服务质量要素与品牌忠诚研究[J]. 商业研究，2011(11)：127-132.

[56] 赵彩，陈阳. 快递企业服务质量评价体系的制定[J]. 物流科技，2009，32(11)：128-129.

[57] 郑兵，金玉芳，董大海，等. 中国本土物流服务质量测评指标创建及其实证检验[J]. 管理评论，2007(4)：49-55.

[58] 张圣亮，高欢. 服务补救方式对消费者情绪和行为意向的影响[J]. 南开管理评论，2011，14(2)：37-43.

[59] Martinez J A，Martinez L. Some Insights on Conceptualizing and Measuring Service Quality[J]. Journal of Retailing and Consumer Services，2010，17(1)：29-42.

[60] Stank T P，Goldsby T J，Vickery S K，et al. Logistics Service Performance：Estimating Its Influence on Market Share[J]. 2003，24(1)：27-55.

[61] 刘建明，王泰玄. 宣传舆论学大辞典[M]. 北京：经济日报出版社，1993.

[62] Nunnally J C. Psychometric Theory[M]. 2nd ed. New York：McGraw-Hill，1978.

[63] Yooa B，Donthub N. Developing and Validating a Multidimensional Consumer-Based Brand Equity Scale[J]. Journal of Business Research，2001，52(1)：1-14.

[64] 马庆国. 管理统计：数据获取、统计原理 SPSS 工具与应用研究[M]. 北京：科学出版社，2002.

[65] 吴兵福. 结构方程模型初步研究[D]. 天津：天津大学，2006.

[66] Boomsma A. Robustness of LISREL Against Small Sample Sizes in Factor Analysis Models[M]//Joreskog K G，Wold H. Systems Under Indirection Observation：Causality，Structure，Prediction (Part I). Amsterdam，Netherlands：North Holland，1982：149-173.

[67] Ullman J B. Structural Equation Modeling[M]//Tabachnick B G，Fidell L S. Using Multivariate Statistics. Boston，MA：Pearson Education，2001.

第五篇　预测与优化

第 11 章 基于 LSTM 的快件
业务量预测

快递在社会经济活动中的地位日渐提升,也与多种经济活动息息相关。若在对快递行业进行综合指标评价的基础上进行广度与深度的优化,则对快递驿站业务量的预测是必不可少的前提。因而,本章针对快递业务量的特点和快递运营现状建立基于 LSTM 的时序预测模型,对给定时间跨度的业务量进行预测;与历史数据业务量进行对比分析,评估驿站处理快件的能力;给出快递业务量的预测值和上下限区间;为驿站人员和资金投入提供决策参考。

11.1　理论介绍与现状分析

11.1.1　业务量预测概述

快递网点的业务量有两种常见的定义,分别是接收快件数量和派送快件数量。

当下,消费者对快递服务的需求正在稳步快速上升,因此,科学规范、严格合理地对快递业务量进行预测,并进一步制定出与当前城市区域契合度较高,与金融经济发展水平相匹配的快递业相关规划,无论是对提高快递服务质量、降低不必要的冗余的运输配送成本,还是对刺激电子商务市场蓬勃发展、实现区域经济绿色健康进步,其价值都是不言而喻的。

在这样的背景下,深入分析在驿站形成快件业务量的过程中,哪些是关键的影响因子;贴近现实生活情况,合乎规范地对其进行准确高效的预测;合理评估驿站处理快件的能力,为驿站人员和资金投入提供决策参考,有效提升快递业的服务水平。

11.1.2　业务量预测现状分析

从现阶段国内学者对快递业的研究来看,大部分集中在对快递需求的长期预测和广度预测上,如对年度快递总量的预测和对省份快递总量的预测;而对单个快递驿站快递业务量的预测,以及对日度和月度等较短时间跨度内快递业务量的预测则相对空白。运用时间序列、长短期记忆网络、kmeans 聚类和决策树回归等多种预测方法对驿站快递的短期业务量进行预测,不仅能丰富完善国内快递业务量和时效预测方面的理论,而且能为其他相似研究提供参考。同时快递发展与经济活动密不可分,有助于驿站把控未来快递业务量的变动情况,评估处理快件的能力,为驿站人员和资金投入提供决策参考,降低驿站的运营成本,提升运行效率,这对促进快递高水平发展有着十分显著的意义。

此前,已有部分国内外学者进行过一些相关研究。Jaipuria S 率先通过 ARIMA 模型和离散小波(DWT-ANN)模型进行对比研究,验证了模型的有效性。分析表明,离散小波神经网络的均方误差(MSE)小于 ARIMA 模型。一个较好的预测模型通常会导致 BWE 值降低,因此,应采用基库存控制策略对 DWT-ANN 和 ARIMA 模型进行 BWE 值和 NSAmp 值的估计。国外在快递领域的研究多集中于对快递业总体发展的研究以及快递网络优化等方面,但对快递网点给定时间跨度内的业务量预测的相关研究仍然较少。在国内,韩姣(2015)总结概括了山西省过去二十年快递产业从零起步的发展历程和态势,深入分析了哪些是与快递行业关联最密集的行业,用灰色关联度方法构建了从运输、仓储业到快递业的映射关系,利用逻辑指数曲线函数对山西省的快件业务量数据进行拟合,并用该模型对未来数年的快件业务量进行预测。

张仲斐等(2012)运用时间序列预测模型对多家全球性跨国快递公司的数据进行分析和研究,采用 ARIMA 模型对数据进行拟合,发现预测错误会随着预测跨度的扩大而不断加剧。虽然按季度对跨国公司业务量趋势的拟合在月度、季度范围内的表现良好、很理想,但无法按中期和长期来预测规模。王莲花(2015)在灰色系统理论模型上做了进一步改进,对处于"十二五"期间五年的平均业务量和置信区间等做了分析预测,通过仿真结果验证了各种方法,为制定快递行业的发展战略提供了有力参考。徐锐等(2016)对湖北省 GDP 和快递业务量的自相关趋势做了检验后,确定湖北省 GDP 为非平稳序列,经过二阶差分平稳处理后,发现湖北省的快递业务量与 GDP 之间确实存在长期、较为稳定的均衡关系。孙丽(2017)鉴于持续的增长和稳定的高铁快递服务的业务量,对专业化和高端产品市场的快递业务进行持续测试,首次构建了由两个相异的测试方法构成的模拟模型,即测试误差的大小和测试后的差额。伍平(2019)筛选出了消费需求、人均支出、物流总额等对区域人均快递需求影响因素较高的指标,将生物学科中的生长曲线理论模式应用到快递业务量的增长曲线中,描绘出北京市快递业务量的动态曲线。李辰颖(2019)针对快件业务量的混沌和非线性特征,将互补集经验模式分解(ceemd)与支持向量机相结合,重建相位空间,恢复原始动态系统。由于国内物流业和快递业的起步都较晚,所以研究重心仍集中于宏观角度的发展和服务质量的优化等方面,而对快递业务量进行时序预测的研究仍然较为缺乏。

11.1.3 快递驿站业务量影响因素分析

1. 异地性

由国家邮政局定义,我国快递业务可划分为三个子类:城市内快递、跨市快递和来自海外及港澳台特别行政区快递,其中异地快递所占比例过半,接近八成,远远将同城快递甩在身后,而国际及港澳台快递更是冰山一角,难以望其项背。异地性特征与中国人民的购物偏好、经济布局、人员分布变更流都有关系,最近十年电商的普及和下沉,无疑是异地快递量所占整体比重不断攀升的首要因素。

2. 季节性

我国快递业从创立起步阶段到快速发展阶段仅仅用了十几年不到二十年的时间,信息技术的飞速发展,将因特网送入千千万万居民的家中,直接带动电子商务快速发展,供应链的上下游效应进而又推动物流服务与快递业的发展,民营快递企业如中通、申通在全国星罗棋布。我国四季分明、幅员辽阔,国土覆盖几乎所有的气候类型,这就注定快递业会有明显的季节性特征:首先,从当年8月至次年1月末是通常意义上的旺季,在该时段的快递业务量都高于其余时段;其次,每年1—2月受大部分中国人春节返乡居家和线下消费的影响,快递行业也进入淡季;最后,从3月起伴随着春暖花开,外出务工人员返回岗位,大量线上消费带动快递业迅速稳步回升,直至暑期达到稳定水平,然后再次进入旺季。

3. 地区差异性

区域的快递需求与区域财政状况直接挂钩,地理位置优越、城市道路交通运载能力强、城市经济工业产业多样性都是快递需求的有力助燃剂。据统计分析检验,北京市区及江浙沪地区的快递业务量占全国业务量的百分之七十以上。

4. 疫情影响

2020年初,新冠肺炎疫情给我国几乎所有行业都造成了惨痛伤害,尤以实体业为甚。为了人民群众的生命安全,政府与民间迅速采取一系列积极有效的措施,但不出门和不返岗对快递行业无疑是当头一棒。但同时,诸多因素又成为使快递业务增长由负转正的助力器,使快递业务逆潮流而上。3月3日,在一次国务院常务会议上,决定将保障快递物流业率先恢复正常工作提上日程。2020年夏季,全国快递行业的生产回收率达到了88%,行业整体复苏。

将目光放长远,随着淘宝、苏宁等电商平台做大做强,以及5G和光纤技术的提速,年轻一代更习惯于足不出户的宅男、宅女经济。与此同时,数据显示随着快手红人、抖音主播引流带货模式的兴起和普及,无疑会使快递行业的业务量继续稳定高速增长五六年。

11.2　LSTM(长短期记忆网络)算法建模

11.2.1　LSTM 的核心思想

传统的神经网络像是多层感知机,普通 BP(Back Propagation)网络无法对内容做重复理解,相同的模式贯穿始终。但随着近十年网络结构的不断改进,循环神经网络完美克服了这个困难,即带有循环的网络结构支撑并允许信息持续存在。它们被大量应用于机器学习的多个分支中,例如,模块识别、控制系统、计算机视觉、自然语言处理等领域。

长短期记忆网络的设计初衷是避免 RNN(Recurrent Neural Network)中的信息和残差随时间而损耗,以及针对 RNN 的细胞单元(cell)难以留存先前时间步(time-step)的状态信息和描绘长序列能力不足的缺陷而进行改进,并在与时间递归神经网络的竞争中胜出。从循环网络到递归网络,思想并没有发生本源性的变化。BPTT (Back-Propagation Through Time)是在 BP 的反向传播和链式模块的基础上,对损失函数进行了改进,不再单一依赖输出层,而将后续时刻的信息考虑进去。如图 11.1 所示,每个单独的 cell 都含有一个 tanh。

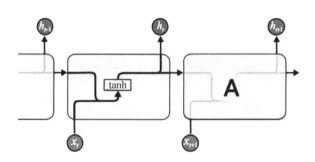

图 11.1　循环神经网络 cell

LSTM 在 RNN 的神经元基础上引入了全新的机制,即细胞状态,并增加了三个门控对细胞状态进行更新(见图 11.2)。图 11.3～图 11.6 四个图分别解释了状态更新的过程和这三个门控,从而有助于解决梯度爆炸这一在普通网络中致命的缺陷,避免陷入梯度的断崖陷阱,并且克服了梯度消失拖延训练时间的问题,更为复杂地记住了长时间时序状态。

LSTM 最重要的部分在于细胞单元的整个状态(见图 11.3),以及从 cell 之间穿过的单向箭头。

门的意义在于控制只让有意义的信息通过。LSTM 通过三个门来对信息加以控制与储存,分别为负责舍弃的遗忘门、添加信息的输入门和最终输出的输出门。

(1) 遗忘门(见图 11.4)

在 LSTM 中,第一个环节是从细胞单元状态中舍弃部分无意义无价值的信息。这项重任由特殊设计的 sigmoid 层承担。该门将读取 h_{t-1} 和 x_t,

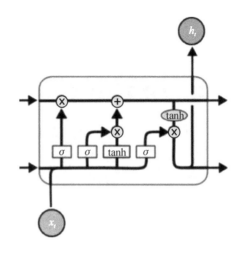

图 11.2　长短期记忆网络 cell

并为神经元状态 C_{t-1} 中的每个数字输出一个 0~1 之间的数字,1 代表"全部留存",0 代表"全部舍去"。遗忘门的存在保证了衰减不会过快。

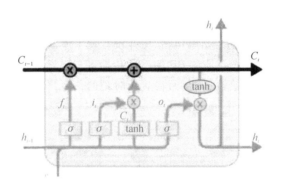

图 11.3　长短期记忆网络信息流动图

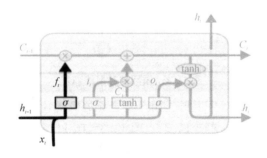

图 11.4　遗忘门

遗忘门的更新方式为

$$f_t = \sigma(\boldsymbol{W}_f \cdot [h_{t-1}, x_t] + b_f) \tag{11.1}$$

（2）输入门（见图 11.5）

在 LSTM 中，第二个环节的操作是由名为 input gate layer 的 sigmoid 层发挥作用，完成原有短时记忆的"处理净化"；净化后的新信息通过前置状态输出、当下时刻输入和 tanh 激活函数联合发挥作用，生成新向量。

输入门的更新方式为

$$i_t = \sigma(\boldsymbol{W}_i \cdot [h_{t-1}, x_t] + b_i) \tag{11.2}$$

$$C_t = \tanh(\boldsymbol{W}_c \cdot [h_{t-1}, x_t] + b_c) \tag{11.3}$$

（3）输出门（见图 11.6）

在 LSTM 中，第三个环节最终的输出将会基于细胞状态蕴含的信息进行加权。tanh 模块接受 sigmoid 层的输出与 cell 单元更新计算后的实数值相乘之积。

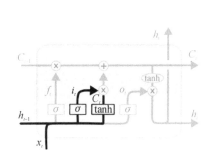

图 11.5　输入门

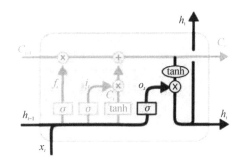

图 11.6　输出门

输出门的更新方式为

$$o_t = \sigma(\boldsymbol{W}_o \cdot [h_{t-1}, x_t] + b_o) \tag{11.4}$$

$$h_t = o_t * \tanh C_t \tag{11.5}$$

11.2.2　数据说明与数据预处理

本章采用来自 2019.12.16—2020.8.31 期间的北京市丰台科学城圆通公司网点的数据，原始数据样本有 1 796 950 条，有效数据维度包括：发件时间，始发中心上车时间，目的中心下车时间，派送时间，签收时间，揽收网点名称，目的中心名称。

首先，采用 Python 中的 pandas 和 numpy 库对数据进行清洗。针对时间维度属性的大量默认值，以及发货地维度属性的命名不规范和乱码等问题，统一使用 dropna 函数和 isin 函数来判断是否需要删除，并设计自写函数批量化删除而过滤掉相应的行。其次,如果直接使用该数据,则存在的奇异值势必会影响模型的鲁棒性。针对收敛至最佳效果速度过慢的问题,同时为了避免过拟合,需要对快递业务量数据集的数据用 mapminmax 函数作统一归一化处理。如果没有经过数据归一化,则最优解的寻优过程陡峭且难以实现,难以有效保证收敛到最优解。使用 pandas 库中自带的 resample 函数的 count 方法,分别对快递业务量进行统计后,再分别按天、周、月等不同维度对时间序列数据作重新采样处理。使用 Python 中的 matplotlib 库绘制以周为单位的业务量变化折线图(见图 11.7),对数据进行初步探查。

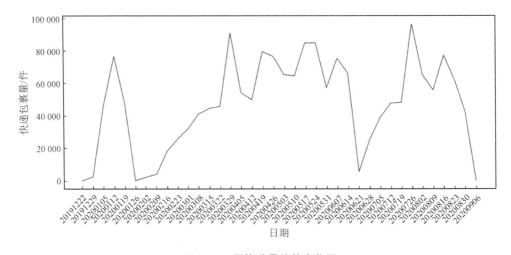

图 11.7　周快递量趋势变化图

由图 11.7 可以看出,周快递业务量在 0～50 000 之间波动,在 1 月和 6 月初跌入谷底,随后逐渐上升,这分别是由 2020 年初发源自国外的新冠疫情大暴发,以及境外疫情高发区冷链进口食品输入导致的北京新发地疫情复发事件。但我国高效迅速对疫情的控制,使快递业快速复工,完全恢复了业务量水平。

同时,从图 11.8 可以看出,5 月快递业务量均值最高,达到 10 000 件,其余月份多在 6 000～9 000 左右,二月均值较低,仅仅为 2 000 余件。标准差除 1 月最高为 5 000 左右外,其余月份多在 3 000～4 000 范围,较高的标准差说明了,在每个自然月中,快递业务量波动较大。

继续查看地区快递分布,由图 11.9 直观发现,北京市快递业务量超过 1/4,是最高的;广东、江苏、浙江作为经济发达大省,小商品贸易繁荣,占比也都在 5% 以上;其余人口大省则中规中矩,从 1% 到 5% 不等;而一些人口较少、产业较不发达,地理位置居于边陲的省份在长达 8 个月的跨度中,快递总件数甚至不到 1 000 件,占比只有 0.01%,对总体部分的影响微乎其微。

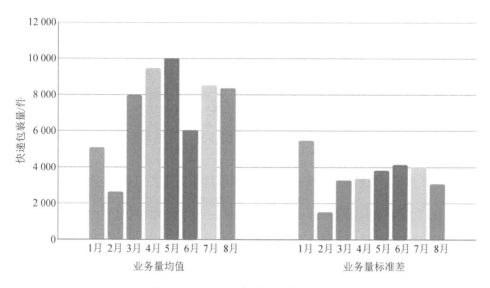

图 11.8　1—8 月快递业务量均值与标准差

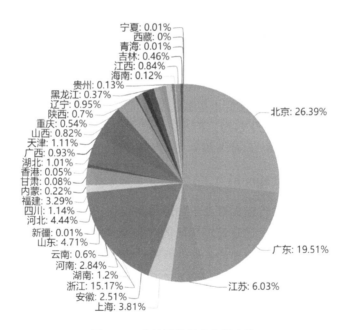

图 11.9　分地区快递业务量占比

11.2.3　参数选取与网络训练

为了提高测试精度,以天为粒度进行预测符合常情。针对时间序列预测,不能以随机分割的方式干扰时间序列的走向。总数据共 263 天,将从 2019 年 12 月开始

161

的约占总天数 80% 的前 200 天快递业务量数据作为训练集来拟合长短期记忆网络，最后留存 63 天数据作为测试集，以 60 天为步长，循环输入。为了更好地量化衡量建模结果，共选用 4 种不同的评价指标。

MSE(Mean Sguare Error)本质是真实值与预测值差值平方的平均期望值，即

$$MSE = \frac{SSE}{n} = \frac{1}{n}\sum_{i=1}^{n} w_i(y_i - \hat{y}_i)^2 \tag{11.6}$$

MSE 能够衡量数据的总体波动性，其值越小代表快递业务量长短期记忆网络预测模型输出的数据偏差越小。

RMSE 是 MSE 的算术平方根，数据级别和原始数据是同一量级，即

$$RMSE = \sqrt{MSE} = \sqrt{\frac{SSE}{n}} = \sqrt{\frac{1}{n}\sum_{i=1}^{n} w_i(y_i - \hat{y}_i)^2} \tag{11.7}$$

MAE 指的是真实值与预测值差值的绝对值，即

$$MAE = \frac{1}{n}\sum_{i=1}^{n}|\hat{y}_i - y_i| \tag{11.8}$$

LSTM 含有多个参数，需要对这些参数一一确定。

1. 确定隐藏层数(hidden layer)

如何确定隐藏层的层数是一个至关重要的问题。通常情境下，绝大多数任务都是采用单一或两层的隐藏层。随着神经网络层数的增加，理论上其拟合函数的效果会逐渐提升，效果按理说会更好，但实际上更深的层数可能会让过拟合成为潜在的威胁，并且使进行训练的难度呈指数化倍增。因此经验是，在使用 LSTM 神经网络时，最好可以参照已有的表现优异的模型，参考相关文献及开源技术文档，采用 2 层隐藏层。

2. 确定训练次数(epoch)

在长短期记忆网络中传递数百万条快递数据仅做一次训练是不能满足要求的，而需要将完整的数据集整个送进长短期记忆网络中重复循环进行模拟计算，因此应逐步增加 epoch 的数量。不同训练次数下的模型性能表现如表 11.1 所列。

表 11.1　不同训练次数下的模型性能表现

训练次数	5	10	15	20	25	30
RMSE	5 931	5 185	4 762	4 325	4 632	4 559
MAE	649	621	576	534	568	591

3. 确定隐层神经元节点数(unit)

当长短期记忆网络的节点数冗余，即信息处理能力溢出时，训练集中包含的有限信息量难以训练隐藏层中的所有神经元，因此较易产生过拟合现象。因而，将隐

藏层神经元数量确定为合理值将对神经网络训练效果及模型的实际性能起到决定性作用。一般情况下,处理普通深度学习任务的经验是对所设计网络中的隐藏层应用相同数量的神经元即可基本满足要求。对于本章使用的数据集,数据规模较大,应采用较大的第 1 层并在其后跟随较小的层将会匹配更好的性能(见表 11.2 和表 11.3),其原因在于,第 1 层已能充分学习很多低阶的特征。但添加于深度学习网络中的层数相较于在单一层数中的扩展神经元数量而言,效率与性能的提升会更加明显。鉴于已确定了层数,因此不应在一个隐藏层中加入过多的神经元。

表 11.2 第 1 层不同节点数量下的模型性能表现

第 1 层节点数/个	50	100	200	250	300	500
RMSE	5 931	5 185	4 182	4 653	4 632	4 559
MAE	723	639	511	534	552	541

表 11.3 第二层不同节点数量下的模型性能表现

第 2 层节点数/个	50	100	150	200
RMSE	5 213	5 725	6 079	6 308
MAE	492	531	613	760

4. 确定优化器(optmizer)

在较为常用的深度学习中,优化器针对的对象首先是优化方向,以确保前进的方向处于正确的道路上。其次是步长,它决定了每次更新的距离是多少,这在优化器中体现为学习率。目前,绝大多数优化器都将焦点集中于这两个方面,但最新的研究趋势同时也在关注一些其他问题,比如应该从哪里出发、路线错误如何处理。这是优化器最新关注的一些方向。表 11.4 给出了不同优化器下的模型性能表现,其中 Adam 表现最优。"Adam:Adaptive Moment Estimation"是现在较常用的一种优化器,主要包含以下几个显著的优点:实现简单,计算高效,对计算机处理器及显卡显存的需求少;超参数表现出了优异的可解释性,训练过程速度较快,耗费计算资源较少,一般不需要过多调整。

表 11.4 不同优化器下的模型性能表现

优化器	BGD	SGD	Momentum	RMSProp	Adagrad	Adam
RMSE	9 862	10 351	6 357	6 558	4 963	4 196
MAE	813	975	726	781	596	503

11.3 结果分析及检验

11.3.1 参数汇总及对比分析

表 11.5 给出了基于北京丰台科学城数据搭建的 LSTM 网络,经多轮训练后得到的最佳参数汇总表,训练次数确定为 20,第 1 层节点个数为 200,第 2 层节点个数为 50,选用 ADAM 作为最终的优化器。

训练次数	20
第 1 层节点数/个	200
第 2 层节点数/个	50
优化器	ADAM
损失函数	MSE

图 11.10 表明,预测值的波动比真实值稍小,但趋势一致。总体来看,在快递业务量较为平稳的时期,即测试集上的 7 月和 8 月,快递业务量的预测值与真实值走势基本吻合,在 5 000~15 000 件之间波动,均值在 10 000 件左右,平均绝对误差在 500 件左右,能够说明预测的精度较高。

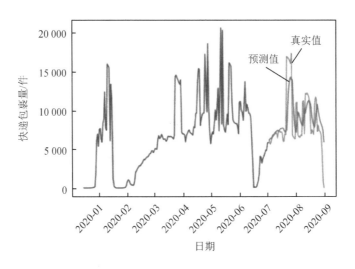

图 11.10　预测值与真实值对比

在 2020 年 1 月,疫情的暴发对快递产业造成了毁灭性打击,快递业务量在短短几天之内从 15 000 件跌至趋近 0,代表着快递业几乎停产,收件运送等工作暂停。在 2—4 月,疫情形势逐渐稳定后,由于居民消费倾向的回弹,一定程度上的"报复性"消费促使快递业务量迅速攀升至疫情前的水平。但 6 月北京丰台区新发地疫情突然暴发,因疫情管控措施的限制,快递无法进入丰台科学城地区,正常运营更是无从谈起,这一情况也在图中有所体现,快递业务量在短短一周之内迅速跌至零点。

比较 1 月的疫情与新发地的疫情,快递业务量走势表现出了高度相似性。在随后恢复运营之后,从图 11.10 中可以看到,LSTM 网络预测值与实际真实值的走势几乎完全一致,绝对值差异较低,由此可充分说明在考虑到大范围波动的情况下,LSTM 模型的预测效果仍然十分优异。

由图 11.11 的模型损失图可以看到,在 LSTM 网络中,训练损失在训练次数趋于 20 次时达到饱和,在 0～15 次时急速下降,在 15～25 次时,下降速度明显放缓。

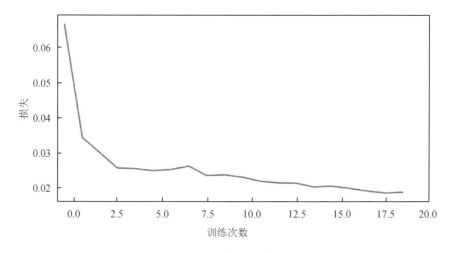

图 11.11　模型损失图

11.3.2　与传统 ARIMA 算法对比

自回归移动平均 ARIMA(AutoRegressive Integrated Moving Average)算法在时间序列预测领域中占有举足轻重的地位,是经过差分处理后的自回归性质的移动平均过程。ARIMA 算法在时间序列预测任务中的普适性最强,且是简单易操作的一种方法。其训练速度快,对平稳序列的效果不错,为了与 11.3.1 小节中已经建立的 LSTM 快递业务量时序预测模型作对比评估,本小节将把 ARIMA 模型设置为对照组,由此可以衡量长短期记忆网络的效果。ARIAM 的输入同样是快递业务量数据,在预先确定好预测天数之后,将快递业务量的预测值输出。在建立快递业务量 ARIMA 预测时,需要首先对以下概念有一个简单的了解。

平稳随机过程:m 阶平稳过程是当且仅当随机过程在 m 阶以下的矩的取值全部与时间无关。通常使用 1 阶平稳过程,即随机过程 x_t 的均值 m_t 是常值。

自回归过程:自回归过程可表示为

$$x_t = \sum_{i=1}^{p} \varphi_i x_{t-i} + \mu_t \qquad (11.9)$$

其中，φ_i 是自回归参数，μ_t 是白噪声参数，称式（11.9）为 p 阶自回归过程，记为 AR(p)。

移动平均过程：移动平均过程可表示为

$$x_t = \mu_t + \sum_{i=1}^{q} \theta_i \mu_{t-i} \qquad (11.10)$$

其中，θ_i 是自回归参数，μ_t 是白噪声参数，称式（11.10）为 q 阶移动平均过程，记为 MA(q)。

自回归移动平均过程：顾名思义，就是移动平均过程与自回归过程的结合，记为 ARMA(p,q)，可表示为

$$x_t = \sum_{i=1}^{p} \varphi_i x_{t-i} + \mu_t + \sum_{i=1}^{q} \theta_i \mu_{t-i} \qquad (11.11)$$

在做 ARIMA 建模前需要进行平稳性检验。当从时间序列的均值中剔除了趋势性的系统变化，且将周期性变化排除在外时，才可称之为是平稳的。

严平稳时间序列：设 $\{X_t\}$ 是一时间序列，对于任意正整数 m，任取 $t_1, t_2, \cdots, t_m \in T$，假如对于任意整数 τ，满足公式

$$F_{t_1, t_2, \cdots, t_m}(x_1, x_2, \cdots, x_m) = F_{t_{1+\tau}, t_{2+\tau}, \cdots, t_{m+\tau}}(x_{1+\tau}, x_{2+\tau}, \cdots, x_{m+\tau}) \qquad (11.12)$$

则称时间序列 $\{X_t\}$ 是严平稳时间序列。

宽平稳时间序列：若 $\{X_t\}$ 满足在任意时间点，时间序列乘积的期望是有限值，同时保证期望值 μ 为一个常数，则称 $\{X_t\}$ 为宽平稳时间序列。

平稳时间序列分析离不开数理统计学的基本分析思想，即从具有局部代表性的小样本信息中提取出大样本的全局信息。在时间序列数据中，由于每个随机变量只有一个观测值，因此无法研究分布的性质。但如果时间序列是平稳的，则可以从不同日期的数据之间发现内在关联，且可认为过去的数据表现出的某种性质也会在未来重复出现。因此对数据进行平稳性检验就显得非常重要。用 Python 做平稳性检验共有三种方式，分别是时序图检验、自相关图检验和构造统计量检验。时序图检验就是以时间为自变量，以观测值为因变量，画出横纵轴。但时序图过于简单，缺乏足够的说服力，它仅能初步但不能精确判断时间序列是否为平稳序列，因此可以选择自相关图进行具象直观化的进一步检验。在 Python 中，statsmodels 中的 plot_acf 函数是绘制自相关图的利器，此方法上手快，除了输入数据以外无需其他调用参数，但必须保证输入数据是严格一维的。

平稳序列通常具有短期相关性，如果一个序列是平稳的，则它的自相关系数与延迟周期数 n 是负相关的，随着延迟周期的增加，自相关系数越接近于 0；反之会慢慢远离 0。这就是利用绘制自相关图来判别序列是否平稳的定律。x 轴代表快递业务量时间跨度的延迟期数，y 轴代表每一段时间中业务量的自相关系数，如

图 11.12 所示。由图可以看出,快递业务量序列在初期快速下降后,即保持在一个平稳的小范围区间内波动,整体上能够近似认为该序列一直在零轴附近波动,自相关图充分表明该序列不具备显著的非平稳趋势,随机性较好。因为该序列是平稳的,所以也不需要再做差分操作。

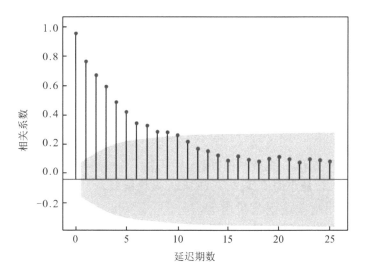

图 11.12　自相关趋势图

另外,也可以使用对单位根进行检验的方法。绘制自相关趋势图虽然有直观形象的优点,但欠缺详尽的描述。对单位根的检验方法多种多样,十分丰富,其中 ADF 法是应用范围最广、计算要求较低的一种。选择使用的 Python 中的 statsmodels 包含 adfuller 方法,该方法除输入数据外无需进行其他操作。其输出值是一个序列,从序列中选出最具价值的 ADF 方法的检验结果 adf,以及 pvalue 这一统计学中最常用的 p 值。p 值小于 0.05 充分反对零假设,认为其不成立;反之,p 值大于 0.05 说明难以充分反对零假设。得到的结果如图 11.13 所示。

```
The ADF Statistic of dataset: -4.016919
The p value of dataset: 0.001324
```

图 11.13　ADF 检验结果图

从 ADF 检验结果图可以看到,adf 值为 $-4.016\,919$,该值在理论上越负越能拒绝原假设,p 值是 $0.001\,324$,以常用的判断标准值 0.05 作为参考,远小于 0.05,因此拒绝原假设,可以认为快递业务量的时间序列是一个平稳序列。这也与自相关趋势图和时序图的结果得到相互验证。

ARIMA 的参数优化需要大量时间,因此选择使用自动的 ARIMA 不失为一个机智的选择,Python 中的 auto. arima( )能够在尝试多种不同阶数组合之后自动选取误差最小的(p,q,d)作为最佳参数,辅助定阶并建立高性能的时间序列模型。

在最简单的情况下,仅仅需要提供训练数据 y 这一个参数即可运行。选择的最优模型的判断标准 AIC 是由 H. Akaike 创立和发展的。AIC 的值与模型的有效性存在负相关关系,AIC 的值越低,说明 ARIMA 预测模型的拟合效果越优异。AIC 引入了惩罚项,用公式表示为

$$\frac{2K - 2L}{N} \tag{11.13}$$

其中,K 代表所拟合模型中参数的数量,有助于避免过拟合,K 越大说明模型越复杂;L 是似然函数,L 越大意味着模型越精确。L 的具体函数形式为

$$L = \left(-\frac{n}{2} \right) \cdot \ln(2\pi) - \frac{n}{2} \cdot \ln \frac{\text{sse}}{n} - \frac{n}{2} \tag{11.14}$$

其中,sse 为残差平方和,n 是观测值数量。

因此,选取 AIC 最小的模型作为 ARIMA 最优模型.。

在进行自动定阶之后,从定阶图 11.14 中可以看出 ARIMA$(0,1,2)(1,1,0)$为最优模型,AIC 值为 3 576.997,训练时长较短。接下来将采用 ARIMA$(0,1,2)$ $(1,1,0)$对快递业务量数据进行拟合。与 11.2.3 小节中的训练集和测试集的划分方法相同,总数据共 263 天,将选定的前 200 天的数据作为训练集进行训练操作,最后留存 63 天的数据作为测试集。以 60 天为步长,循环输入。

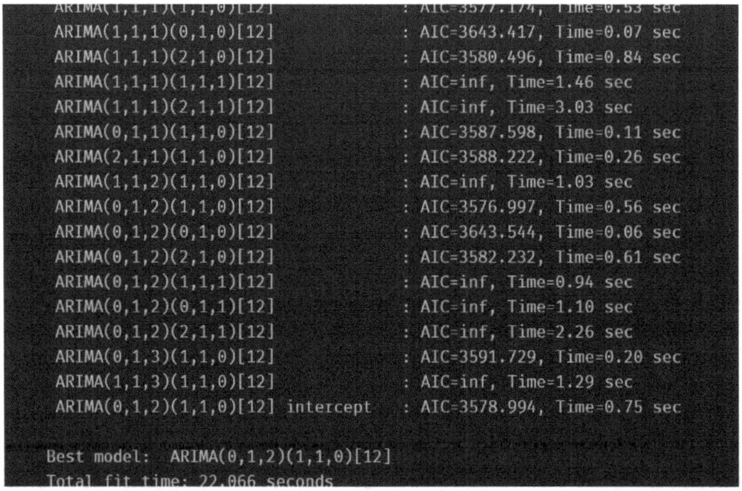

```
ARIMA(1,1,1)(1,1,0)[12]           : AIC=3577.174, Time=0.53 sec
ARIMA(1,1,1)(0,1,0)[12]           : AIC=3643.417, Time=0.07 sec
ARIMA(1,1,1)(2,1,0)[12]           : AIC=3580.496, Time=0.84 sec
ARIMA(1,1,1)(1,1,1)[12]           : AIC=inf, Time=1.46 sec
ARIMA(1,1,1)(2,1,1)[12]           : AIC=inf, Time=3.03 sec
ARIMA(0,1,1)(1,1,0)[12]           : AIC=3587.598, Time=0.11 sec
ARIMA(2,1,1)(1,1,0)[12]           : AIC=3588.222, Time=0.26 sec
ARIMA(1,1,2)(1,1,0)[12]           : AIC=inf, Time=1.03 sec
ARIMA(0,1,2)(1,1,0)[12]           : AIC=3576.997, Time=0.56 sec
ARIMA(0,1,2)(0,1,0)[12]           : AIC=3643.544, Time=0.06 sec
ARIMA(0,1,2)(2,1,0)[12]           : AIC=3582.232, Time=0.61 sec
ARIMA(0,1,2)(1,1,1)[12]           : AIC=inf, Time=0.94 sec
ARIMA(0,1,2)(0,1,1)[12]           : AIC=inf, Time=1.10 sec
ARIMA(0,1,2)(2,1,1)[12]           : AIC=inf, Time=2.26 sec
ARIMA(0,1,3)(1,1,0)[12]           : AIC=3591.729, Time=0.20 sec
ARIMA(1,1,3)(1,1,0)[12]           : AIC=inf, Time=1.29 sec
ARIMA(0,1,2)(1,1,0)[12] intercept : AIC=3578.994, Time=0.75 sec

Best model:  ARIMA(0,1,2)(1,1,0)[12]
Total fit time: 22.066 seconds
```

图 11.14　auto. arima( )自动定阶结果图

在图 11.15 的最后结果中,下方的线条代表预测值,上方的线条代表真实值。自动 ARIMA 模型对历史数据进行处理从而获取时间序列中的模式。利用 1—6 月的快递业务量数据对该时间序列的变化趋势进行追踪,虽然在通常意义上,ARIMA 技

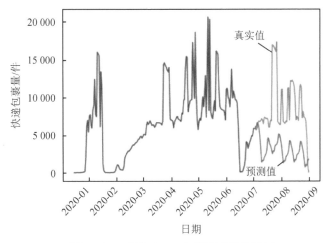

图 11.15 自动 ARIMA 模型预测结果图

术的预测相对于最基本的线性回归模型的预测是更合适的;但从图中看出预测值与真实值无法精确吻合。ARIMA 模型虽然在序列中可以拟合一定的波动趋势,但其给出的预测却周期性地逐渐走低,完全无法有效预测真实走势。现实中,新发地疫情复工之后,快递业务量迅速攀升,随后在一条水平线的上下稳定波动。显然,自动 ARIMA 模型面对疫情这种灾难性事件,难以很好地拟合长跨度内对快递业务量的精确影响。

11.4 本章小结

本章在根据 8 个月近 180 万条快件数据和相关文献方法的基础上,对数据进行了清洗和预处理,选定了最优参数。实验结果表明,经优化的 LSTM 网络模型在快递网点业务量预测中具备相当的可行性和准确性,不仅能捕捉季节趋势,也能拟合疫情等突发事件的影响,并通过对快递业务量数据的相关性进行检验,确定其为平稳序列。建立 ARIMA 传统时序预测模型,与 LSTM 模型作对比,说明 LSTM 模型显著优于 ARIMA 模型。最终建立的快递业务量预测模型,对北京丰台科学城站未来一段时间内的快递业务量进行了预测。

第 12 章　基于 Flexsim 的驿站出入库流程仿真与优化

在应用综合评价指标体系对快递网点进行效率评价之后发现,不同的网点由于所处城市和经营规模等不同,都在一定程度上存在着末端资源未能高效整合利用的问题。因此本章聚焦物流配送"最后一公里"的问题,对上海某地菜鸟驿站入库和出库流程进行抽象研究。通过实地考察和查证资料的方式绘制菜鸟驿站入库、出库等作业流程图,运用模块化建模思想,将菜鸟驿站分为入库、出库两个子模块,构建不同模块的仿真模型。提出入库优化方案和出库改进方案,根据改进方案绘制改进后的流程并重新建立仿真模型,将仿真结果与改进前数据进行对照和总结,为现实中的菜鸟驿站决策优化提供一定的建议和支持,以帮助提升网点的综合运行效率。

12.1　理论介绍与现状分析

12.1.1　末端配送概述

随着电子商务行业的日渐发展,物流系统的重要性也与日俱增,而末端配送则是整个物流服务链的瓶颈环节。来自我国国家的统计数据显示,2020 年全年,快递业务量和业务收入分别完成 830 亿件和 8 750 亿元,同比分别增长 30.8% 和 16.7%;而在 2019 年全年,全国快递行业的业务量达到 635.2 亿件,同比增长了 25.3%,这些快递业务量的数据说明整个行业仍处于快速发展中。然而,快递行业在高速发展的同时也使得一些问题尤为突出,处于物流服务链末端的城市配送问题,尤其是末端配送问题,也即"最后一公里"问题,成为其中的一个瓶颈环节。"最后一公里"配送作为整个物流服务链的末端环节,有着难控制、与服务对象直接接触等特点。

来自部分相关企业的数据显示,末端配送环节消耗的成本费用占总物流费用的 30% 以上。所以,对末端配送环节的研究优化以及相应的改进意见能够显著降低企业的物流成本,具有较强的现实意义。而作为"最后一公里"配送模式中的典型,菜鸟驿站在"双十一""双十二"等购物促销时段仍存在过载的情况,在平时的部分时段也存在顾客取件排队过长的情况。所以,对末端物流配送系统模式和流程的研究和优化具有一定的必要性,以期实现降低人工、设备等不必要的成本花费,降低物流末端系统工作人员的劳动强度,提升工作人员的工作满意度,提升设备和设施安排的利用率等。

由于物流末端配送的"最后一公里"问题是事关顾客满意水平、末端配送工作人员效率及工作强度的瓶颈环节,所以国内许多学者已对这一领域做了许多研究。在对总体末端物流配送模式即快递"最后一公里"配送模式的研究中,李亚东等人总结了中国目前较为成熟的三种"最后一公里"配送模式各自的优缺点,如以菜鸟驿站为代表的"驿站代收自提"模式有着取件时间自由、减少二次配送的优点,也存在管理稀松、等待时间长、区间效率低等问题;而"自提柜"模式则极大放宽了时间自由度、减少了配送人员的工作强度,但也存在盈利模式单一、难以存放不规则或过大的快件、投资成本高、运营成本高等问题,其典型的例子是丰巢;最后,以苏宁、京东为代表的"送货上门"模式能够满足客户的个性化要求,缺点在于增加了配送成本。基于此,该研究给出了将不同模式相结合、引入 RFID 和大数据分析技术等改进建议。

在对驿站代收自提配送模式的研究中,沈郁珊等人对苏州荣域花园社区菜鸟驿站进行了深入分析,总结了该菜鸟驿站存在的优势和劣势,着重分析讨论了驿站存在的高峰时段排队过长、取件查找较麻烦、配送成本高等问题,并给出了相应的建议,如预约时段取货、通过 AI 技术科学规划配送路线等。田东伶等人基于SERVPERF 模型,针对运城市社区菜鸟驿站建立服务质量评价指标体系,运用模糊评价法对其服务质量进行评价,最终得出了菜鸟驿站可靠性、便利性评分较高,但对加盟体系的管理工作仍有待提高。而在对高校菜鸟驿站的研究中,王俊等人针对西安交通工程学院菜鸟驿站的服务现状,通过将问卷调查与实地考察相结合的方法,总结了菜鸟驿站在布局方面存在的问题,并给出了相应的优化建议。

以上国内学者已在快递驿站服务状况的研究中取得了较好的理论成果,针对本章研究的菜鸟驿站,学者也提出了不同的方案以解决存在的问题。但是,目前针对这些优化方案的验证尚存在继续完善的空间,本章认为通过仿真模型对快递驿站的优化方案进行验证具有一定的优越性。因为传统的对物流配送系统的研究,更多的是从理论方面去探讨分析,与实际情况可能存在一定的出入,而使用仿真软件建立模型,可以对系统的运行情况进行验证和观察分析,同时也能降低实际布置、规划而产生的成本,通过修改模型中的参数及逻辑的实现方式,来达到对系统的改进和优化,并对物流配送的管理运作提供一定的决策支持和依据。

12.1.2 Flexsim 系统仿真概述

系统,指若干元素互相作用和联系而形成的具有一定功能,并能实现某一具体目标的整体。模型,一般分为逻辑模型和物理模型,是系统构成中的若干元素因内在联系而产生的作用关系。物理模型,一般指实体或实体模型。逻辑模型,一般通过符号、图形等元素展现系统构成元素之间的逻辑关系。由于许多领域中涉及的系统很难以一种准确的数学模型进行描述和分析,且实际实施后进行总结分析又需要耗费大量人力、物力,所以仿真技术在这些领域中的应用具有较为突出的优势。系统仿真,是基于系统分析的目的,在分析系统各要素性质及其相互关系的基础上,建立能够描述系统结构或行为过程的,且具有一定逻辑关系或数量关系的仿真模型,据此进行试验或定量分析,以获得正确决策所需的各种信息。正因如此,国内外学者针对仿真软件的应用进行了大量研究,并取得了较多成果。

在仿真软件中,Flexsim(见图 12.1)是应用较为广泛的一种系统仿真软件。Flexsim 软件由 Promodel 公司研发,该仿真软件在图形化的建模界面中集成了C++IDE 和编译程序。该软件具有 3D 现实性的显示元素,使模型的显示与运行接近现实,通过可视化窗口对元素进行拖动而使操作变得简洁,更加适用于实际制造过程中的模型建立,其适应性非常强大,可以自定义代码进行个性化的设计和建模,基本可以为所有产业搭建模型。

图 12.1 Flexsim 软件 logo

Flexsim 软件可用于解决企业生产管理过程中产生的问题,诸如解决设备的利用率过低、顾客队列过于繁忙、人员利用率过低、生产成本过高、资源分配不均和货物搬运问题等。Flexsim 已被成功应用于系统设计研究和基于日常运作的系统管理中。Flexsim 软件一方面可以通过对系统的仿真建模来帮助管理决策层生动清晰地明确系统的运作模式,另一方面也可以在仿真模型中体现现实中尚未落实的方案,并通过仿真结果来反映未实施方案会让系统有何变化。Flexsim 也是一项高度可视化的技术,在展示最终系统的运作过程时,仿真动画会提供一种直观且精湛的视觉效果。

在国内,很多学者使用 Flexsim 对各个行业中的复杂系统进行了仿真模拟。路亮等人借助 Flexsim 软件对烟草物流配送中心系统进行仿真建模,通过一个具体的烟草配送中心案例,研究总结出企业实际存在的瓶颈并提出了改进方案。张李威(2013)利用 Flexsim 软件对中商平价物流仓储中心系统进行仿真模拟,设计出仓库作业的概念模型,通过对仿真结果的分析,找出作业流程中的瓶颈所在,并提出了优化方案,提高了设备利用率。张莹莹等(2020)借助 Flexsim 软件对医药物流中心进行仿真建模,将无法在实体系统中实行的各个优化方案在仿真界面中模拟运行,为医药物流的管理优化提供数据来源与决策支撑。杨玉婷(2020)着重分析了物流系统中的出库与入库流程,通过 Flexsim 软件对物流系统规划进行仿真实验,给出一个可以提高设备和员工工作效率及利润率的优化方案。周晓杰(2020)利用 Flexsim 软件对某具体仓储的入库流程进行仿真模拟,提出一个新的人员配置方案,为仓储企业提供了新的思路和数据支持。宋莹等(2020)利用 Flexsim 软件对 T 恤衫单件流水线进行模拟仿真,通过对工序的组合优化,提升了流水线的生产效率。吴东隆等(2020)通过 Flexsim 模拟仿真软件建立了基于煤炭主生产物流系统的 TTPN 模型,并针对其中的瓶颈环节进行优化,大幅提高了各个环节的工作效率。

在国外,学者也早将仿真技术应用于各个领域。Aulia Ishak 等(2020)针对虎钳的生产流程运用 Flexsim 仿真软件进行模拟,验证了具有特定生产数量要求的生产过程时间是否有效。Nie Xiaoqian 等(2019)以门式起重机的装卸模式作为研究对象,通过 Flexsim 仿真软件找出最优的装卸作业模式,为铁路集装箱码头的生产经营实践提供支持和思路。Wu Shuangping 等(2019)利用 Flexsim 软件对钢铁厂的生产过程进行了仿真模拟,将结构优化方法与仿真模拟方法相结合,一方面优化了瓶颈环节,另一方面也验证了结构优化理论的正确性。

以上国内外学者的研究将仿真技术应用于各类领域,使用 Flexsim 软件实践,都取得了一定成效,研究出多种优化瓶颈环节的方法。学者的研究同时也说明,在物流配送领域应用仿真技术具有一定优越性,因为可以避免人力物力财力的浪费,降低实际方案产生的不可控风险,同时在仿真模型的对比中可以选择其中最佳的规划方案。但是,目前针对快递驿站系统仿真模拟的研究较少,这也是本章后续研究的重点。

12.1.3　菜鸟驿站概述

菜鸟驿站是一个由菜鸟网络牵头建立的面向社区和校园的物流服务网络平台,作为菜鸟网络五大战略方向之一,为网购用户提供包裹代收服务,致力于为消费者提供多元化的"最后一公里"服务。在末端配送网络建设上,在城市,超过 4 万个菜鸟驿站构成了菜鸟网络的城市末端网络。

菜鸟驿站的作业特点主要有两个:一是与服务对象直接接触。在菜鸟驿站的出库流程中,作业人员需要直接与顾客接触,过长的取件排队时间会带来非常明显的负反馈,大幅降低顾客满意度,进而导致整体服务质量的下降。二是作业任务的集中性。通过对过往相关数据的分析、归纳及对现实情况的主观感受,菜鸟驿站的入库和出库作业流程的集中性是客观存在的,即存在入库和出库的高峰期和次高峰期等,需要通过统计学方法对其进行合理的拟合,从而在仿真模型中更贴合实际地展现出来。

但菜鸟驿站在发展中也存在一些问题。

第一,菜鸟驿站的加盟模式弱化了管理。菜鸟驿站的合作方式属于加盟制,这作为一种低成本的经营方式,存在着一些管理方面的问题。首先,由于加盟制不需要缴纳相应的保证金,加盟费用较低,这就导致部分经营能力较弱且服务质量水平较低的加盟商会造成客户流失,并对平台的整体形象造成不利影响。其次,菜鸟驿站没有明确规定加盟商的负责区域,这可能会导致众多菜鸟驿站在一个区域内过于集中,进而影响该区域中其他加盟商的利益。最后,随着菜鸟驿站数量不断增多,相关岗位对人员数量和质量的需求也与日俱增,但菜鸟驿站并没有成体系地对岗位招聘人员进行工作培训,这导致一部分加盟商可能存在人力管理混乱的情况。

第二,高峰期取件顾客排队时间过长。对于校园内的菜鸟驿站而言,中午和晚上的用餐时间后是顾客取件的高峰期,而课间的下课时间则是取件的次高峰期;对于社区的菜鸟驿站而言,中午和晚上的下班时段往往是顾客取件的高峰及次高峰期。除了每日的取件高峰期,在节假日及促销活动期间也会出现取件高峰期。这种现象不仅导致驿站作业人员的工作负荷增加,同时也导致顾客满意度下降,进而影响菜鸟驿站本身给顾客带来的服务体验。

第三,对货物存放有一定的限制。由于不同加盟商的经营状况不同,菜鸟驿站一般对金额较大的快件或一些需要货到付款的快件都不提供代收服务。

12.1.4 上海某地菜鸟驿站调研实况

根据上海某地菜鸟驿站提供的 2020 年 12 月的出入库数据显示,该驿站全月共入库快件 48 091 件,单个操作员的入库流程时间大约为 11 s,出库流程时间大约为 21 s。入库与出库流程中需要扫描快件二维码的部分均为作业人员手持菜鸟驿站专用 PDA 手持终端完成。另外,每日入库的快件并不会当日全部被顾客取走完成出库,根据数据统计每日的积压库存量约为 217 件。上海某地菜鸟驿站的入库工作流程如图 12.2 所示,出库工作流程如图 12.3 所示。

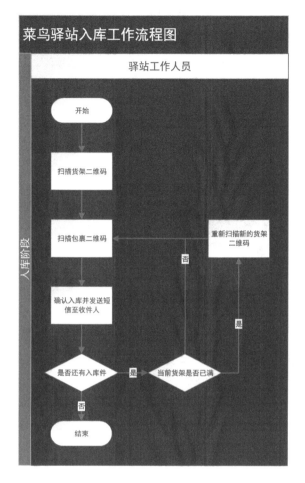

图 12.2　菜鸟驿站入库工作流程图

调研发现,上海某地菜鸟驿站存在以下问题:

第一,在入库高峰期,快件到达量占全天快件总到达量的 80% 以上,因此在该时段内往往存在快件堆积的情况,作业人员往往需要保持高负荷的工作强度来完成入库上架的工作;而在入库非高峰期,很长时间内才会送来一些零星的快件,又导致出现作业人员工作强度过低、"无所事事"的现象。菜鸟驿站入库快件数的分时段情况如图 12.4 所示。

第二,在顾客取件高峰期,顾客到达数占全天顾客总到达数的 60% 左右,而在次高峰期则占到总到达数的 30% 左右,这导致在这两段高峰期存在顾客排队队列过长、排队时间过久的情况,同时作业人员的工作强度也较高。菜鸟驿站顾客到达人数的分时段情况如图 12.5 所示。

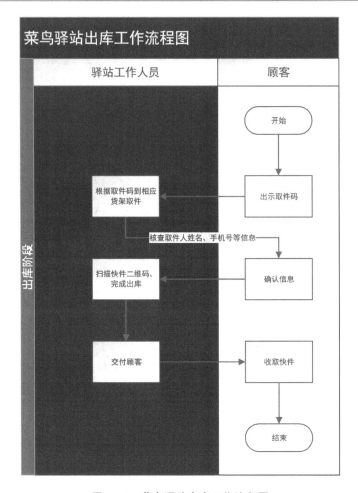

图 12.3　菜鸟驿站出库工作流程图

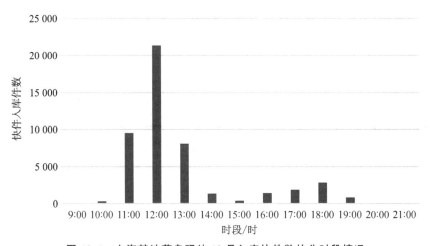

图 12.4　上海某地菜鸟驿站 12 月入库快件数的分时段情况

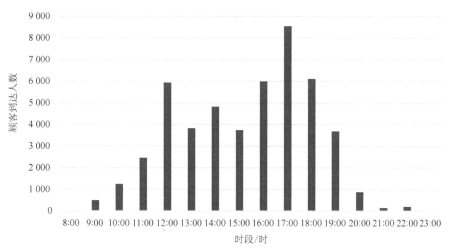

图 12.5　上海某地菜鸟驿站 12 月顾客到达人数的分时段情况

12.2　系统建模与仿真

12.2.1　模块划分与初始化

　　为了保证仿真系统的稳定性和后期的可维护性,将按照一定准则对系统进行模块划分,并根据模块进行仿真,以提高仿真的效率,明确系统的需求,保证系统的稳定性。在系统仿真过程中,由于每个模块要实现的功能不同,所以每个模块的需求也会不同,最终导致模块的设计方案也有所不同。在仿真建模过程中,有些需求在属性上会有一定的关联性,而有些需求之间的联系却很少。如果在设计时进行归类划分的话,则在后期往往造成混乱。

　　下面基于模块化建模的思路,将上海某地菜鸟驿站系统分解为入库和出库两个子系统,并依照不同子系统内部相对独立的功能来构造系统内的单元化模块,如表 12.1 所列。

表 12.1　模块划分

作业流程环节	模块划分	模块说明
收件入库	卸货收件	快递员将快件派送至菜鸟驿站,等待驿站作业人员收件
	快件入库上架	入库流程如图 12.2 所示
取件出库	快件出库	出库流程如图 12.3 所示
	交付顾客	无

收件入库模块主要包括两步：首先在卸货区，由快递员和驿站作业人员完成卸货收件；然后在工作区和仓储区，由驿站作业人员完成快件的入库和上架。具体流程包括：

① 作业人员扫描货架二维码；

② 作业人员扫描快件二维码；

③ 确定快件入库并发送短信至收件人；

④ 部分快件需要人工输入订单号等信息。

快件出库模块也包括两步：首先在工作区和仓储区，由驿站作业人员完成快件的出库。具体流程如下：

① 根据顾客出示的取件码到相应货架取件；

② 扫描快件二维码；

③ 确定出库。

其次在工作区，由驿站作业人员和顾客完成交付过程。具体流程如下：

① 收件人出示取件码；

② 等待作业人员取件；

③ 收件人提供有效身份信息，如姓名、电话等；

④ 若为非本人取件，则需要进行个人信息登记。

12.2.2 数据检验

由于对菜鸟驿站的系统建模仿真是离散事件仿真，所以将快件到达和顾客到达均视为随机变量。在确定随机变量服从的概率分布类型时，通常通过对采集到的数据进行预处理和整理总结后得到；而在实际情况中，该分布类型往往可通过经验和理论直接确定。在菜鸟驿站的入库和出库流程中，通常都可将作业流程参照排队模型进行仿真，并基于对菜鸟驿站的实际数据进行预处理和分析，来拟合得到相应的分布参数。

在概率理论和统计学中，负指数分布（也称为指数分布）是描述泊松过程中事件之间的时间的概率分布，即事件以恒定平均速率连续且独立地发生的过程。这是伽马分布的一个特殊情况。它是几何分布的连续模拟，具有无记忆的关键性质。K-S检验是以两位苏联数学家 Kolmogorov 和 Smirnov 的名字命名的，是一个拟合优度检验。K-S检验通过对两个分布之间的差异的分析，来判断样本的观察结果是否来自指定分布的总体。

（1）快件到达的时间间隔的设置

令快件到达的时间间隔为 x，在区间 $[a,b]$ 上服从负指数分布，即

$$f(x \mid \lambda) = \begin{cases} \lambda e^{-\lambda x}, & x \geqslant 0 \\ 0, & x < 0 \end{cases} \tag{12.1}$$

在对上海某地菜鸟驿站 2020 年 12 月的入库数据的预处理中,11:00—14:00 时的入库高峰期和 14:00—20:00 时的入库非高峰期均在 K-S 检验中得出服从负指数分布的结论,两时段数据的 P 值均在 0.7 以上,远大于 0.05,说明不拒绝数据服从负指数分布。

(2) 顾客到达的时间间隔的设置

令顾客到达的时间间隔为 x,在区间 $[a,b]$ 内服从负指数分布,即

$$f(x \mid \lambda) = \begin{cases} \lambda e^{-\lambda x}, & x \geqslant 0 \\ 0, & x < 0 \end{cases} \tag{12.2}$$

在对上海某地菜鸟驿站 2020 年 12 月的出库数据的预处理中,10:00—14:00 时的出库次高峰期和 14:00—21:00 时的出库高峰期均在 K-S 检验中得出服从负指数分布的结论,第 1 时段数据的 P 值为 0.751,第 2 时段数据的 P 值为 0.555,均远大于 0.05,说明均不拒绝数据服从负指数分布。

12.2.3　分模块实体仿真

收件入库模块的实体设置如表 12.2 所列。

表 12.2　收件入库模块设置

序　号	实　体	实体类型	数　量	功　能
1	快件到达	发生器	1	模拟快递员将快件派送至菜鸟驿站
2	卸货区	暂存区	4	模拟快件卸货和快件堆积等情况
3	作业人员	操作员	4	完成卸货收件、入库上架等任务
4	货架	货架	5	仓储区,用于存放完成入库的快件
5	人员调度	任务分配器	1	对作业人员进行任务调度

取件出库模块的实体设置如表 12.3 所列。

表 12.3　取件出库模块设置

序　号	实　体	实体类型	数　量	功　能
1	快件到达	发生器	1	模拟每日的入库快件量
2	顾客到达	发生器	1	模拟顾客到达的过程
3	作业人员	操作员	2	完成快件出库、交付顾客等任务
4	货架	货架	5	仓储区,用于存放完成入库的快件
5	人员调度	任务分配器	1	对作业人员进行任务调度
6	顾客取件	合成器	5	模拟出库快件交付顾客的过程
7	队列	暂存区	1	模拟顾客排队的过程
8	刚到达的顾客	暂存区	1	模拟顾客到达驿站并根据取件提示前往不同工作区的过程

上海某地菜鸟驿站收件入库模块的仿真模型如图 12.6 所示。

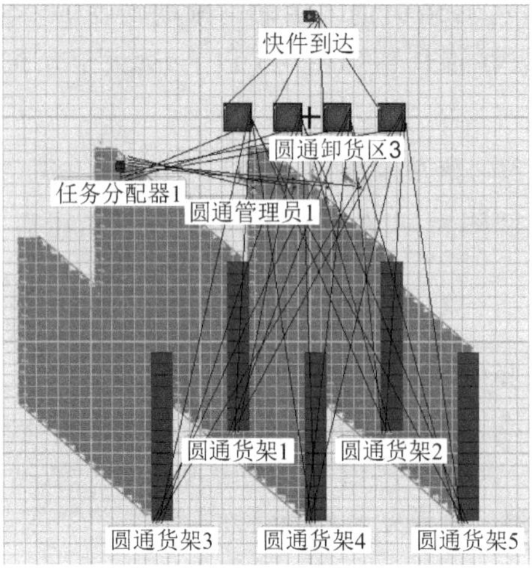

图 12.6　收件入库模块仿真模型

收件入库模块仿真模型所做的假设模拟及参数设置如下：

① 根据 2020 年 12 月上海某地菜鸟驿站的入库数据,通过统计方法拟合快件到达时间间隔所服从的概率分布,拟合结果显示快件到达时间间隔服从负指数分布,并将相应的分布参数设置于模型的快件到达中,具体参数如表 12.4 所列,入库数据的拟合检验结果如表 12.5 所列。

表 12.4　收件入库模块部分参数

时间段	服从的分布类型	分布参数
11:00—14:00 时	负指数分布	10.245
14:00—20:00 时	负指数分布	116.048

表 12.5　快件到达时间间隔的单样本 K - S 检验

参 数			入库高峰期	入库非高峰期
个案数			3	6
指数参数[①②]	平均值		10.245	116.048
	最极端差值	绝对	0.399	0.287
		正	0.260	0.156
		负	−0.399	−0.287
K - S 值 Z			0.692	0.702
渐近显著性(双侧)			0.725	0.708

注:① 检验分布为指数分布。

　　② 根据数据计算得到。

② 快件到货后放置在随机可用的卸货区中。由于运输工具的运输存在延迟,所以如果在快件到达与卸货区之间设置了运输工具(如快递员或车辆等),则会导致到达的快件无法及时运到卸货区,进而导致快件到达数减少,因此模型中并没有体现出快递员,但这对整体的仿真流程和结果并无影响。

③ 快件的卸货收件和入库上架流程由 4 名作业人员同时操作,采用随机可用的策略进行任务调度。根据对数据的预处理,计算得出作业人员平均在入库上架中耗费的时间为 11 s。

上海某地菜鸟驿站取件出库模块的仿真模型如图 12.7 所示。

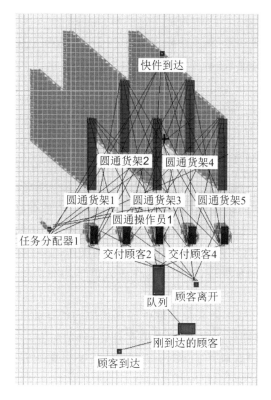

图 12.7　取件出库模块仿真模型

取件出库模块仿真模型所做的假设模拟及参数设置如下:

① 根据 2020 年 12 月上海某地菜鸟驿站的出库数据,通过统计方法拟合顾客到达时间间隔所服从的概率分布,拟合结果显示顾客到达时间间隔服从负指数分布,并将相应的分布参数设置于模型的顾客到达中,具体参数如表 12.6 所列,出库数据的拟合检验结果如表 12.7 所列。

② 模型中的快件到达用于模拟单日的入库快件数,由前一个收件入库模块仿真模型运行后的结果提供具体数值。

表 12.6　取件出库模块部分参数

时间段	服从的分布类型	分布参数
10:00—14:00 时	负指数分布	45.558
14:00—21:00 时	负指数分布	37.149

表 12.7　顾客到达时间间隔的单样本 K－S 检验

参　数			出库次高峰期	出库高峰期
个案数			4	7
指数参数①②	平均值		45.558	37.149
	最极端差值	绝对	0.338	0.300
		正	0.142	0.300
		负	−0.338	−0.296
K－S 值 Z			0.676	0.793
渐近显著性(双侧)			0.751	0.555

注:① 检验分布为指数分布。

② 根据数据计算得到。

③ 模型中"刚到达的顾客"区域在现实中是不存在的,此处是为了模拟顾客到达驿站并根据取件提示前往不同工作区进行排队取件的过程,以使流程和规划更为清晰。

④ 快件出库和交付顾客流程由 2 名作业人员操作,采用随机可用的策略进行任务调度。根据对数据的预处理,计算得出作业人员平均在快件出库和交付顾客流程中耗费的时间为 21 s。

⑤ 在实际情况中,顾客需要根据取件码到相应的货架前取件。在仿真模型中生成顾客实体时,等概率随机生成 1～5 的数字标签,分别对应 1～5 号的快件货架。当顾客随机进入可用的顾客取件实体时,工作人员需要根据顾客的需求(即数字标签)前往相对应的货架取件以完成交付。

12.2.4　仿真结果分析

根据 2020 年 12 月上海某地菜鸟驿站的出入库数据统计,得出每日的积压库存量约为 217 件,而取件出库模块仿真模型的运行结果显示,每日大约积压库存 231 件,这与实际积压库存情况的偏差为 6.45% 左右,说明该仿真模型能够较好地反映上海某地菜鸟驿站的实际情况。运行仿真模型 10 次之后,输出模型的统计报告表,对仿真结果进行平均化处理,结合菜鸟驿站目前实际存在的问题,得到仿真结果统计数据如表 12.8 所列。

表 12.8　仿真结果统计数据

模　块	类　别	实　体	空闲率/%
收件入库	人员	圆通管理员 1	60.53
		圆通管理员 2	60.88
		圆通管理员 3	61.24
		圆通管理员 4	60.80
	暂存区	圆通卸货区 1	69.94
		圆通卸货区 2	70.35
		圆通卸货区 3	70.31
		圆通卸货区 4	68.46
取件出库	人员	圆通操作员 1	12.22
		圆通操作员 2	18.29
	暂存区	队列	45.07
	合成器	交付顾客 1	17.27
		交付顾客 2	23.65
		交付顾客 3	31.43
		交付顾客 4	34.28
		交付顾客 5	38.33

　　通过观察收件入库模块仿真模型的运行及统计报告的输出结果可以看到,在高峰期卸货区存在快件堆积的情况,同时作业人员繁忙与空闲状态并存,具体表现在快件到达高峰期繁忙而在非高峰期闲置率极高,这在一定程度上造成了人力资源的浪费,增加了劳动力成本。可行的解决方案可能是采取高峰期与非高峰期的弹性工作机制,由于快件到达和顾客到达的高峰期并不重合,所以可以采用弹性的人员调配机制,改善入库存在的一些问题,更合理地进行人员调度,避免人力资源的浪费,同时也可以使人员的闲置率下降。

　　通过观察取件出库模块仿真模型的运行及统计报告的输出结果可以看到,在高峰期存在顾客排队时间过久、排队队列过长的情况,同时作业人员普遍繁忙率较高。可行的解决方案可能是通过设计顾客取件预约系统(使顾客到达更加平滑,可用均匀分布进行模拟)或取件挂号系统(使作业人员可以批量地从同一货架中取多个快件交付给多个顾客)来改善高峰期的排队时间过久、排队队列过长的情况,这能够有效提升顾客满意度,并能降低作业人员的工作强度,提升空闲率。

12.3　系统优化与分析

12.3.1　入库优化方案

在收件入库模块中,主要探讨作业人员闲置率较高的问题,意在通过改进人员调度机制来达到优化瓶颈环节的效果。经大量实证结合理论调研知,收件入库优化方案可采用弹性人员调配机制。根据上海某地菜鸟驿站 2020 年 12 月的入库数据,该驿站 11:00—14:00 时为入库高峰期,14:00—20:00 时为入库非高峰期。根据这一客观情况,引入弹性人员调配机制,即在高峰期和非高峰期动态地分配作业人员数量,以达到更高的工作效率,减小作业人员的闲置率,减少人力资源的浪费。

在引入弹性人员调配机制后,模型中的部分参数和逻辑需要重新进行设定,具体改变为:原先的快件卸货收件、入库上架流程由 4 名作业人员同时操作,并采用随机可用的策略进行任务调度;现改为在高峰期仍由 4 名作业人员同时操作,在高峰期过后减少 2 名作业人员,即将快件卸货收件、入库上架流程改由 2 名作业人员同时操作,采用随机可用的策略进行任务调度。

另外,还对收件入库模块仿真模型中的一部分细节进行了微调,原先是作业人员在任务空闲时停留在仓储区待命,现改为在任务空闲时停留在卸货区待命,这可减少部分因行走而造成的时间浪费,在一定程度上可以增加入库流程的整体工作效率。

12.3.2　出库优化方案

在取件出库模块中,主要探讨高峰期顾客取件排队队列过长、排队时间过久的问题,意在通过引入辅助排队系统来达到优化瓶颈环节的目的。辅助排队系统包括取件预约系统和取件挂号系统。

1. 基于取件预约系统的优化方案

针对取件高峰期存在的顾客取件排队队列过长、排队时间过久的情况,一个优化解决方案是尽量让顾客的到达更加均匀、平滑,这样可以使高峰期的顾客到达峰值平均地分布在不同时段,使得作业任务的集中性下降,从而使顾客排队繁忙情况有所缓解,提升顾客的满意度。基于取件预约系统改进后的出库流程图如图 12.8 所示。

在引入取件预约系统后,顾客可以在该系统中动态地看到不同时段当前已预约的取件人数,根据自身方便的时段合理规划预约取件时段。模型中的部分参数和编译代码需要进行调整,具体改变为:原先是顾客到达时间间隔在不同时间段服从不同的负指数分布,具体为 10:00—14:00 时的出库次高峰期和 14:00—21:00 时的出

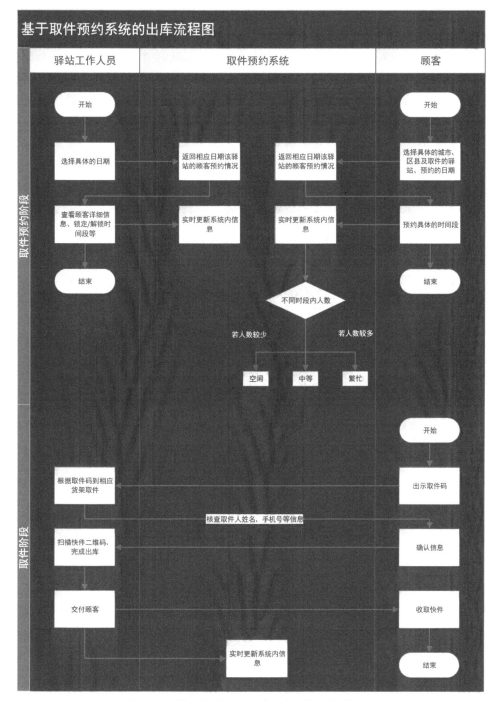

图 12.8　基于取件预约系统改进后的出库流程图

库高峰期所服从的分布参数不同;改动后的模型是在顾客总到达数不变的情况下,
将顾客到达时间间隔调整为均匀分布。

2. 基于取件挂号系统的优化方案

针对取件高峰期存在的顾客排队时间过久和排队队列过长的情况,另一个优化解决方案是让作业人员可以更高效地将快件交付给顾客,具体的做法是根据顾客快件位于的不同货架,批量地进行快件出库、交付顾客的工作,减少作业人员因重复去相同货架多次取件而浪费的时间,从而使作业人员的工作效率提升,进而使顾客排队繁忙情况有所缓解,提升顾客的满意度,也能在一定程度上降低作业人员的工作强度。基于取件挂号系统改进后的出库流程图如图 12.9 所示。

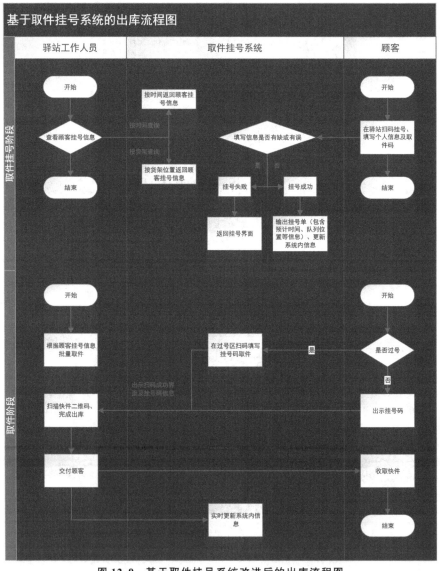

图 12.9 基于取件挂号系统改进后的出库流程图

在引入取件挂号系统后,顾客可以在排队的前提下在该系统中进行挂号操作,录入自身的取件码。作业人员可以根据该取件挂号系统上记录的顾客取件码合理规划自身的取件路线,如批量从同一货架出库多个顾客的多个快件,从而提高出库流程的工作效率。模型中的部分参数和逻辑需要重新进行设定,具体改变为:原先是当单个顾客随机进入可用的交付顾客实体时,工作人员需要根据该单个顾客的需求前往相对应的货架取件交付;改动后的模型是在货架和工作人员数量不变的情况下,改变了工作人员的快件交付逻辑,即工作人员在同一个货架处批量(模型中设定为 3 件)地进行快件出库操作,并交付给多名顾客。

3. 基于取件预约系统和取件挂号系统的优化方案

针对取件高峰期存在的顾客排队时间过久和排队队列过长的情况,优化方案三是将前两个优化方案中的辅助排队系统结合使用,使作业人员可以更高效地将快件交付给顾客,让顾客可以挑选人数较少的时间段来取件。具体做法及相关改进后的出库流程图参照上面优化方案一和优化方案二的叙述。

12.3.3　优化后理论结果分析

针对上海某地菜鸟驿站系统的仿真,在仿真模型运行时间及次数相同的情况下,从人员空闲率及设备利用率等方面,比较收件入库模块和取件出库模块的仿真模型在应用优化方案前后的运行结果,如图 12.10 和图 12.11 所示。

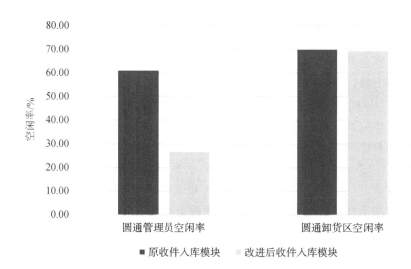

图 12.10　收件入库模块仿真模型优化前后人员、设备对比

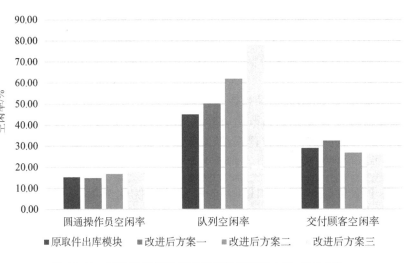

图 12.11　取件出库模块仿真模型优化前后人员、设备对比

对于收件入库模块仿真模型,在引入弹性人员调配机制后,作业人员的空闲率大幅下降,由原模型的 60.86% 下降到改进后模型的 26.59%,这说明在非高峰期合理减少作业人员的数量可以较为显著地降低作业人员的闲置时间,提高人员的利用率。同时,卸货区的繁忙率有所上升,但整体上升的幅度不大,只有 0.5%,这说明采用弹性人员调配机制在非高峰期减少作业人员人数对整体的卸货收件效率并没有太大的影响。

对于取件出库模块仿真模型,在引入取件预约系统(方案一)后,队列繁忙率有所下降,比原模型下降了 5.11%,交付顾客实体的繁忙率有所下降,比原模型下降了 3.28%,这说明作业流程的集中程度有所下降,但是该软件预约系统的引入会导致作业人员的繁忙率上升,增加他们的工作强度;在引入取件挂号系统(方案二)后,队列繁忙率有较多下降,比原模型下降了 16.83%,作业人员的繁忙率有所下降,比原模型下降了 1.57%,提升了作业人员的工作效率,但是该取件挂号系统的引入也会导致交付顾客实体的繁忙率有所上升,这说明作业流程的集中程度有所上升;在同时采用取件预约系统和取件挂号系统(方案三)后,队列繁忙率有显著下降,比原模型下降了 33.12%,作业人员的繁忙率有所下降,比原模型下降了 2.57%,提升了作业人员的工作效率,但是同时采用取件预约系统和取件挂号系统也会导致交付顾客实体的繁忙率有所上升,这说明作业流程的集中程度有所上升。

综合比较引入取件预约系统、取件挂号系统及同时采用两个辅助排队系统这三个方案,可以看出这三个方案都可以在一定程度上缓解上海某地菜鸟驿站存在的顾客排队队列过长、排队时间过久的情况,但这三个方案要么会增加作业人员的工作强度,要么会增加作业流程的集中程度,但增加的幅度并不大,属于可接受的范围。

从降低队列繁忙率的效果来看,同时采用两种辅助排队系统方案的表现比单独采用其中某一种辅助排队系统方案的表现更好。另外,同时采用两种辅助排队系统的方案从逻辑和系统实现的角度来说也合情合理并且是可以实现的,当顾客在预约取件时也可以同时进行挂号操作,这样可以让驿站的工作人员提前将相应的快件取出,一方面可以让驿站的工作人员弹性地分配一天的工作负荷,另一方面也可以让驿站工作人员根据顾客的挂号信息,批量地对处于同一或相近货架上的快件进行操作,但这一方案的问题在于:①取件预约系统对顾客的到达取件时间提出了一定要求,这可能会导致顾客的情绪不满和满意度的下降;②顾客在预约和挂号后可能存在没有按时来取件的情况,这要求驿站管理决策层规划一片区域放置这些"过号"的快件,并且如果一天之内仍没有顾客来取,则还需要驿站工作人员重新将这些"过号"快件放回货架,这无形中又增加了工作人员的工作负荷。

如果考虑采用单一的辅助排队系统,则从降低队列繁忙率的效果来看,采用取件挂号系统的方案比采用取件预约系统的方案表现得更好。同时,取件挂号系统更多的是从驿站本身的工作模式和任务调度模式着手改进,并没有对顾客提出额外的要求;而取件预约系统则相反,它本身并没有改进驿站本身的工作模式和任务调度模式,而是对顾客的到达取件时间提出了一定要求,这可能会导致顾客的情绪不满和满意度的下降。从这一角度来说,取件挂号系统比取件预约系统更为优越。

12.4　本章小结

本章基于 2020 年 12 月上海某地菜鸟驿站的出入库数据,以物流配送"最后一公里"问题为背景,研究并抽象出上海某地菜鸟驿站作业流程模型。采用模块化建模思想,利用 Flexsim 软件对菜鸟驿站的入库、出库流程进行仿真建模。

针对所研究的问题,对菜鸟驿站、系统仿真与优化、系统原型设计进行了概括论述,并总结评述了仿真技术在物流方面的应用以及快递驿站服务状况的研究现状。基于具体数据的分析整理和归纳总结,对上海某地菜鸟驿站的入库、出库流程进行了仿真建模,对仿真结果进行了分析,并提出了可行的改进优化方案。基于优化方案在仿真软件中进行建模和验证。通过以上工作所得的结果如下:

①　对于上海某地菜鸟驿站的入库、出库流程,通过 Flexsim 软件建立的仿真模型能够较好地模拟和实现驿站的实际工作流程。同时,基于 2020 年 12 月上海某地菜鸟驿站的出入库数据,经过数据预处理后选取其中的积压库存量作为验证指标,与建立的仿真模型生成的仿真结果进行对比,发现误差率在 5% 左右,验证了该仿真模型对驿站实际工作状况的反映。

②　对上海某地菜鸟驿站的入库、出库流程提出了优化的建议和方案措施,并基于优化方案建立了仿真模型和验证了优化结果。通过对优化前后的人员空闲率、设备利用率等指标的对比,最终得出结论:在入库流程中,采用弹性人员调配机制能够

有效增加菜鸟驿站的系统效率,降低非高峰期的人员空闲率;在出库流程中,从降低排队时间和队列长度的角度来说,方案三(同时采用取件预约系统和取件挂号系统)优于方案二(只采用取件挂号系统)优于方案一(只采用取件预约系统),从顾客满意度的角度来说,取件挂号系统优于取件预约系统。

所做的研究着眼于实际情况,针对现实中的具体问题提出了优化方案,但这些研究仅针对菜鸟驿站的入库和出库流程。虽然运用 Flexsim 软件提出了菜鸟驿站的优化方案,但在以下几个方面仍存在不足,未来还可以做进一步的改进和完善:

① 由于数据来源基于上海某地菜鸟驿站,且仅为 12 月的出入库数据,所以可能存在样本量不够大、实际模型的泛用性不佳的情况,这一方面需要后续研究根据不同地域、不同社区的菜鸟驿站进行具体问题具体分析,合理地对模型进行调整和改进(如不同菜鸟驿站的货架数量不同、作业人员的平均操作时间也不同),另一方面也需要尽可能多的驿站数据进行更加精确的建模和分析归纳。

② 在建立仿真模型时提出了部分假设,例如在采用取件挂号系统时,默认驿站工作人员批量地处理 3 件快件,这基于的是快件的重量和大小适中的假设;但在实际情况中,快件的重量和大小都是不确定的,可能发生的情况也多种多样。这些假设一方面是因为没有明确的数据来支撑,另一方面也是笔者的能力有限,无法将这些细节完全考虑周到。希望在未来的研究中可以减少这些理论假设,使得仿真模型更加贴合现实运行状况。

第 13 章　基于 Flexsim 的快递网点分拣流程能力分析与优化

本章针对人工和半人工分拣模式下快递网点分拣时效慢、分拣员负荷大、资源利用率低等问题,基于层次分析法和熵权法构建了一个分拣流程评价体系,基于评价结果从整合其他网点资源和重新规划内部资源两个角度提出了多种改进分拣流程的策略,并在由 Flexsim 仿真软件构建的五个仿真网点上进行了实验,进而根据实验结果在评价体系中的分拣核心能力、资源利用能力和分拣流程平衡度三个方面的表现来分析改进效果。

13.1　研究背景

在我国快递行业飞速发展的同时也伴随着众多的问题,高度冗余的物流资源和低下的服务质量对快递业的可持续发展提出了挑战。其中,承担快件"最后一公里"配送任务的快递网点所存在的众多管理问题逐渐引起重视。

一般来说,快递网点是负责一片区域内快递的分拣、暂存、配送、收集等功能的重要物流节点。快递网点除了应满足该地区客户的寄件需求外,其最大的功能是分拣和派送本区域的快件,它会将物流网络上游运送来的快件按其所属区域进行分类,再由不同的派件员将不同区域的快件派送到客户手中或指定位置。

但在我国,绝大多数快递网点的运营管理模式远未成熟。根据消费者协会发布的数据,我国有将近半数的快递服务网点存在暴力分拣的现象。快递末端网点普遍存在的暴力分拣、错派、丢失、积压等问题已经对消费者权益造成了较大损害,而这些问题很大程度上就发生于快递网点的分拣流程中。随着消费者对快递时效和质量的要求不断提高,改进快递网点的分拣流程变得刻不容缓。

目前,国内绝大多数网点仍采用人工及半人工的流水线分拣模式,存在着较多资源规划不合理的现象,具有广泛的共同点及改进空间。因此,本研究着眼于实际的网点运营问题,对其分拣流程进行分析和改进,以期在微观上有效提高快递网点的运营效率,在宏观上促进整个快递行业及相关行业健康有序发展。

13.2　仿真模型的建立

13.2.1　分拣流程简述

在快件到达客户手中的整个流程中,网点是离客户最近的,同时也是最重要的节点。一般来说,网点会承担分拣、储存等任务,它会将其覆盖的地区分为多个区域,分拣过程的目的就是将所有快件根据其目的地所属的区域,将其分类到不同的暂存区。分拣完成后,相同区域的快件被分拣出来放在一起,由负责该区域的派件员进行派送,从而极大提升每个区域的派件效率。

国内快递网点大多采用较为类似的人工及半人工分拣模式,可用泳道图(见图 13.1)来表示该通用分拣流程,在 Flexsim 软件中则可用仿真模型来表示该流程(见图 13.2)。

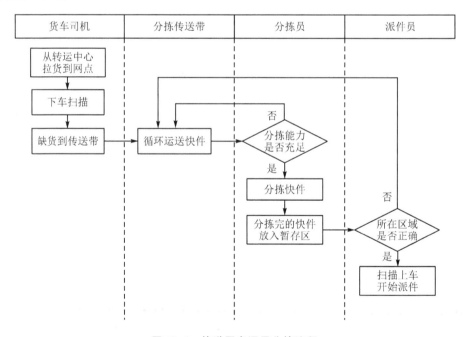

图 13.1　快递网点通用分拣流程

分拣流程如下:

① 货车司机每天从上一级转运中心一次性将快件拉到网点后进行快件的下车扫描,快件则被录入系统记为"到件",然后以一定的速率被卸货到卸货传送带上。

② 快件随着卸货传送带移动到循环分拣传送带上继续移动,每个分拣台上的分

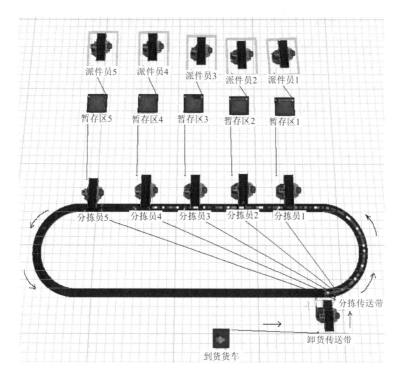

图 13.2　Flexsim 中的通用分拣流程模型

拣员(一般来说一个分拣台只有一名分拣员)看到属于自己负责区域的快件(模型中快件的颜色代表它所属的区域)时,如果其分拣能力足够,则会将其揽下并放于身后的暂存区内,如果他此时的分拣能力不足(正在分拣上一件),则该件会继续在分拣传送带上循环直至被分拣。

③ 派件员来后,会一一检查自己负责区域所对应暂存区的快件,并确认它们是否属于自己负责区域内的。如果正确的话,则会将该件扫描上车,系统标记状态为"派件",并开始后续的派件工作;如果该件不是自己负责区域内的,则将其重新放到分拣传送带上进行分拣。

13.2.2　模型参数设置

在构建快递网点模型之前需要对一些通用实体进行设置,包括分拣员、派件员、卸货传送带、分拣传送带等。

根据生产经验,分拣员大约每 4 s 分拣一件快件。在模型中用处理器来行使分拣员的角色(见图 13.3),设置其一次性只能处理一件快件,每处理一件需要 4 s。

同样根据经验,派件员每 3 s 扫描一件快件上车。在 Flexsim 中用处理器来行使派件员的角色(见图 13.4),设置其一次性只能处理一件快件,处理一件需要花费 3 s。

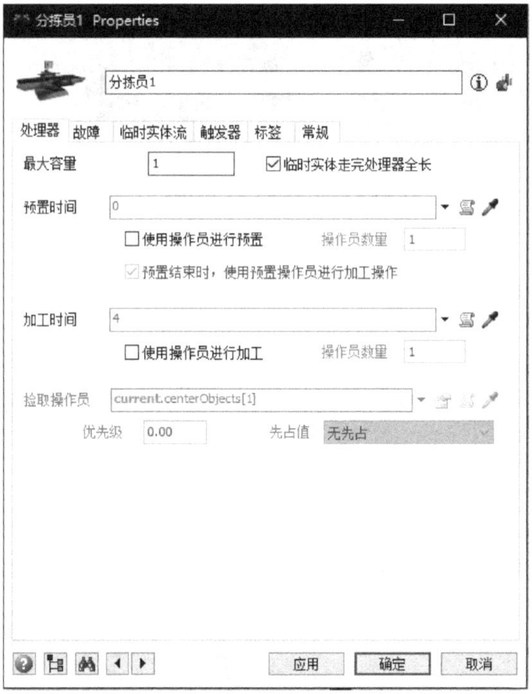

图 13.3　Flexsim 中的分拣员设置

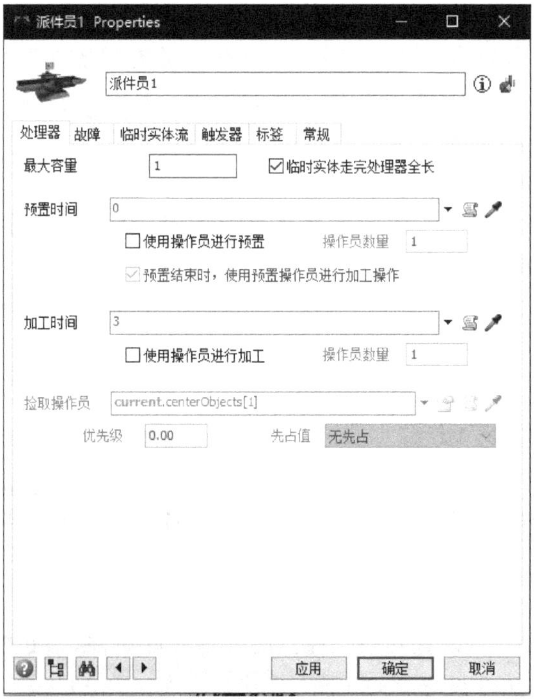

图 13.4　Flexsim 中的派件员设置

根据在网点的调研经验,网点的卸货传送带每秒会传递两件快件到分拣传送带上。在 Flexsim 中为了控制卸货传送带的传递速度(即下车扫描时的卸货速度),本节使用处理器来代替卸货传送带(见图 13.5)。设置处理器一次处理一件快件,每次花费 0.5 s,这样即可达到实际中卸货传送带每秒传递两件的效果。

图 13.5　Flexsim 中的卸货传送带设置

实际快递网点的传送带速度一般设置为 0.5~1 m/s。在仿真模型中,设置分拣传送带为首尾相连的循环传送带,传送速度为 0.5 m/s,如图 13.6 所示。

本节主要关注网点的分拣流程,将网点划分出来的区域称为分拣区域。分拣的目的是将快件按照每件所属分拣区域进行分类,因此需要在构建仿真模型时设置每个区域的件量占网点总件量的比例。但因缺乏实际网点的具体区域划分及件量占比情况,所以本节采用随机数方法来生成件量比例。为了防止所生成的随机数结果脱离实际,出现有的区域件量过多而有的区域件量过少的情况,本节规定单个区域的件量不得少于 1 000 件,不得多于 3 000 件,并在此范围内生成随机数。该规定用数学语言表述如下:

假设某网点每天的分拣件量为 m,总共划分了 n 个分拣区域,设每个区域的件量占总件量的比例为 $p_i(i=1,2,\cdots,n)$,则有 $\sum_{i=1}^{n} p_i = 1$,且 $1\,000 \leqslant m \cdot p_i \leqslant 3\,000$,$(i=1,2,\cdots,n)$。

图 13.6　Flexsim 中的分拣传送带设置

本节对编号为 00Y0010、00Y0029、00Y0092、00Y0124、00Y0126 的 5 个网点进行建模分析，根据 5 个网点的实际到件和派件数据来模拟分析其运营状况。为了方便引用，用 A、B、C、D、E 代替编号来表示网点。每个网点的分拣员均设置为上午 6 时开始工作，在网点模型中，各个区域件量及派件员的工作时间根据不同网点的情况分别设置（分拣员一般每天在同一时刻开始分拣，而派件员的工作时间并不固定，他们会陆续到达网点，然后扫描快件上车，因此需要对其工作时间进行单独设置）。在 Flexsim 中，各区域的件量比例在发生器中设置，这样，发生器中就会产生带有不同标签的快件。利用 Flexsim 中的时间表功能来设置派件员的工作时间，其能控制模型中任何一个实体的运行时间。

A 网点共有 5 名分拣员和 5 名派件员，根据随机数生成的 5 个分拣区域件量的占比分别为 0.24、0.27、0.22、0.14、0.13。各区域派件员的开始工作时刻安排如表 13.1 所列，具体模型设置如图 13.7 和图 13.8 所示。

表 13.1　A 网点派件员的开始工作时刻安排

派件员 1	派件员 2	派件员 3	派件员 4	派件员 5
6:30	7:10	7:00	8:30	10:00

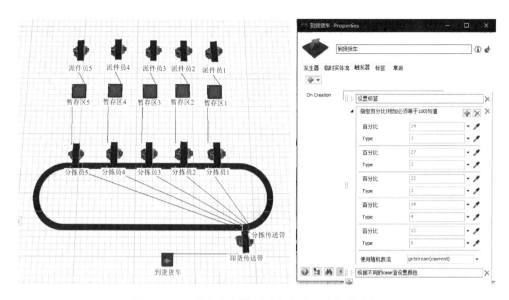

图 13.7 A 网点仿真模型及各分拣区域件量比例

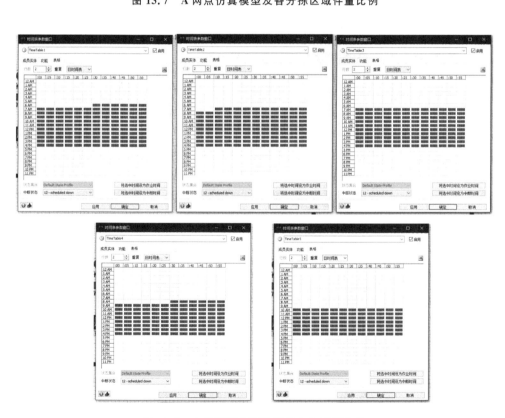

图 13.8 A 仿真网点派件员的工作时间安排

　　B 网点共有 7 名分拣员和 7 名派件员,根据随机数生成的 7 个分拣区域件量的占比分别为 0.17、0.13、0.17、0.9、0.15、0.11、0.18。各区域派件员的开始工作时刻安排如表 13.2 所列,具体模型设置如图 13.9 和图 13.10 所示。

表 13.2　B 网点派件员的开始工作时刻安排

派件员 1	派件员 2	派件员 3	派件员 4	派件员 5	派件员 6	派件员 7
6:45	6:00	6:00	7:30	7:00	7:00	6:00

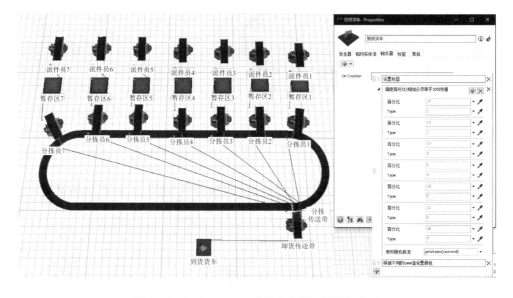

图 13.9　B 网点仿真模型及各分拣区域件量比例

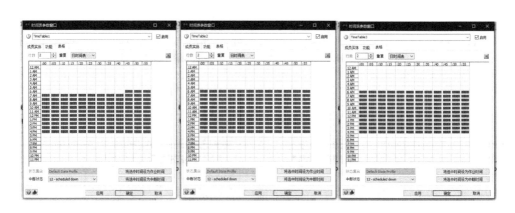

图 13.10　B 仿真网点派件员的工作时间安排

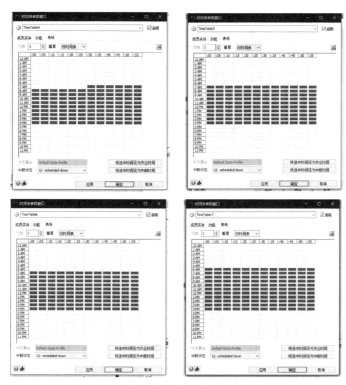

图 13.10　B 仿真网点派件员的工作时间安排(续)

C 网点共有 3 名分拣员和 3 名派件员，根据随机数生成的 3 个分拣区域件量的占比分别为 0.38、0.35、0.27。各区域派件员的开始工作时刻安排如表 13.3 所列,具体模型设置如图 13.11 和图 13.12 所示。

表 13.3　C 网点派件员的开始工作时刻安排

派件员 1	派件员 2	派件员 3
11:00	12:15	9:45

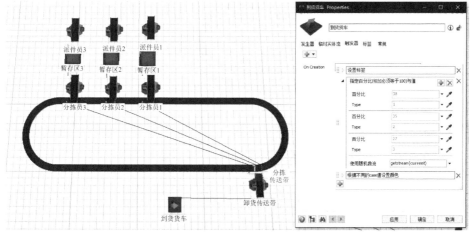

图 13.11　C 网点仿真模型及各分拣区域件量比例

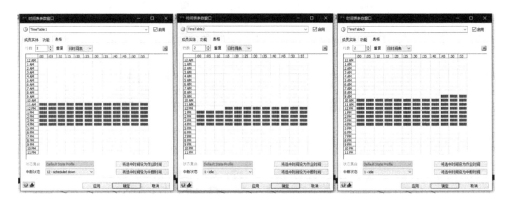

图 13.12　C 仿真网点派件员的工作时间安排

D 网点共有 4 名分拣员和 4 名派件员,根据随机数生成的 4 个分拣区域件量的占比分别为 0.2、0.36、0.19、0.25。各区域派件员的开始工作时刻安排如表 13.4 所列,具体模型设置如图 13.13 和图 13.14 所示。

表 13.4　D 网点派件员的开始工作时刻安排

派件员 1	派件员 2	派件员 3	派件员 4
7:00	7:15	8:20	8:00

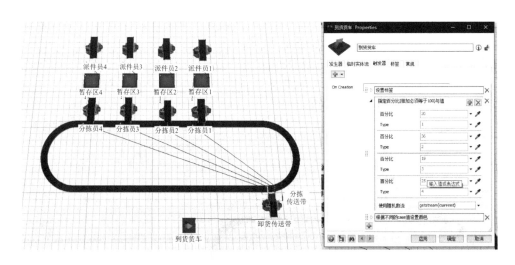

图 13.13　D 网点仿真模型及各分拣区域件量比例

E 网点共有 8 名分拣员和 8 名派件员,根据随机数生成的 8 个分拣区域件量的占比分别为 0.1、0.17、0.07、0.16、0.09、0.15、0.12、0.14。各区域派件员的开始工作时刻安排如表 13.5 所列,具体模型设置如图 13.15 和图 13.16 所示。

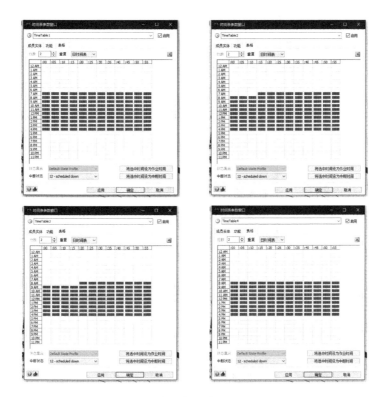

图 13.14 D 仿真网点派件员的工作时间安排

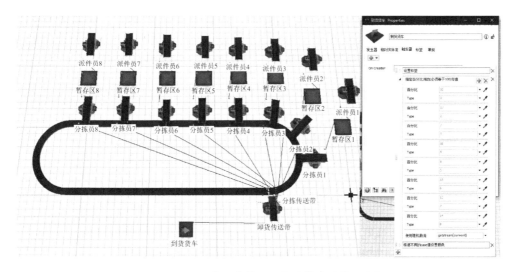

图 13.15 E 网点仿真模型及各分拣区域件量比例

表 13.5　E 网点派件员的开始工作时刻安排

派件员 1	派件员 2	派件员 3	派件员 4	派件员 5	派件员 6	派件员 7	派件员 8
6:00	6:30	7:00	7:45	8:15	10:00	9:00	9:00

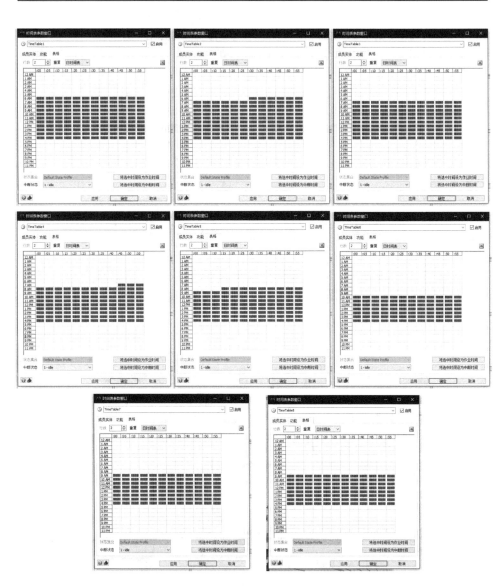

图 13.16　E 仿真网点派件员工作时间安排

13.2.3　模型的检验

在建立了仿真模型并设置了参数以后,需要检验数据的输入和输出。当把与实际网点相同的到件数据输入到仿真模型中后,如果模型分拣流程的输出能与实际网点分拣流程的输出相吻合,就认为仿真模型能较好地代表实际网点,在此基础上才能用仿真模型来进行下一步的分析与改进工作。

一般来说,网点的到件量和派件量会存在上午和下午两个高峰,为了简便起见,本节只关注上午的处理高峰,即只关注 6:00—12:00 这一时段,下午高峰与上午同理。需要注意的是,编号为 00Y0092 的网点(C 网点)一天只有一个处于中午的处理高峰,因此对于 C 网点应关注其中午的处理高峰。

本节将网点 A、B、C、D、E 近一个月的每天到件量进行平均,作为 5 个网点的每天到件量,如表 13.6 所列,每天上午 6 时 5 个网点分别到货件数为 8 000、13 000、3 800、5 500、16 000。由于在 Flexsim 模型中需要保持同样的件量输入,因此将 Flexsim 中的发生器(即到货货车)进行分别设置,如图 13.17 所示。

表 13.6　5 个网点的每天到件时刻和到件量

网点编号	到件时刻	到件量/件
A	6:00	8 000
B	6:00	13 000
C	6:00	3 800
D	6:00	5 500
E	6:00	16 000

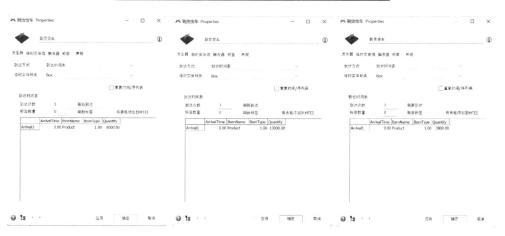

图 13.17　5 个仿真网点的到件设置

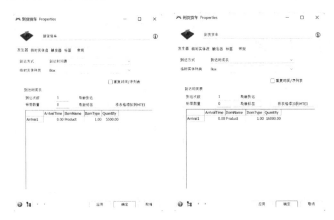

图 13.17 5 个仿真网点的到件设置(续)

当快件被分拣后,派件员将其扫描上车开始派件工作。在运行模型时,统计模型中的派件员每小时扫描上车的件量,即派件量的数据,与实际网点的每小时派件量进行对比并绘制成图,如图 13.18～图 13.22 所示,横坐标为每天的对应时间段,纵坐标为该时间段内的派件量。

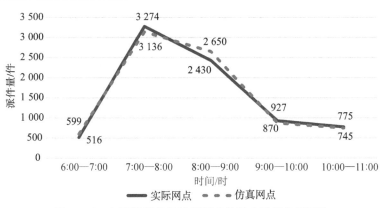

图 13.18 A 实际网点与仿真网点的每小时派件量对比

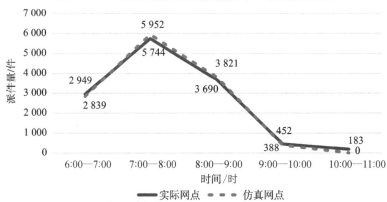

图 13.19 B 实际网点与仿真网点的每小时派件量对比

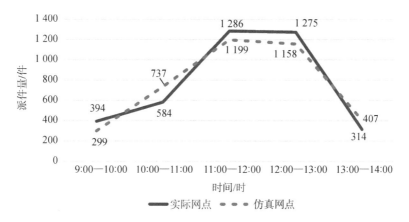

图 13. 20　C 实际网点与仿真网点的每小时派件量对比

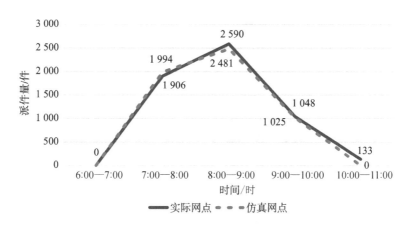

图 13. 21　D 实际网点与仿真网点的每小时派件量对比

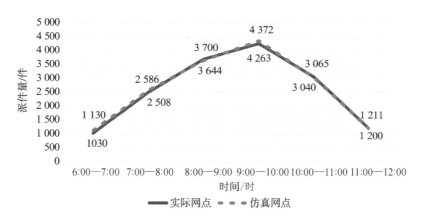

图 13. 22　E 实际网点与仿真网点的每小时派件量对比

同类相关系数(ICC)常用于评价具有确定亲属关系(如双胞胎、兄弟姐妹等)的个体之间其某种定量属性的相似程度,也用于评价不同测定方法或评定者对同一定量测量结果的可重复性或一致性。为了检验模型的导出数据与实际数据的一致性,本节在 SPSS 软件上进行 5 组数据的 ICC 检验,结果分别如表 13.7～表 13.11 所列。

表 13.7　A 实际网点与仿真网点输出数据的 ICC 检验结果

同类相关系数						
同类相关性[a]	95％置信区间		使用真值 0 的 F 检验			
	下限	上限	值	自由度 1	自由度 2	显著性
单个测量	0.995[b]	0.950	0.999	297.357	4	4	0.000
平均测量	0.997[c]	0.975	1.000	297.357	4	4	0.000

注:人员效应随机而测量效应固定的双向混合效应模型。

a. 使用绝对协议定义的 A 类同类相关系数。

b. 无论是否存在交互效应,估算量均相同。

c. 此估算在假定不存在交互效应的情况下进行计算,否则无法估算。

表 13.8　B 实际网点与仿真网点输出数据的 ICC 检验结果

同类相关系数						
同类相关性[a]	95％置信区间		使用真值 0 的 F 检验			
	下限	上限	值	自由度 1	自由度 2	显著性
单个测量	0.998[b]	0.982	1.000	836.604	4	4	0.000
平均测量	0.999[c]	0.991	1.000	836.604	4	4	0.000

注:人员效应随机而测量效应固定的双向混合效应模型。

a. 使用绝对协议定义的 A 类同类相关系数。

b. 无论是否存在交互效应,估算量均相同。

c. 此估算在假定不存在交互效应的情况下进行计算,否则无法估算。

表 13.9　C 实际网点与仿真网点输出数据的 ICC 检验结果

同类相关系数						
同类相关性[a]	95％置信区间		使用真值 0 的 F 检验			
	下限	上限	值	自由度 1	自由度 2	显著性
单个测量	0.968[b]	0.731	0.997	50.602	4	4	0.001
平均测量	0.984[c]	0.845	0.998	50.602	4	4	0.001

注:人员效应随机而测量效应固定的双向混合效应模型。

a. 使用绝对协议定义的 A 类同类相关系数。

b. 无论是否存在交互效应,估算量均相同。

c. 此估算在假定不存在交互效应的情况下进行计算,否则无法估算。

表 13.10　D 实际网点与仿真网点输出数据的 ICC 检验结果

同类相关系数						
同类相关性[a]		95% 置信区间		使用真值 0 的 F 检验		
		下限	上限	值	自由度 1	自由度 2	显著性
单个测量	0.997[b]	0.978	1.000	641.444	4	4	0.000
平均测量	0.999[c]	0.989	1.000	641.444	4	4	0.000

注:人员效应随机而测量效应固定的双向混合效应模型。

a. 使用绝对协议定义的 A 类同类相关系数。

b. 无论是否存在交互效应,估算量均相同。

c. 此估算在假定不存在交互效应的情况下进行计算,否则无法估算。

表 13.11　E 实际网点与仿真网点输出数据的 ICC 检验结果

同类相关系数						
同类相关性[a]		95% 置信区间		使用真值 0 的 F 检验		
		下限	上限	值	自由度 1	自由度 2	显著性
单个测量	0.998[b]	0.991	1.000	1 340.524	5	5	0.000
平均测量	0.999[c]	0.995	1.000	1 340.524	5	5	0.000

注:人员效应随机而测量效应固定的双向混合效应模型。

a. 使用绝对协议定义的 A 类同类相关系数。

b. 无论是否存在交互效应,估算量均相同。

c. 此估算在假定不存在交互效应的情况下进行计算,否则无法估算。

　　一般认为 ICC 大于 0.75 时表示两组数据的一致性高。由 SPSS 导出的结果可知,5 组数据的 ICC 分别为 0.995、0.998、0.968、0.997、0.998,均大于 0.75,故认为仿真网点输出的数据与实际网点运营数据的一致性好。仿真网点的输入与输出均与实际网点一致,因此认为所构建的仿真模型能很好地模拟实际网点,并可用其进行之后的改进实验。

13.3　评价体系的构建

13.3.1　评价指标的确定

　　快递网点的分拣流程难以用单一指标进行衡量,它涉及了多种资源的投入及产出,因此本小节构建评价指标来对其进行评价。在传统意义上,对于分拣流程的评价主要聚焦在对其输出的评价上,如分拣的件量、花费的时间等,这一部分作为分拣流程的核心部分,应在评价体系中得到体现。

在国内大部分网点采用人工及半人工分拣模式的大环境下,分拣员作为分拣流程的主要投入资源,也必须将对其状态的评价纳入对分拣流程的评价中。分拣员的工资是网点分拣流程中的主要支出,并且分拣员作为一种人力资源,在分拣过程中还需考虑其利用情况。此外,人工及半人工分拣与全自动分拣的一个重要区别在于前者的分拣员存在负荷,该负荷会影响分拣员的工作状态,进而影响分拣的质量。

可以将分拣流程类比于流水线作业,根据"木桶效应"理论,流水线的短板决定了整条流水线的速度。分拣流程也是如此,在最后一名分拣员将他负责区域的快件全部揽下,传送带上没有快件的那一时刻,整个分拣流程才算结束,因此分拣流程的平衡状态也应被纳入评价体系。

综上,本小节将目标层的网点分拣流程能力分解为三个一级指标,分别为分拣核心能力、资源利用能力和流程平衡度,如表 13.12 所列。

表 13.12　分拣流程能力评价体系

目标层	一级指标	二级指标	计算方式
网点分拣流程能力	分拣核心能力	每日分拣量	—
		分拣最大能力	分拣员人数×每人每小时最大分拣量
		分拣耗时(负向指标)	—
	资源利用能力	人员利用率	(工作时长-闲置时长)/工作时长
		资金利用效率	每日分拣量/分拣员工资
		分拣员负荷(负向指标)	分拣员工作时长的平均值
	流程平衡度	流程平衡度(负向指标)	分拣员工作时长的方差

1. 分拣核心能力

第一个一级指标为分拣核心能力,它衡量的是分拣流程的主要产出水平,包括网点每日分拣量、分拣最大能力和分拣耗时。

（1）每日分拣量

每日分拣量指的是网点每天能处理的快件数量，对于快递网点而言，具备分拣一定数量快件的能力是最为基础的。

（2）分拣最大能力

分拣最大能力指当所有分拣员满负荷工作时网点理论上每小时能分拣的件量，该项反映了网点应对突发需求的能力。国内经常会出现分拣需求突增的情况，如"双十一"和"双十二"期间网购件量的暴增，而如果网点的分拣能力未能满足突发需求，就会导致快件堆积和延误等情况。

（3）分拣耗时

分拣耗时是网点分拣每天的快件所花费的时间，这是一个负向指标。在快递行业，时效是十分重要的，因此该项是评价分拣流程好坏的一项重要指标。

2. 资源利用能力

第二个一级指标为资源利用能力，它反映了网点对资源的投入和使用情况，包括人员利用率、资金利用效率和分拣员负荷。网点的分拣流程产出可能很好，但如果投入超出了预算，那么这个分拣流程并不能被认为是优秀的。

（1）人员利用率

资源利用能力首先包括人员利用率，在分拣员的工作时间里他们并不是一直处于有效工作状态，资源规划的不合理会造成大量的闲置时间，因此本小节使用人员利用率这一指标，用分拣员有效工作时长占比的平均值来反映网点对分拣员这种资源的使用情况。

（2）资金利用效率

资金利用效率也被包括在资源利用能力这个一级指标内，仿真中设定分拣员工资为每人每月 5 000 元，由于场地费用、设备费用等相较于分拣员工资来说较少，因此忽略。该项的计算方式是分拣量除以分拣员的工资。

（3）分拣员负荷

资源利用能力的最后一项指标为分拣员负荷，之所以考虑这一项是因为分拣员作为分拣流程的中坚力量，如果工作时间过长，则会影响他们的工作积极性乃至分拣的正确性等。分拣员负荷是一个负向指标，该项的计算方式为每名分拣员工作时长的平均值。

3. 流程平衡度

第三个一级指标为流程平衡度，该项是不同分拣员工作时长的方差，是一个负向指标，其能够反映不同分拣台工作量的平衡情况。流程平衡性越差，即不同分拣员工作时长的方差越大，"木桶效应"的负面作用就会越大，因为整个分拣流程的耗时取决于花费时间最多的分拣员。同时，工作量的差异也会导致分拣员的积极性下降，对分拣流程造成负面影响。

13.3.2 评价体系的赋权

在确定了评价指标以后，下一步工作就是确定指标权重，从而完成整个评价体系的构建。本小节采用层次分析法（AHP）和熵权法的结合来确定最终权重。层次分析法是一种主观赋权方法，评价者的主观意识会极大影响赋权结果，但缺乏客观数据的支持会导致 AHP 法的客观性不足。而熵权法则是全盘根据客观数据来确定指标权重，这可能与主观经验相背。因此本小节将 AHP 法和熵权法相结合，力求实现主客观的内在统一，使得评价结果更真实、科学、可信。

1. 层次分析法

层次分析法（Analytic Hierarchy Process，AHP）是由著名运筹学家、匹茨堡大学的教授 T. L. Saaty 提出的一种层次权重决策分析方法。AHP 法的具体步骤是：

① 定义问题并确定所寻求的知识类型。

② 通过中间层次（后续元素所依赖的标准）到最底层次（通常是一组可选方案），从决策目标的顶部开始构建决策层次结构。

③ 构造一组成对的比较矩阵。上一层的每个元素都用来比较下一层元素与它的关系。

④ 使用从比较中得到的优先级来衡量下一级的优先级，对下一层中的每个元素添加其加权值，并获得其整体或全局优先级。继续这个权衡和添加的过程，直至得到最底层备选方案的最终优先级。

为了进行比较，AHP 法需要一个数字比例来表明一个比较因素比另一个比较因素重要多少。通常情况下使用表 13.13 为每一个比较因素构建标度。

表 13.13　AHP 标度含义

标度 b_{ij}	含　义
1	一样重要
3	略重要
5	重要
7	很重要
9	极重要
2,4,6,8	两相邻判断的中间值
倒数	若比较因素 i 与 j 的重要性之比为 b_{ij}，则 j 与 i 的重要性之比为 $b_{ji}=1/b_{ij}$

构建完成网点分拣流程能力评价体系后,通过设计调查问卷,邀请某快递公司的快递专业人员进行填写。由于快递从业者在对网点分拣流程的评价方面具有一定的权威性,故通过问卷调查法可以获得各项指标之间的相互重要程度打分,得到 AHP 方法中的判断矩阵。一共收回 5 份有效问卷。

收到问卷数据后,首先进行各问卷数据的一致性检验。一致性检验的步骤为:

① 求出判断矩阵 $\boldsymbol{A}$ 的最大特征根

$$\lambda_{\max} = \frac{1}{n} \sum_{i=1}^{n} \frac{\boldsymbol{AW}_i}{\boldsymbol{W}_i}$$

其中,$\boldsymbol{W}_i$ 为对应的特征向量,$n=3$;

② 计算得到一致性指标 $\mathrm{CI} = \dfrac{\lambda_{\max} - n}{n-1}$,同时引入随机一致性指标 RI 来衡量 CI 的大小。一致性比率 $\mathrm{CR} = \dfrac{\mathrm{CI}}{\mathrm{RI}}$,当 CR<0.1 时,可认为判断矩阵具有一致性,误差在可接受的范围内,矩阵无需进行调整。

将未通过一致性检验的问卷数据舍弃。对于通过一致性检验的数据,利用几何平均的方法将其综合在一起作为最终的判断矩阵,如表 13.14~表 13.16 所列。

表 13.14　判断矩阵 1

指　标	分拣核心能力	资源利用能力	流程平衡度
分拣核心能力	1	1	1.10
资源利用能力	1	1	0.91
流程平衡度	0.91	1.10	1

表 13.15　判断矩阵 2

指　标	每日分拣量	分拣最大能力	分拣耗时
每日分拣量	1	0.66	0.55
分拣最大能力	1.52	1	0.39
分拣耗时	1.82	2.56	1

表 13.16　判断矩阵 3

指　标	人员利用率	资金利用效率	分拣员负荷
人员利用率	1	0.55	1.22
资金利用效率	1.82	1	3.27
分拣员负荷	0.82	0.31	1

对上述判断矩阵再次进行一致性检验。经查询一致性标准 RI 表可知，当 $n=3$ 时，RI=0.52。由此计算，三个矩阵的 CR 值分别为 0.007 811 936、0.061 046 744、0.016 455 203，均小于 0.1，因此通过检验。

然后，使用和积法计算指标权重。用 B_{ij} 表示判断矩阵的元素，对判断矩阵的每一列元素进行归一化处理，归一化后的矩阵元素值为 C_{ij}，即

$$C_{ij} = \frac{B_{ij}}{\sum_{i=1}^{3} B_{ij}}$$

将归一化后的判断矩阵的各行向量求和并进行归一化，求得最终的权重向量如表 13.17 所列。

表 13.17　AHP 法赋权结果

一级指标（权重）	二级指标	指标权重
分拣核心能力（0.344 1）	每日分拣量	0.161 8
	分拣最大能力	0.045 7
	分拣耗时	0.136 6
资源利用能力（0.322 7）	人员利用率	0.085 3
	资金利用效率	0.175 8
	分拣员负荷	0.061 6
流程平衡度（0.333 2）	流程平衡度	0.333 2

2. 熵权法

熵权法的基本思路是根据指标变异性的大小来确定客观权重。一般来说，若某个指标的信息熵越小，表明指标值的变异程度越大，提供的信息量越多，在综合评价中所起的作用也越大，其权重也就越大；相反，若某个指标的信息熵越大，表明指标值的变异程度越小，提供的信息量越少，在综合评价中所起的作用也越小，其权重也就越小。

熵权法的具体步骤是：

① 根据表 13.12 构建的评价体系，利用 Flexsim 仿真模型导出的数据，以表 13.12 中的计算方式算出各评价指标的数值。以 A 网点为例，在 Flexsim 中可以从状态图中读取各个分拣员的实际工作率（实际工作时长/工作时长），如图 13.23 所示。从工作小时产出图（见图 13.24）中可以读取分拣员的工作时长，并将最晚结束分拣任务的分拣员的工作时长作为整个分拣流程的耗时。评价体系中所有指标的数值均可由模型数据计算得到，结果如表 13.18 所列。

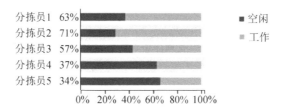

图 13.23　Flexsim 中的分拣员工作状态图

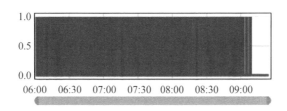

图 13.24　Flexsim 中的分拣员 1 的工作小时产出图

表 13.18　5 个网点的仿真模型输出数据

网　点	每日分拣量/件	分拣最大能力/件	分拣耗时/s	人员利用率	资金利用效率	分拣员负荷/s	流程平衡度
A	8 000	4 500	12 226	0.524	0.320	9 245.800	2 182.602
B	13 000	6 300	14 312	0.519	0.371	11 918.570	2 274.032
C	3 800	2 700	8 467	0.600	0.253	7 684.330	966.512
D	5 500	3 600	11 438	0.478	0.275	8 257.750	2 264.501
E	16 000	7 200	16 197	0.495	0.400	12 876.880	2 266.428

② 数据标准化:将各个指标数据进行标准化处理。假设给定 k 个指标 $X_1,X_2,\cdots,$ X_k,其中 $X_i=\{x_1,x_2,\cdots,x_n\}$,对各指标数据标准化后的值为 $Y_1,Y_2,\cdots,Y_k$,那么

$$Y_{ij}=\frac{X_{ij}-\min X_i}{\max X_i-\min X_i}$$

标准化后的数据如表 13.19 所列。

③ 求各指标的信息熵为

$$E_j=-(\ln n)^{-1}\sum_{i=1}^{n}p_{ij}\ln p_{ij}$$

其中 $p_{ij}=Y_{ij}/\sum_{i=1}^{n}Y_{ij}$,如果 $p_{ij}=0$,则定义 $\lim\limits_{p_{ij}\to 0}p_{ij}\ln p_{ij}=0$。计算得到与表 13.19 中

各指标对应的信息熵分别为 0.922 966、0.962 896、0.986 024、0.998 044、0.990 843、0.987 14、0.975 634。

表 13.19　5 个网点仿真模型数据的标准化

网　点	每日分拣量	分拣最大能力	分拣耗时	人员利用率	资金利用效率	分拣员负荷	流程平衡度
A	0.173	0.185	0.195	0.200	0.198	0.185	0.219
B	0.281	0.259	0.228	0.198	0.229	0.238	0.228
C	0.082	0.111	0.135	0.229	0.156	0.154	0.097
D	0.119	0.148	0.183	0.183	0.170	0.165	0.227
E	0.346	0.296	0.259	0.189	0.247	0.258	0.228

④ 确定各指标的权重：根据信息熵的计算公式计算得到各指标的信息熵 E_1，$E_2,\cdots,E_k$，再通过信息熵计算各指标的权重，计算公式为

$$W_i = \frac{1-E_i}{k-\sum_{i=1}^{k}E_i} \quad (i=1,2,\cdots,k)$$

计算结果如表 13.20 所列。

表 13.20　熵权法赋权结果

一级指标(权重)	二级指标	指标权重
分拣核心能力(0.726 0)	每日分拣量	0.436 5
	分拣最大能力	0.210 3
	分拣耗时	0.079 2
资源利用能力(0.135 9)	人员利用率	0.011 1
	资金利用效率	0.051 9
	分拣员负荷	0.072 9
流程平衡度(0.138 1)	流程平衡度	0.138 1

3. 最终权重的确定

在分别采用 AHP 法和熵权法得到分拣流程能力评价指标的权重后，将两者进行平均，保留三位小数，得出同时具备主观和客观优点的最终评价体系，如表 13.21 所列。

表 13.21 网点分拣流程能力评价体系

一级指标	二级指标	AHP 法	熵权法	平均权重
分拣核心能力	每日分拣量	0.161 8	0.436 5	0.299
	分拣最大能力	0.045 7	0.210 3	0.128
	分拣耗时	0.136 6	0.079 2	0.108
资源利用能力	人员利用率	0.085 3	0.011 1	0.048
	资金利用效率	0.175 8	0.051 9	0.114
	分拣员负荷	0.061 6	0.072 9	0.067
流程平衡度	流程平衡度	0.333 2	0.138 1	0.236

13.3.3 模型分拣流程的评价

在完成评价体系的构建后,需要对建模的 5 个网点的分拣流程能力进行评价和比较,以分析各网点存在的问题。在利用权重评分之前,因为各指标的量纲并不一样,所以为了能够将指标数据参与到评价的计算中来,首先需将指标数据归一化,本小节决定使用如下线性比例变换法来完成归一化操作:

① 正向指标:$y = x/\max x$,即新数据=原数据/原数据最大值。

② 负向指标:$y = \min x/x$,即新数据=原数据最小值/原数据。

使用线性比例变换法的目的是在不改变原数据分布的情况下,将正向指标和负向指标的原数据都压缩到 0~1 范围内,从而能在同一量纲下进行后续评分等操作。对表 13.18 中 5 个网点的仿真模型输出数据采用线性比例变换法处理后得到归一化的新矩阵,如表 13.22 所列。

表 13.22 5 个仿真网点输出数据的归一化矩阵

网 点	每日分拣量	分拣最大能力	分拣耗时	人员利用率	资金利用效率	分拣员负荷	流程平衡度
A	0.500	0.625	0.693	0.873	0.800	0.831	0.443
B	0.813	0.875	0.592	0.865	0.928	0.645	0.425
C	0.238	0.375	1.000	1.000	0.633	1.000	1.000
D	0.344	0.500	0.740	0.797	0.688	0.931	0.427
E	1.000	1.000	0.523	0.825	1.000	0.597	0.426

得到归一化矩阵后,将构建的分拣流程能力评价体系(见表 13.21)中二级指标的权重与归一化后的数据相乘算出各二级指标的得分,再将相关的二级指标得分加和得到对应的各一级指标的得分,最后将一级指标得分加和得到分拣流程能力的总分。具体得分见表 13.23。

表 13.23　5 个仿真网点分拣流程能力得分

网　点	每日分拣量	分拣最大能力	分拣耗时	分拣核心能力	人员利用率	资金利用效率	分拣员负荷	资源利用能力	流程平衡度	总　　分
A	0.150	0.080	0.075	0.304	0.042	0.091	0.056	0.189	0.105	0.598
B	0.243	0.112	0.064	0.419	0.042	0.106	0.043	0.190	0.100	0.710
C	0.071	0.048	0.108	0.227	0.048	0.072	0.067	0.187	0.236	0.650
D	0.103	0.064	0.080	0.247	0.038	0.078	0.062	0.179	0.101	0.526
E	0.299	0.128	0.056	0.483	0.040	0.114	0.040	0.194	0.101	0.778

根据表 13.23 中的得分,在分拣核心能力方面的得分排序为 E>B>A>D>C,由此可知,每天处理件量越多的网点,其分拣核心能力越大,这是因为每天处理件量大不仅提高了每日分拣量这一指标的得分,而且一般也会意味着更高的分拣最大能力。网点 C 和 D 的每日分拣件量较少,因此能够覆盖的快递区域较小;同时,因缺少分拣员而导致两个网点的分拣最大能力也较低,从而缺乏应对突发需求的能力,这是两个网点需要加以改进的方向。

在资源利用能力方面,5 个网点的得分较为接近,得分排序为 E>B>A>C>D。其中,网点 B 和 E 的分拣员负荷得分显著低于其他 3 个网点,因此需要采取措施减轻分拣员的负担,以避免分拣员任务过重导致工作失误等负面效应。网点 C 和 D 的每日分拣量较少的问题除了影响分拣核心能力外,也降低了它们的资金利用效率。

在流程平衡度方面,网点 A、B、D、E 的得分均接近 0.1,但网点 C 的得分显著高于其余 4 个网点,达到了 0.236,说明网点 C 的分拣流程更平衡,这意味着网点 C 的分拣区域任务划分更合理,各个分拣员的任务量更接近。平衡的分拣流程不仅能提高分拣员的积极性,还能有效缓解分拣流程的“木桶效应”,因此其余 4 个网点需要在流程平衡方面加以改进。

总的来看,凭借在分拣核心能力和资源利用能力上的高评分,网点 E 和 B 拿到了分拣流程能力总分的前两名。网点 C 优秀的流程平衡度使其总分达到第三,网点 A 和 D 的分拣流程能力分别排在第四和第五。5 个网点在分拣流程的不同方面均有需要改进的地方。

13.4　改进策略的仿真与评价

13.4.1　外部资源整合

在探讨网点内部存在的各种问题之前,首先寻求在网点外部存在的整合其他网点的可能性。随着物流行业的无序发展,物流资源的冗余成为物流企业经常需要面对的挑战之一。近年来,共享经济和绿色经济观念的普及带来了"共享网点"的概念。之前,各家快递公司各自处理自家的快递,每家快递都有自己的场地、设备、操作员,但每家的快递网点并不一定都满负荷运作。现在将各家快递整合到一起,用同一个场地、同一套设备、同一批操作员、同一系统来操作所有品牌的快递包裹,这样就节省了快递网点在场地、设备、人员上的一大部分成本。

在生产运作与管理中,"规模效应"是一个经常被提及的名词,在物流领域中规模效应的作用十分显著。随着分拣件量的不断上升,边际资源消耗量会不断下降,因此多个网点的整合能减少资源冗余,大大提高资源的利用率;并且合并网点在分拣后的派送阶段同样可以发挥共享经济的作用,让一个派件员同时负责一定区域内多个快递品牌的派送,即"共同配送",能够节省派件阶段的人力投入。

为了验证某网点整合其他网点资源的可行性,本小节尝试将两个网点合并为一个网点,并对合并前后的分拣流程能力进行评价。三个及以上网点的合并与两个网点合并的原理类似。本小节选定 A 和 D 两个网点进行研究,将合并后的网点记为网点 F。两个网点在上午 6 时的到件量分别为 8 000 件和 5 500 件,因此合并以后 F 网点的到件量为 13 500 件,在 Flexsim 中的到货货车设置如图 13.25 所示。

图 13.25　合并的网点 F 的到件量

但需要注意的是,随着件量的提升,如果还按照之前划分的区域来分拣和派送,那么单个区域的件量可能会超过 3 000 件,从而超出了单个派件员的派送能力,会导致快递延误等问题。因此,随着网点分拣量的提升,分拣区域也需要重新划分,要比原来划分的区域更小一些,从而保证单个区域的件量不大于 3 000 件且不小于

1 000 件。在实际网点运营中也是如此,当网点合并实现共同配送时,随着区域内派件量的上升,派件员也会缩小其负责派送的区域。因此,需要研究将合并网点覆盖的地区划分为几个区域。

在实验中,考虑将新网点 F 划分为 7 个区域、8 个区域、9 个区域的情况,分别进行仿真和对比。在生成每个区域的件量占总件量的比例时,同样遵循对单个区域件量的如下限制:

假设某网点每天的分拣件量为 m,总共划分了 n 个分拣区域,设每个区域的件量占总件量的比例为 $p_i(i=1,2,\cdots,n)$,则有 $\sum_{i=1}^{n} p_i = 1$,且 $1\,000 \leqslant m \cdot p_i \leqslant 3\,000$ $(i=1,2,\cdots,n)$。

每个区域的件量占网点件量的总比例仍采用随机数生成。因为在生成区域件量比例时会有随机因素所造成的系统误差,所以为了减小系统误差带来的影响,对三种划分区域的情况均重复做十次实验。仿真模型及各分拣区域件量占比的设置如表 13.24~表 13.26 所列和图 13.26~图 13.28 所示。(将派件员部分略去,其不影响分拣流程的仿真。)

表 13.24 网点 F 划分 7 个分拣区域的件量占比

分拣员	第1次	第2次	第3次	第4次	第5次	第6次	第7次	第8次	第9次	第10次
分拣员1	20	21	21	18	19	13	16	17	16	14
分拣员2	15	15	13	17	17	19	10	14	18	9
分拣员3	9	9	21	17	15	10	12	13	8	13
分拣员4	12	15	9	19	9	19	13	12	13	14
分拣员5	19	20	10	8	10	8	15	10	19	15
分拣员6	8	8	12	8	11	17	17	20	10	18
分拣员7	17	12	14	13	19	14	17	14	16	17

表 13.25 网点 F 划分 8 个分拣区域的件量占比

分拣员	第1次	第2次	第3次	第4次	第5次	第6次	第7次	第8次	第9次	第10次
分拣员1	12	10	8	8	12	16	9	11	10	10
分拣员2	18	11	12	8	14	9	13	8	12	8
分拣员3	22	16	9	12	18	15	21	11	9	14
分拣员4	14	12	11	12	11	13	15	19	16	19
分拣员5	9	11	17	17	10	11	12	12	21	10
分拣员6	8	21	9	13	10	13	8	8	10	14
分拣员7	11	11	21	14	12	13	13	9	11	13
分拣员8	8	8	13	16	17	11	9	22	11	12

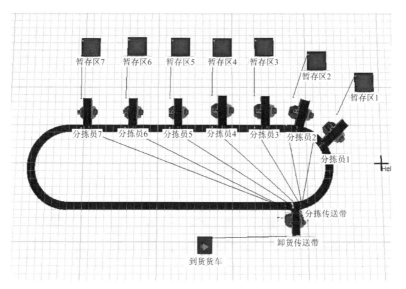

图 13.26　网点 F 划分 7 个分拣区域时的仿真模型

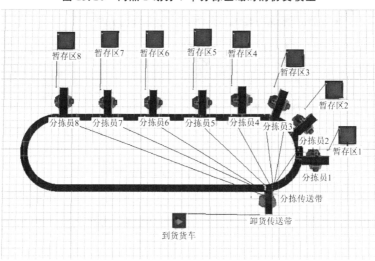

图 13.27　网点 F 划分 8 个分拣区域时的仿真模型

表 13.26　网点 F 划分 9 个分拣区域的件量占比

分拣员	第1次	第2次	第3次	第4次	第5次	第6次	第7次	第8次	第9次	第10次
分拣员 1	11	16	19	9	13	8	11	8	8	16
分拣员 2	15	13	13	14	8	11	12	9	17	13
分拣员 3	8	8	14	18	11	14	8	20	11
分拣员 4	17	11	8	12	14	8	10	11	8	10
分拣员 5	9	8	12	9	8	15	10	10	8	8

续表 13.26

分拣员	第1次	第2次	第3次	第4次	第5次	第6次	第7次	第8次	第9次	第10次
分拣员6	12	9	9	10	12	10	8	8	11	12
分拣员7	10	16	9	10	11	16	16	22	12	12
分拣员8	9	11	8	10	13	9	8	13	8	9
分拣员9	9	8	8	8	10	9	13	11	8	9

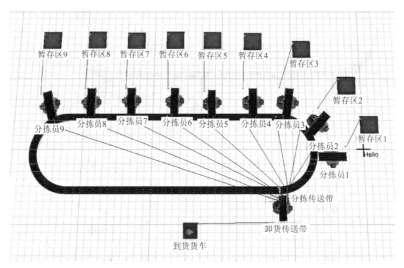

图 13.28　网点 F 划分 9 个分拣区域时的仿真模型

从 Flexsim 中导出每一种情况的数据,根据评价体系指标的计算方式算出每个指标的数值,如表 13.27 所列。

表 13.27　仿真模型输出数据

网　点	实验次数	每日分拣量/件	分拣最大能力/件	分拣耗时/s	人员利用率	资金利用效率	分拣员负荷/s	流程平衡度
网点A	第1次	8 000	4 500	12 226	0.524	0.320	9 245.800	2 182.602
网点D	第1次	5 500	3 600	11 438	0.478	0.275	8 257.750	2 264.501
网点F划分7个分拣区域	第1次	13 500	6 300	16 273	0.474	0.386	12 561.000	2 598.470
	第2次	13 500	6 300	16 148	0.479	0.386	12 198.857	2 649.534
	第3次	13 500	6 300	16 722	0.461	0.386	12 205.000	3 048.319
	第4次	13 500	6 300	15 549	0.494	0.386	12 297.000	2 427.817
	第5次	13 500	6 300	14 903	0.517	0.386	12 109.286	2 445.982
	第6次	13 500	6 300	14 826	0.523	0.386	12 246.143	2 215.208
	第7次	13 500	6 300	13 383	0.577	0.386	11 936.714	1 300.425
	第8次	13 500	6 300	14 719	0.523	0.386	11 996.857	1 712.855
	第9次	13 500	6 300	15 353	0.503	0.386	12 182.286	2 500.817
	第10次	13 500	6 300	13 607	0.566	0.386	11 947.429	1 341.785

网　点	实验次数	每日分拣量/件	分拣最大能力/件	分拣耗时/s	人员利用率	资金利用效率	分拣员负荷/s	流程平衡度
网点 F 划分 8 个分拣区域	第 1 次	13 500	7 200	15 933	0.425	0.338	11 163.750	2 783.948
	第 2 次	13 500	7 200	15 597	0.434	0.338	11 332.250	2 096.087
	第 3 次	13 500	7 200	15 167	0.445	0.338	11 078.250	2 055.620
	第 4 次	13 500	7 200	13 563	0.499	0.338	11 215.375	1 734.034
	第 5 次	13 500	7 200	14 081	0.480	0.338	11 119.625	1 860.876
	第 6 次	13 500	7 200	13 229	0.511	0.338	11 180.625	1 408.070
	第 7 次	13 500	7 200	15 399	0.439	0.338	11 149.375	2 196.030
	第 8 次	13 500	7 200	16 468	0.409	0.338	11 155.875	3 039.874
	第 9 次	13 500	7 200	15 117	0.446	0.338	11 325.875	2 086.261
	第 10 次	13 500	7 200	15 566	0.434	0.338	11 336.000	2 088.653
网点 F 划分 9 个分拣区域	第 1 次	13 500	8 100	15 224	0.393	0.300	10 468.111	1 962.959
	第 2 次	13 500	8 100	13 450	0.447	0.300	10 380.000	1 679.040
	第 3 次	13 500	8 100	14 150	0.423	0.300	10 459.222	1 813.435
	第 4 次	13 500	8 100	13 830	0.433	0.300	10 631.889	1 662.343
	第 5 次	13 500	8 100	12 101	0.496	0.300	10 657.444	1 063.257
	第 6 次	13 500	8 100	13 903	0.429	0.300	10 750.222	1 713.657
	第 7 次	13 500	8 100	12 479	0.482	0.300	10 470.444	1 021.142
	第 8 次	13 500	8 100	17 985	0.336	0.300	10 733.778	2 856.594
	第 9 次	13 500	8 100	16 296	0.368	0.300	10 693.889	2 577.387
	第 10 次	13 500	8 100	13 168	0.454	0.300	10 437.889	1 187.733

采用线性比例变换法归一化后的矩阵如表 13.28 所列。

表 13.28　仿真模型输出数据归一化后的矩阵

网　点	实验次数	每日分拣量	分拣最大能力	分拣耗时	人员利用率	资金利用效率	分拣员负荷	流程平衡度
网点 A	第 1 次	0.593	0.556	0.936	0.908	0.830	0.893	0.468
网点 D	第 1 次	0.407	0.444	1.000	0.827	0.713	1.000	0.451
网点 F 划分 7 个分拣区域	第 1 次	1.000	0.778	0.703	0.822	1.000	0.657	0.393
	第 2 次	1.000	0.778	0.708	0.829	1.000	0.677	0.385
	第 3 次	1.000	0.778	0.684	0.800	1.000	0.677	0.335
	第 4 次	1.000	0.778	0.736	0.856	1.000	0.672	0.421
	第 5 次	1.000	0.778	0.767	0.896	1.000	0.682	0.417
	第 6 次	1.000	0.778	0.771	0.906	1.000	0.674	0.461
	第 7 次	1.000	0.778	0.855	1.000	1.000	0.692	0.785
	第 8 次	1.000	0.778	0.777	0.906	1.000	0.688	0.596
	第 9 次	1.000	0.778	0.745	0.871	1.000	0.678	0.408
	第 10 次	1.000	0.778	0.841	0.980	1.000	0.691	0.761

网　点	实验次数	每日分拣量	分拣最大能力	分拣耗时	人员利用率	资金利用效率	分拣员负荷	流程平衡度
网点 F 划分 8 个分拣区域	第 1 次	1.000	0.889	0.718	0.736	0.875	0.740	0.367
	第 2 次	1.000	0.889	0.733	0.752	0.875	0.729	0.487
	第 3 次	1.000	0.889	0.754	0.771	0.875	0.745	0.497
	第 4 次	1.000	0.889	0.843	0.864	0.875	0.736	0.589
	第 5 次	1.000	0.889	0.812	0.832	0.875	0.743	0.549
	第 6 次	1.000	0.889	0.865	0.886	0.875	0.739	0.725
	第 7 次	1.000	0.889	0.743	0.760	0.875	0.741	0.465
	第 8 次	1.000	0.889	0.695	0.708	0.875	0.740	0.336
	第 9 次	1.000	0.889	0.757	0.773	0.875	0.729	0.489
	第 10 次	1.000	0.889	0.735	0.752	0.875	0.728	0.489
网点 F 划分 9 个分拣区域	第 1 次	1.000	1.000	0.751	0.682	0.778	0.789	0.520
	第 2 次	1.000	1.000	0.850	0.774	0.778	0.796	0.608
	第 3 次	1.000	1.000	0.808	0.733	0.778	0.790	0.563
	第 4 次	1.000	1.000	0.827	0.751	0.778	0.777	0.614
	第 5 次	1.000	1.000	0.945	0.859	0.778	0.775	0.960
	第 6 次	1.000	1.000	0.823	0.743	0.778	0.768	0.596
	第 7 次	1.000	1.000	0.917	0.836	0.778	0.789	1.000
	第 8 次	1.000	1.000	0.636	0.581	0.778	0.769	0.357
	第 9 次	1.000	1.000	0.702	0.637	0.778	0.772	0.396
	第 10 次	1.000	1.000	0.869	0.787	0.778	0.791	0.860

将归一化后的数据乘以指标权重后算得二级指标的得分、一级指标的得分及分拣流程的总得分如表 13.29 所列。

表 13.29　根据仿真模型归一化数据的评价体系评分

网　点	实验次数	每日分拣量	分拣最大能力	分拣耗时	人员利用率	资金利用效率	分拣员负荷	流程平衡度
网点 A	第 1 次	0.177	0.071	0.101	0.044	0.094	0.060	0.110
网点 D	第 1 次	0.122	0.057	0.108	0.040	0.081	0.067	0.106

续表 13.29

网　点	实验次数	每日分拣量	分拣最大能力	分拣耗时	人员利用率	资金利用效率	分拣员负荷	流程平衡度
网点 F 划分 7 个分拣区域	第 1 次	0.299	0.100	0.076	0.039	0.113	0.044	0.093
	第 2 次	0.299	0.100	0.076	0.040	0.113	0.045	0.091
	第 3 次	0.299	0.100	0.074	0.038	0.113	0.045	0.079
	第 4 次	0.299	0.100	0.079	0.041	0.113	0.045	0.099
	第 5 次	0.299	0.100	0.083	0.043	0.113	0.046	0.099
	第 6 次	0.299	0.100	0.083	0.043	0.113	0.045	0.109
	第 7 次	0.299	0.100	0.092	0.048	0.113	0.046	0.185
	第 8 次	0.299	0.100	0.084	0.043	0.113	0.046	0.141
	第 9 次	0.299	0.100	0.080	0.042	0.113	0.045	0.096
	第 10 次	0.299	0.100	0.091	0.047	0.113	0.046	0.180
网点 F 划分 8 个分拣区域	第 1 次	0.299	0.114	0.078	0.035	0.099	0.050	0.087
	第 2 次	0.299	0.114	0.079	0.036	0.099	0.049	0.115
	第 3 次	0.299	0.114	0.081	0.037	0.099	0.050	0.117
	第 4 次	0.299	0.114	0.091	0.041	0.099	0.049	0.139
	第 5 次	0.299	0.114	0.088	0.040	0.099	0.050	0.130
	第 6 次	0.299	0.114	0.093	0.043	0.099	0.049	0.171
	第 7 次	0.299	0.114	0.080	0.036	0.099	0.050	0.110
	第 8 次	0.299	0.114	0.075	0.034	0.099	0.050	0.079
	第 9 次	0.299	0.114	0.082	0.037	0.099	0.049	0.116
	第 10 次	0.299	0.114	0.079	0.036	0.099	0.049	0.115
网点 F 划分 9 个分拣区域	第 1 次	0.299	0.128	0.081	0.033	0.088	0.053	0.123
	第 2 次	0.299	0.128	0.092	0.037	0.088	0.053	0.144
	第 3 次	0.299	0.128	0.087	0.035	0.088	0.053	0.133
	第 4 次	0.299	0.128	0.089	0.036	0.088	0.052	0.145
	第 5 次	0.299	0.128	0.102	0.041	0.088	0.052	0.227
	第 6 次	0.299	0.128	0.089	0.036	0.088	0.051	0.141
	第 7 次	0.299	0.128	0.099	0.040	0.088	0.053	0.236
	第 8 次	0.299	0.128	0.069	0.028	0.088	0.052	0.084
	第 9 次	0.299	0.128	0.076	0.031	0.088	0.052	0.094
	第 10 次	0.299	0.128	0.094	0.038	0.088	0.053	0.203

对合并后的网点 F 划分为 7 个区域、8 个区域、9 个区域的 10 次仿真结果评分进行平均,得到表 13.30。

表 13.30　根据仿真模型归一化数据的评价体系评分的平均值

网　点	每日分拣量	分拣最大能力	分拣耗时	分拣核心能力	人员利用率	资金利用效率	分拣员负荷	资源利用能力	流程平衡度	总　分
网点 A	0.177	0.071	0.101	0.349	0.044	0.094	0.060	0.198	0.110	0.658
网点 D	0.122	0.057	0.108	0.287	0.040	0.081	0.067	0.188	0.106	0.581
网点 F（7 个区域）	0.299	0.100	0.082	0.480	0.043	0.113	0.045	0.201	0.117	0.799
网点 F（8 个区域）	0.299	0.114	0.083	0.495	0.038	0.099	0.049	0.186	0.118	0.799
网点 F（9 个区域）	0.299	0.128	0.088	0.515	0.035	0.088	0.052	0.176	0.153	0.844

由表 13.30 的得分可以看出,在合并以后,新网点的分拣核心能力大大提高。尽管在分拣时效上不占优势,但是合并网点每日能处理的件量增多,能够应对突增需求的能力也随着分拣员人数的增多而提升了。合并后的流程平衡度也提高了,这意味着各个分拣台的工作量更加平衡。尽管因为分拣员负荷的增加,资源利用能力相较于合并前有所下滑,但网点 F 分拣流程能力的总分较合并前的两个网点有显著提高,可见合并网点对于改进网点的分拣流程的效果是显著的。

此外,从划分为 7、8、9 个区域的对比中可以看到,随着人数的增加,网点的分拣最大能力一直在提高,分拣速度越来越快,分拣核心能力也随之变大。网点 F 的总件量保持不变,当区域增多时,各个分拣区域的件量会更接近,因此流程平衡度会不断提高。但同时人员利用率随着分拣区域的增多由 0.043 的得分下降到 0.035,导致资源利用能力的得分由 0.201 下降到 0.176。这可能是因为在原网点的卸货密度下,更多的分拣区域意味着连续两件同区域的快件到达相应分拣台的时间间隔会延长,因此分拣员在等待其负责区域的下一件快件到达前的闲置时间更长。

划分为 8 个区域的总分并不高于划分为 7 个区域的总分,两者同为 0.799,而划分为 9 个区域的分拣流程评分最高,为 0.844。因此在网点合并后,当重新规划划分区域的数量时,需要综合考虑资源利用能力、流程平衡度等,合理确定需要划分的区域个数以及每个区域的件量预估比例,不能因为过度追求分拣时效而忽视了对投入资源的浪费。

13.4.2　内部资源规划

在运营管理中,内部资源重新规划和组合是改进流程的一种重要思路。尽管网点合并能带来分拣流程能力的提高,但现实情况中不同网点因为距离、时效等原因难以进行合并的情况更为普遍,此时需要网点重新组织已有的资源,来调整原模式中的不合理之处,从而提高分拣效率。

由 5 个网点分拣流程的输出数据(见表 13.18)可知,各网点内部存在分拣耗时过长、资金利用效率低下、分拣员负荷大和流程不平衡等问题。在不能从外部整合其他网点资源的情况下,本小节将对分拣流程的各个环节进行分析,寻找可能的改进策略,并在之后进行仿真验证。

1. 改进一:分拣区域重新组合

网点负责地区的快件会被分拣员按照其所属的分拣区域进行分拣,每个分拣区域的件量不同使得不同分拣员的任务量不同,从而造成分拣流程的不平衡。重新组合分拣区域,将件量较少的区域合并,会使分拣员之间的工作量更接近。此外,较小区域的合并使得原来多个区域的快件可以由一名分拣员负责分拣,从而减少了分拣员人数,起到削减人员支出的效果。基于以上分析,本小节提出改进一:分拣区域重新组合。

分拣流程的结束是以传送带上最后一件快件被分拣为标志的。在分拣时段内,网点各个分拣区域件量的不均匀会造成分拣任务轻的分拣员空闲,从而产生分拣员资源的浪费;同时工作量不均也会对分拣员的积极性产生影响。因此,重新组织资源,让一名分拣员去负责多个区域(此处假定最多为 2 个)的分拣任务,可能不仅会提高人力资源的利用率,也会使流程更加平衡。

在重新组织分拣员负责的区域时,采用张阳等基于各目的地快递数量比例和分拣作业节拍提出的目的地固定顺序组合算法。目的地即为网点划分的区域,其与分拣区域一一对应,故下面的分拣区域与目的地的含义相同,即分拣区域固定顺序组合算法与目的地固定顺序组合算法含义一致。分拣区域固定顺序组合算法中的变量及参数说明如表 13.31 所列。

表 13.31　分拣区域固定顺序组合算法中的变量及参数说明

变量/参数	说　　明	变量/参数	说　　明
n	分拣区域总数	$D_{(i)}$	第 i 个分拣区域
m	最优分拣台数	C、C'	分拣区域集合
r	分拣作业节拍	A、A'	快件数量比例集合
$f_{(i)}$	第 i 个分拣区域的快件数量比例	C_j^*、C^*	最佳分拣区域集合
f^*、f_{min}	快件数量比例计算符号	z、z'	分拣区域序号

分拣区域固定顺序组合算法根据快件数量的比例对分拣区域进行排序,并以固定顺序组合分拣区域。算法如图 13.29 所示,具体如下:

步骤 1:对各分拣区域的快件数量比例 $f_{(k)}$ 从小到大进行排列,得到序列 $f_{(1)}$, $f_{(2)}$,…,$f_{(n)}$)。

步骤 2:判断 $f_{(i)}$ 与节拍 r 的大小。若 $f_{(i)}$ 小于节拍 r,则转至步骤 3;否则,转至步骤 4。

步骤 3:计算 $f^* = f_{(i)} + f_{(i+1)}$。若 f^* 小于节拍 r,则转至步骤 5;否则,转至步骤 4。

步骤 4:$f_{(i)}$ 所对应的分拣区域 $D_{(i)}$ 组成一个最佳分拣区域集合 C_j^*,并转至步骤 6。

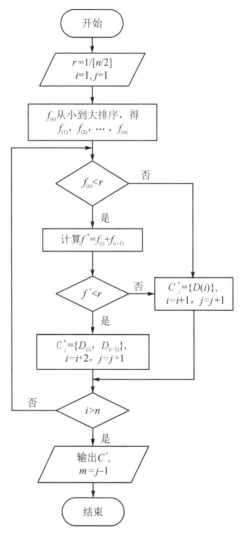

图 13.29　分拣区域固定顺序组合算法

步骤 5：$f_{(i)}$ 和 $f_{(i+1)}$ 所对应的分拣区域 $D_{(i)}$ 和 $D_{(i+1)}$ 组成一个最佳分拣区域集合 C_j^*，并转至步骤 6。

步骤 6：若所有分拣区域均已被组合，则转至步骤 7；否则转至步骤 2。

步骤 7：输出所有的最佳分拣区域集合 C_j^* 所构成的集合 C^* 和最优分拣台数 m。

本小节以网点 A 为实验对象，在分拣区域重组前，其 5 个分拣区域的件量占比分别为 24％、27％、22％、14％、13％，将其输入分拣区域固定顺序组合算法中得到的新的分拣区域件量占比组合分别为 24％、27％、22％、{13％，14％}，其中让一个分拣员负责区域 4 和区域 5 的分拣任务。在分拣模型中进行的改进即为图 13.30 和图 13.31。

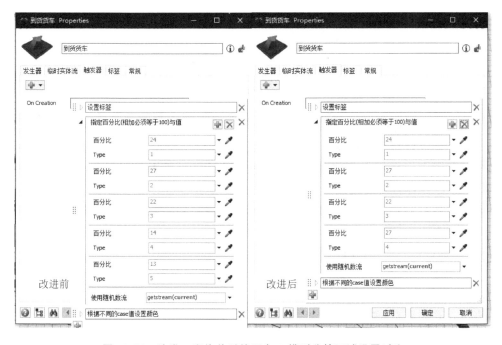

图 13.30　改进一实施前后的网点 A 模型分拣区域设置对比

从 Flexsim 中导出评价指标对应的数据，经整理得到表 13.32。

表 13.32　改进一实施前后的模型输出数据

模型状态	每日分拣量/件	分拣最大能力/件	分拣耗时/s	人员利用率	资金利用效率	分拣员负荷/s	流程平衡度
改进前	8 000	4 500	12 226	0.524	0.320	9 245.800	2 182.602
改进一	8 000	3 600	12 226	0.595	0.400	11 726.500	1 820.248

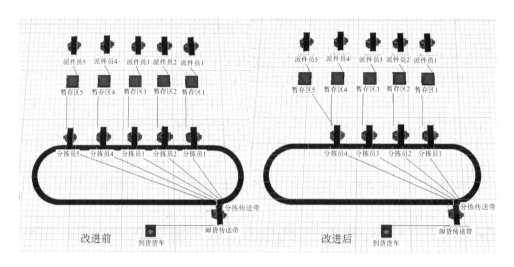

图 13.31　改进一实施前后的网点 A 模型对比

2. 改进二：增加特定分拣区域的人数

尽管改进一可能带来人员利用率和流程平衡度的改进，但是对于快递网点来说较为重要的时效却难以提高。这是因为分拣流程的结束是以件量最多的分拣员完成工作的时刻为标志的，而改进一并未改变件量最多的分拣区域，因此分拣总耗时不会减少。考虑到现实网点常对时效有更高的要求，因此，本改进尝试将件量最多区域的分拣员的任务减轻，而让更多分拣员承担该区域的分拣任务。这个调整虽然会增加人员支出，但可能会有效减少分拣流程所花费的时间。据此，本小节提出改进二：增加特定分拣区域的人数。

在改进一中，本小节通过分拣区域固定顺序组合算法将一些分拣区域组合起来，让一名分拣员去负责两个分拣区域的工作，从表 13.32 可知，该改进使得分拣流程在人员利用率、资金利用效率和流程平衡度方面均有提升。但是整个分拣流程的短板并未解决，分拣总耗时仍然由件量占比最多的分拣员决定。针对快递网点普遍追求时效的需求，本小节转换改进一的思路，从通过合并件量较少的分拣区域和减少分拣人员的思路转变为在件量最多的分拣区域增加分拣员，来提高该分拣区域内快件被分拣的速度，减少分拣耗时。

以网点 A 为例，分拣区域 2 的件量占比最多，成为分拣流程这个"木桶"的短板。因此本小节尝试给其添加一位分拣员，编号为 2A，他和分拣员 2 一起负责分拣区域 2 的快件，如图 13.32 所示。

从 Flexsim 中导出评价指标对应的数据，经整理得到表 13.33。

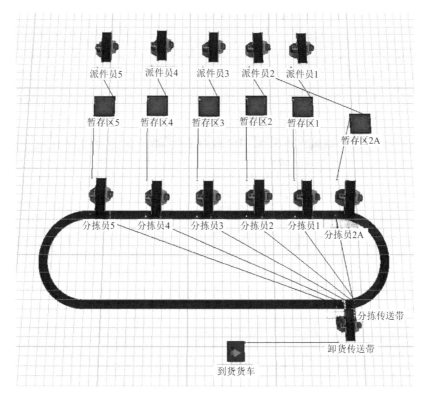

图 13.32　改进二实施之后的网点 A 模型

表 13.33　改进二实施前后的模型输出数据

模型状态	每日分拣量/件	分拣最大能力/件	分拣耗时/s	人员利用率	资金利用效率	分拣员负荷/s	流程平衡度
改进前	8 000	4 500	12 226	0.524	0.320	9 245.800	2 182.602
改进二	8 000	5 400	8 790	0.642	0.267	6 508.000	1 582.640

3. 改进三:调整卸货速度

当货车将快件一次性拉到网点并卸到传送带上时,卸货的速度决定了快件的密度。当快件密度过大时,同区域相邻的两件快件距离太近,以至于分拣员只来得及分拣前一件,而后一件只能在循环一圈甚至多圈后才有被分拣的可能,从而增加了分拣耗时。而如果卸货速度过慢,快件密度将会太小,分拣员处理完一件快件后,其负责区域的下一件快件到达分拣台需要一段时间,这就使得分拣员的实际工作时长减少。综合以上分析,只有在卸货速度适宜的状态下,分拣员才能一直保持较高的实际工作效率。针对于此,本小节提出改进三:调整卸货速度。

卸货速度关系着卸货传送带和分拣传送带上快件的疏密程度。分拣员处理每一件快件需要时间,卸货速度过快可能导致快件密度过大而使分拣员错过快件;卸货速度过慢可能造成快件密度过小而使分拣员因等待快件到达而长期处于空闲状态。本小节分别设置卸货速度为 4 件/s、3 件/s、1 件/s(改进前为 2 件/s),编号分别为改进三-1、改进三-2、改进三-3。在 Flexsim 中改变卸货速度设置如图 13.33 所示,导出的数据如表 13.34 所列。

图 13.33　改进三的网点 A 仿真模型的卸货传送带设置

表 13.34　改进三实施前后的模型输出数据

模型状态	每日分拣量/件	分拣最大能力/件	分拣耗时/s	人员利用率	资金利用效率	分拣员负荷/s	流程平衡度
改进前(2 件/s)	8 000	4 500	12 226	0.524	0.32	9 245.800	2 182.602
改进三-1	8 000	4 500	13 050	0.492	0.32	10 016.000	2 456.266
改进三-2	8 000	4 500	13 087	0.488	0.32	9 810.800	2 706.981
改进三-3	8 000	4 500	13 769	0.464	0.32	11 464.400	1 849.310

4. 改进四:调整分拣传送带速度

传送带速度同样是不可忽视的一个影响因素。在循环传送带上,快件会在传送带上持续循环直至被揽下,因此更快的传送带速度可使快件更快地到达其对应的分拣台,从而缩短分拣耗时并提高人员利用率。如果分拣传送带速度过慢,则分拣员等待下一件快件到达的空闲时间将会变长,因此会缩短分拣的时效和人员利用率。据此,本小节提出改进四:调整分拣传送带速度。

快件在分拣传送带上的传动与分拣传送带速度紧密关联,传送带的速度影响下一次快件的到达时间。可以预见当传送带速度加快时,下一件快件可以更快地到达它所对应的分拣员处,因此会加快整个分拣流程的速度。

本小节在模型中设定分拣传送带的速度分别为 0.2 m/s、0.4 m/s、0.8 m/s、1 m/s(改进前为 0.5 m/s),编号分别为改进四-1、改进四-2、改进四-3、改进四-4,如图 13.34 所示,实验导出数据如表 13.35 所列。

图 13.34 改进四的网点 A 仿真模型的分拣传送带设置

表 13.35 改进四实施前后的模型输出数据

模型状态	每日分拣量/件	分拣最大能力/件	分拣耗时/s	人员利用率	资金利用效率	分拣员负荷/s	流程平衡度
改进前(0.5 m/s)	8 000	4 500	12 226	0.524	0.320	9 245.8	2 182.602
改进四-1	8 000	4 500	15 540	0.412	0.320	13 142.2	1 920.002
改进四-2	8 000	4 500	12 706	0.504	0.320	10 464.6	2 149.994
改进四-3	8 000	4 500	11 485	0.558	0.320	8 806.8	2 136.179
改进四-4	8 000	4 500	11 380	0.586	0.320	8 371.8	1 960.510

5. 内部资源改进策略的评价与分析

前面已经得到了四种改进在模型上的实验结果,将实验结果整合在一起如表 13.36 所列。

表 13.36　改进前后的模型输出数据汇总

模型状态	每日分拣量/件	分拣最大能力/件	分拣耗时/s	人员利用率	资金利用效率	分拣员负荷/s	流程平衡度
改进前	8 000	4 500	12 226	0.524	0.320	9 245.800	2 182.602
改进一	8 000	3 600	12 226	0.595	0.400	11 726.500	1 820.248
改进二	8 000	5 400	8 790	0.642	0.267	6 508.000	1 582.640
改进三-1	8 000	4 500	13 050	0.492	0.32	10 016.000	2 456.266
改进三-2	8 000	4 500	13 087	0.488	0.32	9 810.800	2 706.981
改进三-3	8 000	4 500	13 769	0.464	0.32	11 464.400	1 849.310
改进四-1	8 000	4 500	15 540	0.412	0.320	13 142.2	1 920.002
改进四-2	8 000	4 500	12 706	0.504	0.320	10 464.6	2 149.994
改进四-3	8 000	4 500	11 485	0.558	0.320	8 806.8	2 136.179
改进四-4	8 000	4 500	11 380	0.586	0.320	8 371.8	1 960.510

采用线性比例变换法进行归一化后得到表 13.37。

表 13.37　改进前后的模型输出数据汇总的归一化矩阵

模型状态	每日分拣量	分拣能力	分拣耗时	人员利用率	资金利用效率	分拣员负荷	流程平衡度
改进前	1.000	0.833	0.719	0.816	0.800	0.704	0.725
改进一	1.000	0.667	0.719	0.927	1.000	0.555	0.869
改进二	1.000	1.000	1.000	1.000	0.668	1.000	1.000
改进三-1	1.000	0.833	0.674	0.766	0.800	0.650	0.644
改进三-2	1.000	0.833	0.672	0.760	0.800	0.663	0.585
改进三 3	1.000	0.833	0.638	0.723	0.800	0.568	0.856
改进四-1	1.000	0.833	0.566	0.642	0.800	0.495	0.824
改进四-2	1.000	0.833	0.692	0.785	0.800	0.622	0.736
改进四-3	1.000	0.833	0.765	0.869	0.800	0.739	0.741
改进四-4	1.000	0.833	0.772	0.913	0.800	0.777	0.807

将归一化后的数据根据建立的分拣流程能力评价体系算出二级指标得分、一级

指标得分及分拣流程总分,如表 13.38 所列。

表 13.38　改进前后的网点 A 分拣流程能力评分

模型状态	每日分拣量	分拣最大能力	分拣耗时	分拣核心能力	人员利用率	资金利用效率	分拣员负荷	资源利用能力	流程平衡度	总　分
改进前	0.299	0.107	0.078	0.483	0.039	0.091	0.047	0.178	0.171	0.832
改进一	0.299	0.085	0.078	0.462	0.044	0.114	0.037	0.196	0.205	0.863
改进二	0.299	0.128	0.108	0.535	0.048	0.076	0.067	0.191	0.236	0.962
改进三-1	0.299	0.107	0.073	0.478	0.037	0.091	0.044	0.172	0.152	0.802
改进三-2	0.299	0.107	0.073	0.478	0.036	0.091	0.044	0.172	0.138	0.788
改进三-3	0.299	0.107	0.069	0.475	0.035	0.091	0.038	0.164	0.202	0.841
改进四-1	0.299	0.107	0.061	0.467	0.031	0.091	0.033	0.155	0.195	0.816
改进四-2	0.299	0.107	0.075	0.480	0.038	0.091	0.042	0.171	0.174	0.825
改进四-3	0.299	0.107	0.083	0.488	0.042	0.091	0.050	0.182	0.175	0.846
改进四-4	0.299	0.107	0.083	0.489	0.044	0.091	0.052	0.187	0.191	0.867

(1) 改进一:分拣区域重新组合

由表 13.36 和表 13.38 可知,分拣核心能力因人数的减少而从 0.483 降低到 0.462,主要表现在因分拣员人数减少而导致分拣最大能力由 0.107 下降到 0.085,这表明在合并一些分拣区域后,网点应对突发分拣需求的能力下降了。流程平衡度由 0.171 的得分提高至 0.205,这是因为原先件量比例过小区域的相互合并使得不同分拣员之间的工作量更为接近,分拣流程变得比之前更为平衡。这样的好处是显而易见的,两名分拣员的工作量差距大但工资却相同的情况将会减少,从而提高分拣员的积极性,减少分拣过程中的失误。在资源利用方面,尽管分拣员人数减少使得每个人的负荷提高,但因分拣员空闲时长减少和对分拣员工资投入减少(网点 A 在工资支出上减少了 5 000 元),使得资源利用能力得到了改善,相对于改进前提高了 0.018。

总体而言,改进后的分拣流程总分 0.863 大于改进前的 0.832,说明改进是较为有效的。尤其在资金利用效率方面,合并分拣区域可以带来资金利用效率的显著提高,这对于资金紧张的网点是个很有用的改进策略。这类网点可以通过合并一些分拣区域来减少在分拣员工资方面的支出,同时也不会影响分拣流程的效率。值得注意的是,由于改进后的分拣员人数少于改进前的,因此应对突发需求的能力在改进后降低了。如果网点经常面对"双十一"等分拣任务突然增加的情况,则需要考虑重新规划分拣区域和减少人员是否能应对突发需求。

(2) 改进二:增加特定分拣区域的人数

由评分可知,在资源利用能力这个一级指标内,增加分拣员人数意味着更多的人力成本支出,使得资金利用效率从 0.091 降低到 0.076。但同时因为分拣员负荷的下降和人员利用率的提升,增加人员后的资源利用能力仍大于改进前。在改进后,分拣核心能力方面得到了较大提升。件量最多区域的分拣任务此时由多人分担,因此改进后的分拣耗时显著少于改进前的,由 12 226 s 减少到 8 790 s。分拣最大能力也随着人数的增多得到了提高,网点应对突发需求的能力更强了。此外,流程平衡度上的得分也从 0.171 增长到 0.236,各个分拣员的任务量更加平衡了。总的来看,增加人员后网点的分拣流程能力总分相较于之前提高了 0.13。可见在特定的区域件量占比情况下,对于短板分拣区域,即件量相对较多的区域,添加分拣人员能显著提升网点的分拣流程能力,尤其在分拣时效方面改进较大。但对于资金紧张的网点来说,这或许并不是可行的改进方法,因为增加分拣员一般需要更多的工资支出。

(3)改进三:调整卸货速度

由图 13.35 可知,在不同卸货速度下分拣耗时的曲线是符合预期的。当卸货速度为 2 件/s 时,分拣完所有快件所花费的时间最短,为 12 226 s。当提高卸货速度到 3 件/s、4 件/s 时,分拣耗时反而超过了改进前,说明此时的快件密度已经超出了分拣员能够及时处理的范围,其中有些快件需要在传送带上循环多次才能被处理。当卸货速度降低到 1 件/s 时,结果显示分拣耗时同样超过了改进前,卸货太慢导致快件密度较疏,使得快件员在处理完一件后需要等待下一件到达。因此,在分拣耗时、人员利用率、分拣员负荷三个方面,在 2 件/s 卸货速度下的分拣流程能力得分均最高。此外,流程平衡度与卸货速度并无直接关联。

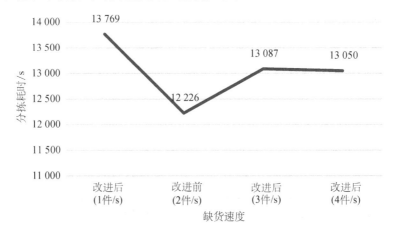

图 13.35 网点 A 仿真模型在不同卸货速度下的分拣耗时

从总分上来看,改进前的网点分拣流程总分最高。在网点运营过程中,经常会出现管理者为了节省卸货所花费的时间,而一次性卸大量快件的情况。从本小节的仿真结果和分析可以看出,一次性大量卸货并不会带来分拣时效的提升。网点在设置分拣传送带的卸货速度时,需要先确定整个分拣流程的大致节拍,并设置与之对应的卸货速度,这样才能达到更高的分拣时效和资源利用率。

（4）改进四:调整分拣传送带速度

由图 13.36 可见,随着分拣传送带速度的提高,每个分拣员都能更快地完成分拣任务,使分拣员负荷随之减少,分拣耗时也随之缩短,因此分拣核心能力不断提高。传送带速度的提升使得快件能更快地到达分拣台,因此分拣员的实际工作效率也提高了,其与分拣员负荷的降低共同提高了改进后资源利用能力层面的得分。此外,流程平衡度与传送带速度没有明显的对应关系。

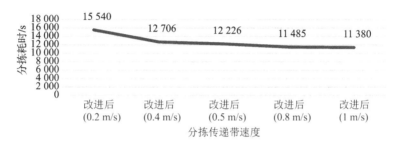

图 13.36　网点 A 仿真模型在不同分拣传送带速度下的分拣耗时

从总分上来看,分拣流程能力总分与分拣传送带速度呈正相关关系,因此在实际网点运营过程中,在合理范围内提高分拣传送带速度对分拣流程具有改进作用。但需要注意的是,改进是在理想状况也就是分拣员的分拣速度持续保持 4 s/件的前提下进行的。但在实际中,随着分拣传送带速度的提高,分拣员的工作状态也会随之改变。因此,快递网点不应为了追求时效而过度提高传送带速度,因为过快的传送带速度可能会使分拣员难以分辨快件上的标识,从而不能正确分拣出属于自己区域的快件,极易发生分拣错误,适得其反。

13.4.3　改进策略的比较与总结

综合以上对外部资源整合和内部资源规划的种种改进策略的实验结果与评价,本小节将总结在应对不同瓶颈指标时,网点该如何有针对性地选用改进策略,以及各种改进策略的优缺点。

在每日分拣量方面,网点可以通过外部整合将其他网点的分拣任务承担下来,提高每日的分拣量,从而发挥规模效应的作用,降低本网点内的物流资源如分拣员、场地和派件员的浪费和冗余。但在合并网点时需注意,合并后重新划分的分拣区域个数要根据实际情况而定。

在分拣最大能力方面,为了应对在各种促销节日时产生的突发分拣需求,网点可通过增加分拣员人数的方式来提高分拣最大能力,但前提是网点要有可支付新分拣员工资的资金。

对于力求缩短分拣耗时的网点,可以给分拣任务多的区域增加分拣员,但这会有更多的资金支出。如果网点资金紧张,那么也可通过调整卸货速度和分拣传送带速度至符合分拣流程节拍的水平,来缩短分拣流程耗时。

在人员利用率方面,网点可通过分拣区域固定顺序组合算法对分拣区域进行重组,将任务量小的分拣区域合并,精简分拣员人数,从而使剩余的分拣员的实际工作效率提高。网点也可通过调整卸货速度和分拣传送带速度来提高人员利用率。

如果网点资金紧张,则可采用将分拣区域重新组合的方法来精简人员,这不会对分拣流程的效率造成负面影响。

分拣员的负荷会影响分拣质量,网点可通过增加件量大的分拣区域的分拣员人数来缓解分拣员负荷。此外,调整卸货速度和分拣传送带速度至合适的水平也能使每名分拣员更快地处理完其负责区域的快件,从而缩短分拣员的工作时长。

分拣流程的平衡度对分拣员的积极性乃至分拣质量都有较大影响,对于追求各分拣台任务量平衡的网点,可通过重新组合分拣区域的方法将任务量最少的几个区域合并,从而使各个分拣区域的件量更接近。对于资金充足的网点,增加件量多的分拣区域的分拣员人数也能达到各个分拣台任务量更加平衡的效果。

13.5 本章小结

本章针对人工和半人工分拣模式下网点分拣流程存在的问题,首先利用仿真软件 Flexsim 构建了基于实际网点数据的网点模型,并利用 ICC 方法验证了模型的正确性。结合 AHP 和熵权法构建了针对分拣流程的评价体系。在此基础上,本章从外部资源整合和内部资源规划两个角度对网点分拣流程进行改进。网点可通过寻求与其他网点整合资源的机会,来削减两个网点的冗余资源,充分发挥"规模效应"的作用。此外,网点能通过分拣区域固定顺序组合算法来重新规划分拣区域,使各分拣区域的任务量更平衡,从而降低人力成本。如果经济状况允许,网点也可增加件量多的分拣区域的分拣员人数,这对于提高分拣时效的效果较显著。此外,网点还能通过适当调整分拣传送带速度和卸货速度来提高整个分拣流程的时效,但切勿盲目提高传送带速度而忽视了分拣员的适应能力。

第 14 章　基于着色 Petri 网的共配与共派流程仿真与优化

第 13 章针对快递网点末端的入库、出库流程进行了仿真建模,对仿真结果进行分析,提出了可行的改进优化方案,并基于优化方案在仿真软件中进行建模和验证。而随着快递业行业的进一步发展,末端配送也将成为物流企业提升服务质量所面临的重要挑战。在传统末端配送模式基础上进行流程优化或规模扩张已不能解决当前企业面临的问题,甚至反而可能徒然增加成本。究其原因,在于问题的根源非资源量不足,而在于流程中的资源配置不合理而导致资源利用率低下。面对这一矛盾,探索新的方向,研究新的末端配送模式是快递业末端配送进一步发展的必然要求。本章将就这一问题围绕末端配送模式进行分析和研究,利用 Petri 网对其流程进行建模分析,探讨末端配送解决方案,既为末端配送业务流程分析提出一个新的视角,也为提高末端配送效率和服务水平以及降低成本提供一个可探索的方向。

14.1　配送流程模式对比

14.1.1　末端配送背景及发展现状

近年来,我国现代物流业持续高速发展,专业化发展趋势明显,行业规模与服务能力均有大幅提升,已成为名副其实的国民经济发展支柱产业。2018 年全国社会物流总额达 283.1 万亿元,社会物流总费用 13.3 万亿元,同比增长 9.8%,占 GDP 的比重为 14.8%。虽然我国物流业发展势头良好,但各种运输方式配合低、衔接弱、结构差,影响整体物流效率。作为提升物流效率、降低物流成本的有效措施,共同配送已被提至物流业发展的战略高度层次进行统筹规划。最初的共同配送是顺应一定生产方式的独特安排。其定义是:在城市里,为使物流合理化,在几个有定期运货需求的企业之间,由一名卡车运业者,使用一个运输系统进行的配送。可以看到,起初的共同配送是对上游供应商的货源整合,以最终实现集约化配送。当前,我国的共同配送主要在末端实施,其特点如下:

① 是以 B2C 为主、B2B 为辅的业务链接。在整个快递链中,上游的 B 端包含着

广泛的行业和领域分布,而对于下游而言,则都是以 C 类为主。

② 产品的标准化程度低。快递业的货件大多是非标品,这直接影响着包装、装配、运输等一系列环节,集约化的前提是产品的标准化,只有具有了标准化属性,才能更好地实现单位化物流。

③ 整合对象的主体在下游。当前的共同配送主要是对下游快递人员和运力的整合,涉及了末端配送在组织形式和人员方面的改变,是基于自身组织效率及运力的提升与补充,实现的是企业之间的横向链接。

末端共同配送的上述特点,使其成为当前我国末端配送服务所面临问题背景下的十分有前景的探索和尝试。末端配送服务对象存在地域分散、需求随机等特点,这大大增加了末端配送的难度。目前,我国末端配送服务的主要问题集中在以下几个方面:

① 成本:目前,我国末端配送流程较为简单,首先城市区域配送中心对货物进行分拣,然后派件员从区域配送中心取件,向各自负责的配送区域进行派件。由于服务群体数量庞大且较为分散,因此货品派送过程中人力和物力的消耗巨大。根据物流业务的主要数据来源——电商业务数据显示,物流末端配送成本占整个电商物流成本的 30% 以上。

② 效率:在传统的末端配送过程中,由于缺少末端配送门店,因此很多快递派件员只能选择送货上门,而消费者空闲时间的不确定性大大增加了二次派件、三次派件的概率,对于高校等人员密集的配送区域,一个区域的派件通常也需要两小时以上;各配送区域的运输与仓储资源利用不饱和,造成派件员为派送少量快件而长时间等待,这都严重影响了电商末端配送的效率。

③ 商品安全:国内提供物流服务的快递企业一直处于数量多、实力弱的状态,企业业务也大多集中在中低端市场,企业之间采用低价竞争,这都导致了服务水平难以提高。在物流服务中,快件延误、丢失和损毁是三个重点投诉方面。

④ 便捷程度:由于消费者较为分散,快递企业派件员大多选择针对某一区域定点派送。每个派件员负责的区域一般较大,派件员选择的快件派送点不能保证对所有消费者都很便捷,且快件到达的时间具有一定的不确定性,若商品送达时消费者不在派送区域内,就需要进行二次甚至三次派送。此外,在传统的派件方式中,商品被散乱放置于路边,当商品数量较多时,消费者寻找商品的时间和商品丢失的概率都会增加。

在降本增效、提升安全与便捷程度需求的促使下,快递企业对末端配送环节的改造已不再停留于本体系内,而是开始逐步嵌入于整个行业的开放体系之中。已有快递企业通过快递企业之间的横向合作完成区域内的共同配送,共同负责派送这些快递企业的快件,由此激起了各界对于快递末端共同配送的讨论,诸如费用结算、效率评价、独立品牌、责任机制、用户体验等,这些问题都成了讨论的热点。

14.1.2　独立配送、共配、共派模式介绍

1. 独立配送模式

如图 14.1 所示,独立配送流程是从分公司派车到转运中心拉货开始的,各品牌分公司分别派车前往自己品牌的转运中心拉货;回到各自的分公司以后,货车停靠在下车设备处,操作工将快件送至分拣传送带上,确保面单正面朝上,设备自动进行下车扫描;操作工/自动化分拣设备根据面单上的三段码将快件分拣至指定区域;每个品牌自己的业务员再使用巴枪进行派件扫描,同时按照小区、商场等范围进行二次分拣,各分公司没有任何资源共享;业务员准备派件,其派件方式主要有三种,一是送到驿站,二是投递到快递柜中,三是送货上门,完成派件之后,业务员需要进行

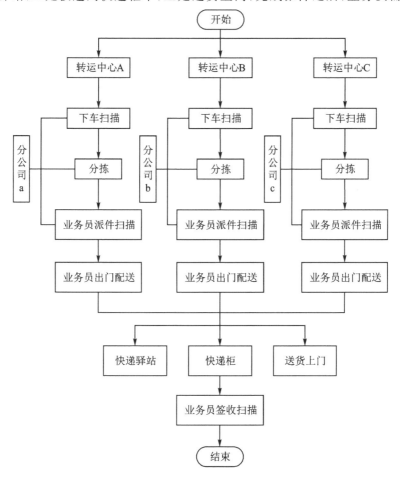

图 14.1　独立配送流程图

签收扫描,结束流程。

2. 共配模式

共配模式指的是分拣场地独立且相近,但业务员共享。如图 14.2 所示,共配模式流程是从分公司派车到转运中心拉货开始的,各品牌分公司分别派车前往自己品牌的转运中心拉货;回到各自分公司以后,货车停靠在下车设备处,操作工将快件送至分拣传送带上,确保面单正面朝上,设备自动进行下车扫描;操作工/自动化分拣设备根据面单上的三段码将快件分拣至指定区域;各品牌分公司将相同区域的快件分配给同一个业务员,业务员再使用巴枪进行派件扫描,同时按照小区、商场等范围进行二次分拣,此时各分公司共享的资源主要包括业务员、巴枪和配送车;业务员准备派件,其派件方式主要有三种,一是送到驿站,二是投递到快递柜中,三是送货上门,完成派件之后,业务员需要进行签收扫描,结束流程。

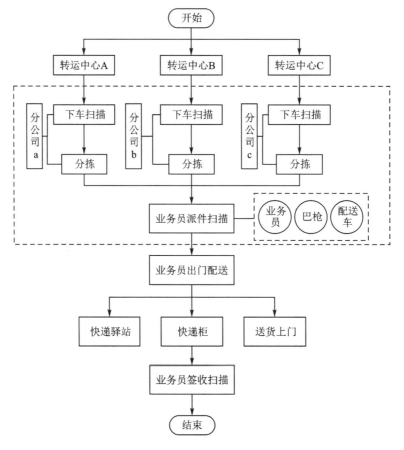

图 14.2　共配模式流程图

3．共派模式

共派模式指的是分拣场地与业务员皆共享。如图 14.3 所示,共派模式流程是从分公司派车到转运中心拉货开始的,各品牌分公司分别派车前往自己品牌的转运中心拉货;回到统一使用的场地,货车停靠在下车设备处,操作工将快件送至分拣传送带上,确保面单正面朝上,设备自动进行下车扫描;操作工/自动化分拣设备根据面单上的三段码将快件分拣至指定区域;业务员使用巴枪进行派件扫描,同时按照小区、商场等范围进行二次分拣,此时各分公司共享的资源主要包括场地、设备、操作工、业务员、巴枪和配送车;业务员准备派件,其派件方式主要有三种,一是送到驿站,二是投递到快递柜中,三是送货上门,完成派件之后,业务员需要进行签收扫描,结束流程。

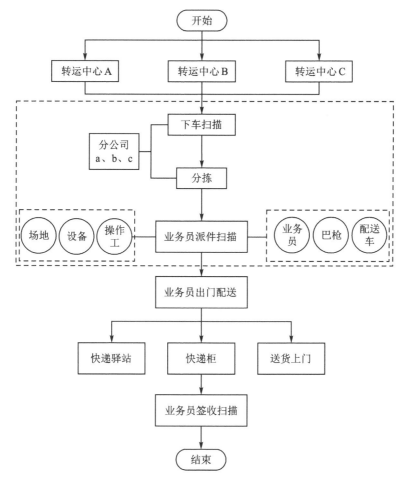

图 14.3　共派模式流程图

14.2 着色 Petri 网概述

Petri 网(Petri Net,PN)是佩特里博士于 1962 年提出的。Petri 网兼具图形化工具和数据化工具的优点,既可通过令牌(Token)的流动来模拟系统的动态特性,又可利用数学状态方程来描述系统的行为,它是一个并发、同步、异步和并行的建模工具,在多个领域中均有应用。从实践上来讲,Petri 网方法具有可操作性强且更易模拟实际复杂环境的特点,因此研究方法和结果能为类似企业提供切实可行的解决办法,若能广泛开展,则可在提高末端配送服务质量的同时降低服务成本;也可整合各配送企业的资源,提高物流设施设备的利用率,从而有利于提高企业服务能力。

14.2.1 基本 Petri 网的定义和性质

1. 基本 Petri 网的定义

Petri 网定义了一个描述事件和条件之间关系的数学模型,常被用于离散动态系统的建模。

(1) 基本 Petri 网的三元组

可以将动态系统抽象为状态、活动及其关系的三元组,基本 Petri 网即是由这三元组构成的村 $= (P,T,F)$ 的有向图,其中状态由库所(Place)表示,活动由变迁(Transition)表示,变迁的功能是改变状态,库所的作用是确定变迁能否发生,其数学表达为

- $P = (P_1,P_2,P_3,\cdots,P_n)$ 为有限的状态集合;
- $T = (T_1,T_2,T_3,\cdots,T_n)$ 为有限的变迁集合($P \bigcup T \neq \varnothing, P \bigcap T \neq \varnothing$);
- $F \subseteq (P \times T) \bigcup (T \times P)$ 为流关系集;
- $\mathrm{dom}(F) \bigcup \mathrm{cod}(F) = P \bigcup T, \mathrm{dom}(F) = \{x \mid \exists y : (x,y) \in F\} \mathrm{cod}(F) = \{y \mid \exists x : (x,y) \in F\}$。

P 和 T 是两个不相交的集合,它们是 Petri 网的基本元素,F 为网的流关系,即连接弧的集合,$\mathrm{dom}(F)$ 表示有向弧起点的集合,$\mathrm{cod}(F)$ 表示有向弧终点的集合,库所、变迁与流关系均不能为空。在 Petri 网中,库所用一个圆或椭圆表示,变迁用矩形表示,流关系用有向线段表示。

(2) 基本 Petri 网标识

在 Petri 网中,库所表示的状态及资源情况用库所中包含的令牌数 $m(p)$ 来表示,若 $m(p) = 1$ 则表示库所中含有 1 个令牌,各个库所中令牌的集合构成了标识,标

识的定义如下：

设 $N=(P,T,F)$ 为一个 Petri 网，则映射 $M:P\{0,1,2,3,\cdots\}$ 称为 Petri 网的一个标识（Markings）。

（3）基本 Petri 网变迁规则

Petri 网的运行是靠变迁支撑的，变迁又可描述为令牌的转移，即从输入库所向输出库所移动的过程。若变迁能够发生，则称变迁是使能的，变迁的使能需要满足一定的前提条件即变迁规则。变迁规则是判断在给定标识下变迁是否能够发生的条件，其定义为：一个带有标识 M 的 Petri 网 $PN=(P,T,F,W,M)$，若 $\forall p_i \in P$ 都有 $M(p_i) \geqslant w(p_i,t_j)$ 且 $\forall p_i \in P:M(p_i)+w(p_i,t_j) \leqslant K(p_i)$，其中，$w(p_i,t_j)$ 是 p_i 到 t_j 的连线权重，$K(p_i)$ 为库所容量，则称变迁 t_j 是使能的。由以上规则可知，如果一个变迁是使能的，当且仅当变迁的每一个输入库所中的令牌数大于或等于输入弧的权值，输出库所的现有令牌数与输出弧权值的总和小于输出库所的容量，即标识可以提供消耗弧上权值所要求的资源，库所可以容纳产生弧上权值所产生的资源。

2. 基本 Petri 网的性质

Petri 网主要有以下三点性质：

（1）可达性

可达性是 Petri 网最基本的动态特性，其他特性都是基于可达性的。如果 Petri 网的一个初始标记 M_0 通过一系列变化形成一个新的标记 M_n，则可以说 M_n 能从 M_0 到达，按照变迁规则，可达的所有状态标识的集合称为可达集，若某个标识无法从任何变迁可达，则在 Petri 网中，这种状态不会发生，而会出现死锁现象，从而影响整个 Petri 网的结构。所以可达性是保证 Petri 网可以正常运行的重要性质。

（2）有界性

设 $PN=(P,T,F,M_0)$ 为 Petri 网，$p \in P$，如果存在一个正整数 B，使得 $\forall M \in R(M_0):M(p) \leqslant B$，那么称库所 p 为有界的（bounded），并称满足此条件的最小正整数 B 为库所 p 的界，记为 $B(p)$，即 $B(p)=\min\{B \mid \forall M \in R(M_0):M(p) \leqslant B\}$，其中 $R(M_0)$ 为 M 的可达集。若每一个库所均是有界的，则称 PN 为有界的。该性质反映了系统运行中对资源变量的需求，以保证库所在系统运行中令牌数不会超出某一最大值，即库所内的资源数是有限的，系统运行期间不需要无限的资源。

（3）活　性

活性是判断 Petri 网中有无死锁的重要性质，其定义如下：设 $PN=(P,T,F,M_0)$ 是一个 Petri 网，M_0 为初始标识，$t \in T$。如果对任何 $M \in R(M_0)$ 都存在 $M' \in R(M)$，则称变迁 t 是活的。如果每个 $t \in T$ 都是活的，那么称 PN 为活的 Petri 网。

由定义可知，如果 Petri 网中的变迁是活的，那么此 Petri 网的任一可达标识 M 都可找到一个变迁序列，并由此变迁序列生成新的标识 M'，其中 t 在 M' 下是使能的。

14.2.2 着色 Petri 网理论

着色 Petri 网（Colored Petri Net，CPN）是一种先进的 Petri 网，是传统 Petri 网的一种扩展，为了解决传统 Petri 网模型的复杂和庞大问题，在基本 Petri 网的基础上引入了颜色集的概念，用以区分库所中不同的资源对象，以便于库所可以包含多种资源，从而简化模型的复杂性，同时 CPN 建模与仿真工具又与 ML 语言相结合，使模型具有较强的描述能力和仿真能力。

在 CPN 的基本定义中，着色 Petri 网可以定义为二个九元组，即 $CPN = (P, T, A, \Sigma, N, C, G, E, I)$，其中：

① P 是库所的有限集合，即 $P = (p_1, p_2, p_3, \cdots, p_m)$；

② T 是变迁的有限集合，即 $T = (t_1, t_2, t_3, \cdots, t_n)$；

③ A 是弧的有限集合，且满足 $P \cap T = P \cap A = T \cap A = \varnothing$；

④ Σ 是类型的有限非空集合，也称为颜色集，可用于描述令牌的数据类型；

⑤ N 是节点函数，是定义从 A 到 $P \times T \cup T \times P$ 的函数，将一条弧映射到一个二元组，第一个元素是源节点，第二个元素是目标节点，并且这两个节点必须是不同类型，即（库所，变迁）或（变迁，库所）；

⑥ C 是一个映射到库所的颜色函数，即每个库所必须属于一个特定的颜色集；

⑦ G 是一个守卫函数（guard），是从 T 到表达式 $G(t)$ 的函数，并满足以下关系：$\forall t \in T: [Type(G(t)) = B \cap Type(Var(G(t))) \subseteq \Sigma]$，其中 B 是布尔函数，守卫函数将每个变迁都映射到一个布尔表达式中，函数中的每个变量都属于颜色集 Σ；

⑧ E 是在 A 上定义弧表达式的函数，并满足以下关系：$\forall a \in A: [Type(E(a)) = C(p)_{MS} \cap Type(Var(E(a))) \subseteq \Sigma]$，$P$ 为节点函数 $N(a)$ 中的库所，$C(p)_{MS}$ 为返回库所 P 上的多重集类型，弧表达式函数 $E(a)$ 将每一条弧都映射到一个类型为 $C(p)_{MS}$ 的表达式中，也就是说，每个弧表达式都必须在相邻库所 P 的多元集合上求值；

⑨ I 是满足下列关系的初始化函数：$\forall p \in P: [Type(I(p)) = C(p)_{MS}]$，初始化函数将每个库所映射到不包含变量的表达式中。

14.2.3 着色 Petri 网模型构建

在实际建模中，为了更好地分析模型，CPN 工具通常与仿真工具同时使用。CPN 工具是一种功能强大的着色 Petri 网建模与仿真工具，实现了着色 Petri 网的自顶向下分层建模，并可在建模过程中对网络进行编辑，实现语法检测，支持网络模

拟;同时,生成状态空间分析报告,可有效分析模型的有界性、活性和可达性。CPN
工具的主要特征如下:

① CPNML:在 CPN 工具中描述及定义着色 Petri 网的程序语言为 CPNML,这
是 CPN 工具中较为核心的部分,最早源于机器语言(machine language),使用
CPNML 语言定义的模块通常包括颜色集、函数和变量等。颜色集主要对库所中资
源的数据类型进行描述,分为简单颜色集和复杂颜色集。其中简单颜色集包括单元
颜色集(unit colorsets)、布尔颜色集(boolean colorsets)、整数颜色集(integer color-
sets)、枚举颜色集(enumerated colorsets)和字符颜色集(string colorsets)等;复杂颜
色集包括积颜色集(product colorsets)、表颜色集(list colorsets)和记录颜色集
(record colorsets)等。复杂颜色集是建立在简单颜色集基础之上的,简单颜色集是
复杂颜色集的前提条件。

② 监视器:CPN 工具提供监控功能,可对模拟参数进行观察、检测和修改,
主要包括中断监视器、数据监视器、编写文件监视器和自定义监视器。中断监视
器可监控模型运行的状态,若运行中达到模拟要求和状态,则及时中断停止模
拟;数据监视器可对模拟过程中的数据进行统计分析;编写文件监视器可以更新
模拟过程中的文件;在自定义监视器中,用户可根据自己的需求对监视器进行
定义。

③ 状态空间分析:状态分析是一种由 CPN 工具提供的分析模型特征的方法,
可对模型的空间状态进行分析计算,通过判断模型中是否存在死锁和死变迁来分
析模型的有界性、可达性和活性,以验证模型是否合理有效,并在状态空间分析过
程中,可以生成模型的状态可达图,以便更加直观地反映模型中资源的流动方向
和路径。

任何模型的建立均依照一定的步骤及方法,建立着色 Petri 网模型的一般流程
及方法如下:

① 在建立模型之前,应详细分析建模系统,确定系统的基本特性,如业务流程、
状态、系统行为、组成部分和处理过程等,了解系统各部分的依赖关系。

② 在对系统有了正确的认识及把控之后,应确定建模的目的,根据建模的目标
及系统情况考虑模型的整体框架,确定模型层次,如系统中哪些活动可以作为顶层
模型,哪些活动可以作为子模型。

③ 用合适的词语描述系统中的对象、活动、状态、资源,并对它们进行分类,明确
哪些属于库所,哪些属于变迁,以便于之后模型的建立和有利于增强模型的可读性。

④ 经过上述流程确定好模型框架及库所、变迁信息以后,准备开始建立模型。
在建模初期可先搭建一个简单的模型框架,之后逐渐补充及完善。

⑤ 根据系统复杂度来补充模型,利用网结构及函数来控制模型的结构及数据。

⑥ 建立好模型之后,利用相关方法分析模型的特性,以判断所建模型是否
合理。

14.3 流程分析与建模

14.3.1 末端配送流程分析

从物流全链服务流程的角度看,快件从被寄件人寄出到送至收件人手中,需要经历三个部分的处理过程,分别是末端揽收并汇集到始发地转运中心、干线运输、目的地转运中心的分拣与末端配送。也就是说,针对目的地末端分拣与配送环节的分析与改进,可从对分拣与配送的研究来展开。

在分拣环节中,涉及了多家配送公司。配送公司各自将本公司目的地转运中心的货物送至公司的配送中心,在配送中心的分拣线上完成分拣,即将快件按目的地所属片区分配至各配送员。常见分拣的节奏是按批次进行的,多数配送中心每天上、下午会分别从配送中心取一次货并完成分拣。传统的分拣作业是由各公司独立完成的。为了竞争末端配送业务的份额,往往是很多家配送公司之间低价竞争,即便如此,各公司的业务量也难以充分利用人力与物力的配备,以致造成资源浪费,这一现状非常不利于公司的健康经营。因此,考虑多家配送公司进行业务合并,即进行共同配送。共同配送这一概念既包含分拣流程,也包含配送流程,在分拣流程中,主要体现为配送中心、分拣线和分拣从业人员的资源整合。

在配送环节中,配送员将快件运送至各自的承包区域,并采用送货上门或在驿站等待客户自行取件的方式完成配送。传统的配送作业同样是由各公司独立完成的。这一环节是最接近客户的环节,其服务质量直接关系到客户满意度。但在实际情况中,这一环节却存在效率低、服务质量难以保证的问题。其原因在于各公司的配送员每次只能派送较少数量的快件,从运送距离、人力成本及等待时间等角度来看,平均到单件快件的成本会大大增加;并且由于送达时间不方便而造成丢件或多次派送,以致在降低效率的同时,也成为影响客户体验度的主要原因。因此,考虑将多家公司的业务和资源整合,实现配送环节的共同配送。

14.3.2 基于 CPN 工具的流程建模与仿真

基于上述流程分析,下面使用 CPN 工具进行建模。在模型中,设置 1 个配送中心、2 个分拣员和 2 个派件员,表示将一个目的地转运中心的快件经过分拣,最终配送至 2 个目的地。由于流程较为复杂,采用层析 CPN 模型。模型的顶层通过代替变迁模块来粗略表达快件到达、分拣与配送流程。各代替变迁中的具体流程在子页面展开。父页面的流程图如图 14.4 所示。

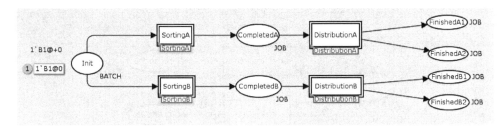

图 14.4　末端配送总流程模型图

分别展开 SortingA、SortingB、DistributionA、DistributionB 这 4 个代替变迁,构造了到达、分拣和配送 3 个环节的具体流程,如图 14.5～图 14.8 所示。

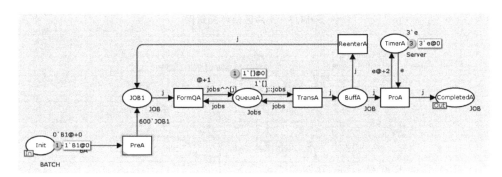

图 14.5　分拣至 A 片区模型图

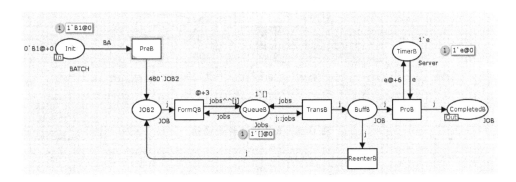

图 14.6　分拣至 B 片区模型图

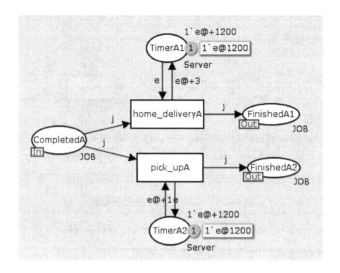

图 14.7　A 片区快件配送图

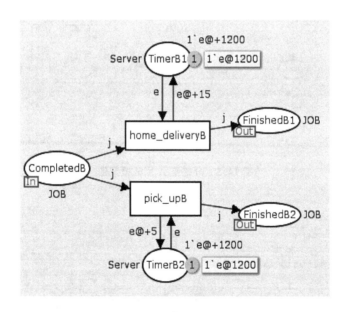

图 14.8　B 片区快件配送图

14.3.3　建模仿真结果分析

建立了模型以后,通过调节参数来模拟物流系统在不同配送模式与能力下的运作效果。分析时对仿真模型进行以下基本设定:
- 该网点下设 10 个承包区,模型中展示了面向 A、B 这 2 个承包区的服务流程

细节,其余 8 个承包区与 A、B 承包区逻辑一致;

- 为了满足表达的简洁性,模型中以 1 个时间单位来表示真实情况的 5 s;
- 成本的单位为人民币 1 元;
- 设备耗用成本与用时间表示的设备能力成反比,因为越快的处理能力所消耗的资源与成本越多;
- 每天的分拣和配送分别进行平均 2 个批次的分配,模型中模拟了 1 个批次。

基于仿真结果(见表 14.1),分别从成本和速度两个维度比较不同模式的运营效率。

表 14.1　仿真结果对比表

指　标		承包区 A				承包区 B			
		独立配送		共同派送		独立配送		共同派送	
		分拣	配送	分拣	配送	分拣	配送	分拣	配送
运行设置	件量/件	100	100	600	600	80	80	480	480
	员工/人	1	1	3	3	1	1	3	3
	传送带运力/(时间单位·件$^{-1}$)	4	—	1	—	4	—	1	—
	分拣能力/(时间单位·件$^{-1}$)	8	—	2	—	8	—	2	—
	送货上门能力/(时间单位·件$^{-1}$)	—	120	—	42	—	120	—	42
	驿站配送能力/(时间单位·件$^{-1}$)	—	40	—	14	—	40	—	14
仿真结果	用时/时间单位	1 520	2 880	1 317	2 086	1 224	2 360	1 096	1 666
	单步平均速度/(时间单位·件$^{-1}$)	2.5	4.8	2.2	3.5	2.6	4.9	2.3	3.5
	总工资/元	300	600	150	300	300	600	150	300
	设备总耗用成本/元	16.7	1.3	66.7	3.6	16.7	1.3	66.7	3.6
单步件均可变成本/元		0.5	1.0	0.4	0.5	0.6	1.3	0.5	0.6
件均可变成本/元		1.5		0.9		1.9		1.1	

从成本的角度看,对于承包区 A,若全程各公司独立配送,则单件成本为 0.5+1.0=1.5(元);若采用共配模式,则单件成本为 0.5+0.5=1.0(元),降低了 33%;若采用共派模式,则单件成本为 0.4+0.5=0.9(元),降低了 40%。对于承包区 B,若全程各公司独立配送,则单件成本为 0.6+1.3=1.9(元);若采用共配模式,则单件

成本为 0.6+0.6＝1.2(元)，降低了 37％；若采用共派模式，则单件成本为 0.5+0.6＝1.1(元)，降低了 42％。值得注意的是，这里对成本的计算仅考虑了可变成本，而未考虑固定资产投入所增加的成本。

从处理速度的角度看，由于每一批次的快件都是在完成分拣后统一开始配送的，因此在分析时间效率的提升时，分别考虑分拣和配送两个阶段的改进效果。

对于承包区 A，若配送阶段采用共配模式，则平均单件所用时间由独立配送的 4.8 降低到 3.5，即从 24 s 降低到 17.5 s，提速 27％。若分拣阶段采用场地与设备共享，则平均单件所用时间由 2.5 降低到 2.2，即从 12.5 s 降低到 11 s，提速 12％。因此，当采用共派模式时，分拣与配送两阶段的总时间由独立配送的 7.3 降低到5.7，提速 22％。

对于承包区 B，若配送阶段采用共配模式，则平均单件所用时间由独立配送的 4.9 降低到 3.5，即从 24.5 s 降低到 17.5 s，提速 29％。若分拣阶段采用场地与设备共享，则平均单件所用时间由独立配送的 2.6 降低到 2.3，即从 13 s 降低到 11.5 s，提速 12％。因此，当采用共派模式时，分拣与配送两阶段的总时间由独立配送的 7.5 降低到 5.8，提速 23％。

共配模式与共派模式的效果数据汇总于表 14.2 中。由表中数据可以看出，首先，两种共同配送模式都可有效改进末端配送服务的成本与速度，提高资源利用率，从而有助于企业的健康经营，并产生一定的社会效益。其次，虽然共派模式比共配模式在降本方面效果更好；但是，由于共派模式中包含了共配作业，因此，在比较共配与共派模式的降本效果后发现，共派模式相对于共配模式的边际效益有限。最后，共同分拣通常需要投资于处理能力较强的分拣设备和较大的分拣场地(未在仿真模型中体现)，这对于很多网点来说都是现实的约束。因此基于以上分析，建议在推进快件物流资源共享的示范项目中优先推广共配模式。

表 14.2　共配与共派模式的效果汇总表

%

改进指标	共派模式			共配模式		
	A 区	B 区	平均	A 区	B 区	平均
增速	22	23	22	27	29	28
降本	40	42	41	33	37	35

参考文献

[1] 韩姣. 山西快递市场的需求预测研究[D]. 西安:西安建筑科技大学,2015.

[2] 张仲斐,赵一飞. 基于 ARIMA 模型的全球跨国快递业务量预测[J]. 华东交通大学学报,2012,29(1):102-107.

[3] 王莲花. 灰色关联度分析模型及其在我国快递行业的应用[J]. 物流技术,2015,34(19):80-82,101.

[4] 徐锐,熊丹. 湖北省快递业务量与 GDP 的关系研究[J]. 物流技术,2016,35(7):62-65.

[5] 孙丽. 基于灰色预测模型的快递行业市场需求预测[J]. 铁道运营技术,2017,23(4):5-8,35.

[6] 伍平. 区域快递需求预测研究[D]. 北京:北京交通大学,2019.

[7] 李辰颖. 基于 CEEMD-SVM 组合模型的快递业务量预测[J]. 统计与决策,2019,35(12):83-85.

[8] 许闯来,胡坚堃,黄有方. 不确定需求下快递配送网络鲁棒优化[J]. 计算机工程与应用,2020,56(3):272-278.

[9] 姬杨蓓蓓,储昊,成枫. 基于两阶段算法的快递企业末端配送网络优化研究[J]. 系统工程,2019,37(2):100-105.

[10] 商丰瑞,张静. 基于 SARIMA 模型的我国快递业务量预测[J]. 现代经济信息,2016(20):350.

[11] 王惠婷,李蒙. 组合预测模型在我国快递量预测中的应用[J]. 科学技术创新,2017(22):73-74.

[12] 万晓榆,费舜,田帅辉. 基于组合预测的邮政业务主要指标预测研究——以重庆邮政业为例[J]. 重庆邮电大学学报(社会科学版),2016,28(5):102-108.

[13] 李正娇. 云南省快递业务量 DGM(2,1)预测模型[J]. 商场现代化,2017(5):99-101.

[14] 胡佳迎. 关于快递行业中货量预测方法的介绍[J]. 电脑知识与技术,2018,14(8):152-153.

[15] 潘骏,沈惠璋,陈忠. 社会群体事件的微博传播和复合生长曲线研究[J]. 情报杂志,2016,35(5):72-78,125.

[16] 路亮. 基于 Flexsim 的 F 市烟草物流配送中心系统仿真与优化研究[D]. 长春:长春工业大学,2016.

[17] 田东伶. 运城市菜鸟驿站服务质量评价研究[J]. 对外经贸,2020(11):118-121.

[18] 张李威. 基于 Flexsim 的物流仓储中心系统仿真与优化[D]. 武汉:湖北大学,2013.

[19] 张莹莹,鲜英子,余可祺,等. 基于 Flexsim 的医药物流中心作业流程优化研究[J]. 物流工程与管理,2020,42(8):74-76,50.

[20] 杨玉婷.Flexsim 在物流系统规划中的应用分析[J].中国储运,2020(12):145.

[21] 周晓杰.Flexsim 仿真软件在物流仓储中的应用[J].无线互联科技,2020,17
(16):77-78.

[22] 宋莹,田宏,李敬伊.基于 Flexsim 的 T 恤衫单件流水线仿真优化[J].纺织学
报,2020,41(1):145-149.

[23] 吴东隆,王向前.基于 Flexsim 模型的煤炭主生产物流系统仿真与优化[J].中
国矿业,2020,29(9):76-81.

[24] Aulia Ishak, Ahmad Faiz Zubair, Assilla Sekar Cendani. Production Line
Simulation in Vise Using the Flexsim Application[C]//ICI&ME. Proceeding
of 2nd International Conference on Industrial and Manufacturing Engineering
(ICI&ME 2020). Medan, Indonesia: IOP Publishing Ltd, 2020: 1-6.

[25] Nie Xiaoqian, Wang Li. Simulation Process Design for Scheduling Mode of
Railway Container Terminals Based on Flexsim[J]. Journal of Physics:
Conference Series, 2019, 1176(5): 1-5.

[26] Wu Shuangping, Xu Anjun, Song Wei, et al. Structural Optimization of the
Production Process in Steel Plants Based on Flexsim Simulation[J]. Steel
Research International, 2019, 90(10): 1-21.

[27] 国务院.物流业发展中长期规划(2014—2020 年)[J].综合运输,2014(10):
78-86.

[28] 韩丽娟.城市物流共同配送模式研究[D].武汉:武汉理工大学,2013.

[29] 石兆.国外共同配送体系建设实践及经验借鉴[J].山西科技,2019,34(3):
76-79.

[30] 汤新民,朱新平.Petri 网原理及其在民航交通运输工程中的应用[M].北京:中
国民航出版社,2014.

[31] 黄苾,代飞,莫启.基于 Petri 网的业务过程建模[J].电子技术与软件工程,2018
(6):22.

[32] 丁志军.基于 Petri 网精炼的系统建模与分析[M].上海:同济大学出版社,
2017:35-40.

[33] 汤泽宇.基于 Petri 网的工作流并行算法的研究与实现[D].南宁:广西师范学
院,2016.

[34] Béchard, Vincent, Normand Côté. Simulation of Mixed Discrete and Continu-
ous Systems: An Iron Ore Terminal Example[C]. IEEE. 2013 Winter Simu-
lations Conference (WSC). Washington: IEEE, 2013: 1167-1178.

[35] Christoph Kogler, Peter Rauch. Contingency Plans for the Wood Supply
Chain Based on Bottleneck and Queuing Time Analyses of a Discrete Event
Simulation[J]. Forests, 2020, 11(4): 396.

[36] Gabriel Madelin, Nadia Lahrichi. Modeling and Improving the Logistic Distribution Network of a Hospital[J]. International Transactions in Operational Research, 2021,28(1):70-90.

[37] Ismail Shuhaida, Shabri Ani, Samsudin Ruhaidah. A Hybrid Model of Self-Organizing Maps (SOM) and Least Square Support Vector Machine (LSS-VM) for Time-Series Forecasting[J]. Expert Systems with Applications, 2011,38(8):10574-10578.

[38] Satman M Hakan, Diyarbakirlioglu Erkin. Reducing Errors-In-Variables Bias in Linear Regression Using Compact Genetic Algorithms[J]. Journal of Statistical Computation and Simulation,2015,85(16):3216-3235.

[39] Jaipuria Sanjita, Mahapatra S S. An Improved Demand Forecasting Method to Reduce Bullwhip Effect in Supply Chains[J]. Expert Systems with Applications,2014,41(5):2395-2408.

[40] Rostami-Tabar Bahman, Babai M Zied, Ali Mohammad, et al. The Impact of Temporal Aggregation on Supply Chains with ARMA (1,1) Demand Processes[J]. European Journal of Operational Research,2019,273(3):920-932.

[41] Barigozzi Matteo, Brownlees Christian. NETS: Network Estimation for Time Series[J]. Journal of Applied Econometrics,2019,34(3):347-364.

[42] Wang Lin, Wang Zhigang, Liu Shan. An Effective Multivariate Time Series Classification Approach Using Echo State Network and Adaptive Differential Evolution Algorithm [J]. Expert Systems with Applications, 2016, 43: 237-249.

[43] Gao Zhong-Ke, Small Michael, Kurths Jürgen. Complex Network Analysis of Time Series[J]. Europhysics Letters,2016,116(5):50001.

[44] Pradeepkumar Dadabada, Ravi Vadlamani. Forecasting Financial Time Series Volatility Using Particle Swarm Optimization Trained Quantile Regression Neural Network[J]. Applied Soft Computing,2017,58:35-52.